U.P. plus

Deciphering the World through the Prism of “Violence”

「暴力」から読み解く現代世界

伊達聖伸
藤岡俊博　編
DATE Kiyonobu
FUJIOKA Toshihiro

東京大学出版会

UP plus
Deciphering the World through the Prism of "Violence"

Kiyonobu DATE and Toshihiro FUJIOKA, Editors

University of Tokyo Press, 2022
ISBN978-4-13-033304-7

「暴力」から読み解く現代世界　目次

II 「暴力」の乱反射

装幀――水戸部功＋北村陽香

「暴力」から読み解く現代世界

いま「暴力」を考えるために
——暴力論の展開と展望

藤岡俊博

（ふじおか　としひろ）
東京大学大学院総合文化研究科准教授
専門はフランス哲学・ヨーロッパ思想史
著書に『レヴィナスと「場所」の倫理』（東京大学出版会）、『個と普遍——レヴィナス哲学の新たな広がり』（杉村靖彦・渡名喜庸哲・長坂真澄（編）、法政大学出版局）などがある。

1　暴力をどのように定義するか

現在、私たちは、当事者ならずとも、日常的にあらゆる種類の「暴力」に直面している。この言葉が指し示す行為や状況はあまりに膨大であり、その意味の広がりをカバーするためには、この語をつねに「暴力」と括弧に入れなければならないほどである（本稿ではそれを踏まえたうえで、煩瑣さを避けて単に暴力と記す）。

今日見られる暴力の多様性は、動物行動学や先史人類学が解明を試みた人間の生来の攻撃性、言い換えれば人間存在の本質に宿命的に刻みこまれた暴力性が、さまざまな現代的意匠をまとって現れた姿にすぎないのだろうか。たしかに、他者に行使される物理的暴力について言えば、人類は、殴る・蹴る・絞めるといった身体の直接的動作、棒や石のような身体の代理物の使用、そして暴力を加える道具そのものを考案し洗練化する段階を経験してきた。刀剣、銃、爆弾、ミサイル、核兵器、戦車や爆撃機、AIを搭載した最新兵器やドローンに至るまで、暴力を行使する手段の能力や規模は想像を絶するほどに増大しているが、敵とみなされた個人ないし集団を遠ざけたり、無力化したり、さらには殲滅したりするといった暴力の目的それ自体には、時代の変化を超えた一貫性があるとも言える。

しかし、他者の身体に危害を加え、その生命を脅かす行為だけが暴力と呼ばれるわけではない。性暴力やジェンダー暴力のように、相手の人権や尊厳を踏みにじる暴力もあれば、暴言や恫喝、各種のハラスメントやヘイトクライムのように、身体への直接的な働きかけを含まない暴力も存在している。さらに、虐待の一形態であるニグレクトの場合には、世話や保護をすべき対象に対して「なにもしない」ことが、ほかならぬ暴力として現れる。行為の欠如さえも含むあらゆる事態が暴力的とみなされうる暴力の遍在性を前にして、暴力とはなにかを一義的かつ客観的に定義することは困難であり、本質的に不可能であるようにさえ思われる。なにが暴力的とみなされるのかは時代や社会、文化によっても異なっており、すべてを包含できるように暴力の概念を拡張していくと、定義が要求する厳密さとは正反対の曖昧さに帰着してしまうおそれがある。

暴力に関するさまざまな学術的アプローチを概説的に論じているイヴ・ミショーは、こうした暴力を定義する難しさを指摘したうえで、状況を規定している基準や規範からの予見不可能な隔たりのうちに、暴力の重要な構成要素を認めている（Michaud〔1986/2018〕, p. 9）。これは言わば暴力の相対的定義である。私がいきなり誰かを殴ることは暴力だが、ボクシングの試合で選手が殴り合うことは暴力ではない。私が誰かにナイフで斬りつけることは暴力だが、外科医が手術時にメスで身体を切開することは暴力ではない。いずれもスポーツや医学で通用しているルールや約束事の範囲内では正当な行為であって、試合の終了後も対戦相手を殴り続けたり、医学的に必要な措置を超えて意図的に患者の身体を傷つけたりすれば、これらも暴力に該当するだろう。また、伝統的に体罰やしつけと称して子どもに加えられていた平手打ちや尻叩きも、現在の一般的な認識では児童を虐待する暴力とみなされるはずだ。この場合、暴力のみならず、これらの行為を是認してきた過去の常識や価値観そのものも問いただされることになる。

逆の方向から考えると、ある特定の社会や時代においてなにが暴力とみなされているのかを見れば、暴力がそれに対する違反であるところの基準や規範を逆照射できることになる。他人の身体への危害という最も一般的な暴力の理解は、すべてのひとは自分の生命、身体、安全に対する権利を有するという基本的人権の考え方が広く受け入れられていることを示している。規範からの逸脱である点で、暴力には否定的な価値が付与されており、だからこそ規範の側からの非難や刑罰の対象となるのだ。先に挙げたミショーは、なにかを暴力と名指すことがもつ行為遂行的な側面を強調している。政治的言説や世論の関心のなかに現れる暴力のテーマは、社会に潜むさまざまな問題や恐怖心の症候である。目の前で繰り広げられる暴力が直接的には問題とされつつも、暴力の話題を通して間接的に、社会の強迫観念や不安や期待が表現されている。したがって、暴力として語られるテーマの変遷は、「社会の状況と、それがどのように知覚されているのかを示す良い指標」（*ibid.*, p. 10）となる。

2　これまでの暴力論の展開

暴力の問題を学問的に扱うアプローチにはさまざまなものがあるが、哲学・思想分野での有名な暴力論をたどってみると、そのどれもが、普遍的・抽象的な対象としての暴力を論じるというよりはむしろ、各自が置かれた時代や状況下で、具体的文脈のなかに暴力を位置づけて考察していることがわかる。メルクマールとなる暴力論をいくつか挙げてみよう。

一九〇八年に『暴力論』と題する著作を発表したフランスの社会主義思想家ジョルジュ・ソレルは、ドレフュス事件以降、階級闘争を選挙運動に利用する議会主義的社会主義者を批判し、少数者に強制されている社会秩序を破壊する革命的プロレタリアートの暴力を肯定的に捉えていた。ソレルは、暴力がもつ逸脱の力に、既存のブルジョワ体制を打破する方途を託したと言える。また、フランスの植民地マルティニーク出身の思想家で精神科医のフランツ・ファノンが白血病と闘いながら一九六一年に書き上げた『地に呪われたる者』は、フランスからのアルジェリア独立という文脈に位置づけられる。アルジェリア戦争に関する他のさまざまな著作と同じく、フランスで即座に発禁処分となったこの本には、哲学者のジャン＝ポール・サルトルが有名な序文を寄せている。「〔…〕一人のヨーロッパ人を葬ることは一石二鳥であり、圧迫者と被圧迫者とを同時に抹殺することである。こうして一人の人間が死に、自由な一人の人間が生まれることになる」（ファノン［一九九六］、一二頁。訳文一部変更）。サルトルのこうした過激な表現が、植民地暴力に抵抗する暴力の正当性を述べたものとして解釈されていく。

さらに、哲学者ハンナ・アーレントは、「暴力について」という一九六九年の論文で、アメリカのブラックパワー運動に批判的に言及しながら、ファノンの影響を受けた学生運動における暴力礼賛をマルクス主義の完全な逸脱と捉えるとともに、暴力に人間の生命の発露を見るような生物学的な解釈を危険なものと断罪していた。アーレントは、暴力は本性上「道具的なもの」であるとして、暴力がもつ手段としての側面を強調し、暴力を目的それ自体として求められる「権力」と区別しているが、アーレントがこうした考察をおこなったのはまさに冷戦のまっただなかで、人間が核兵器という、道具の使用者をも含めた世界そのものを破壊しうる道具を手にした状況においてだった。権力の手段としての暴力というアーレントの理解と対極をなすのが、アナキズムの観点から暴力と権力の関係を論じた人類学者ピエール・クラストルの議論である。クラストルによれば、「未開」社会は、みずからの領土を他の集団から防衛し自律的に支配する全体性と、社会内の分化による権力関係の出現を拒否する単一性という二つの原理によって特徴づけられる。全体性と単一性を有する諸集団の遠心的な分散状態を表す多の論理と対立するのが、求心力と統合化を原理とする「一者」の論理であり、これを体現するのが国家である。国家には統合化を担う審級が存在し、それとともに権力を行使する者と行使される者の分割や不平等が生まれる。「未開」社会にとって、集団の全体性と単一性の維持のためにおこなわれる戦争は、国家の出現に対する抵抗という機能をもっている。「未開」社会の存在には、権力関係を回避するための戦争という暴力の可能性がはじめから書きこまれているという。

ここで挙げたいくつかのテクストも含む哲学・思想分野での暴力論を詳細に整理したものとしては、バーンスタイン（二〇二〇）が参考になる。また、暴力が関わる事件や出来事の展開を歴史的に追いながら、社会学的観点から理論的な分析を加えているヴィヴィオルカ（二〇〇七）は、現代における暴力の噴出や規模の拡大の契機を労働運動の衰退と冷戦の終結のうちに見る（二九頁）。そして、とりわけ一九六〇年代以降、テレビ映像などを通じてさまざまな暴力の被害者が顕在化してきたことを踏まえて、暴力はいかなる場合でも「主体の否定」（一〇〇頁）であるという定義を与えている。

3 今日の暴力に見られる特徴——暴力の可視性

以上に概観したような暴力論の展開に対して、現代世界で噴出するさまざまな暴力はどのような文脈に位置づけられるだろうか。暴力を考えるうえでの近年の最大の変化として挙げられるのは、暴力の可視性の急激な拡大である。二〇一九年四月の逃亡犯条例改正をきっかけに始まった香港の民主化デモでは、一〇三万人が参加した六月のデモ以降、幾度となくデモ隊と警官隊との衝突が発生した。二〇二〇年五月には、アメリカでジョージ・フロイド氏が警察官に拘束された状態で死亡する事件が起こり、BLM運動が再燃する契機となる。ミャンマーでは二〇二一年二月のクーデター以降、国軍のデモ隊への制圧によって多数の死者が発生している。いずれの場合にも、スマートフォンで録画された現場の映像がSNSを通じて拡散されることで、暴力の視覚的・聴覚的なイメージの力は従来とは比較できないほど増大している。フロイド氏の事件の現場をスマートフォンで撮影した一般女性がピュリツァー賞の特別表彰を受けるなど、個人が撮影した映像の社会的な重要性や影響力も大きくなっている。他方で、性暴力や子どもへの暴力など、これまで闇に葬られてきた暴力が、#MeToo運動に代表される被害者の告発により、場合によっては数十年単位の時間を経て明るみに出るケースもある。警官などの公権力による暴力もこうした技術によって露見することで国内外の非難を生む一方で、二〇二一年五月に施行されたフランスの「自由を保護するグローバル・セキュリティ法案」のように、公権力に属する個人を特定する別種の暴力と、そこから派生しうる直接的な暴力を法的に防ごうとする動きも見られる。

こうした暴力の可視性の拡大は、どのような帰結をもたらしているのだろうか。第一に、暴力の可視性の爆発的増大によって、暴力のうちに凝縮された諸関係の複雑性が、身体に振るわれる物理的暴力という理解しやすいイメージに還元されかねないということがある。暴力の顕著な可視化とともに逆に見えづらくなるのは、しばしば個々の身体的暴力を生み出す背景となっている、各地域や社会の歴史や文化に根ざした差別や排除の構造、対立関係であり、言い換えれば不可視の暴力である。現代社会の暴力の特徴を考えるためには、制度やシステムを通じて後景で機能している構造的暴力をも念頭に置かなければならない。第二に、市民を鎮圧する警察や治安部隊の姿は、正当であるはずの公権力による暴力の使用への疑義や反発を生じさせる契機となっている。第1節で述べた暴力の相対的定義に従えば、公権力による武力の行使は、公的秩序や市民の安全を守るという建前のもとで、社会の基準や規範の側に属している。しかし、近年の出来事で私たちが頻繁に目にしているのは、暴力に見えるが暴力とはみなされない行為である。二〇二一年六月二五日、ミネソタ州ヘネピン郡地裁は、フロイド氏を殺害した警官に二二年六カ月の実刑判決を下した。職務の遂行のうえで許容された範囲を逸脱した点で、警官の行為は暴力と認定されたわけだが、ここでの問題は明らかに、行為の評価が事後的になされることそれ自体にある。フロイド氏が亡くなり、黒人に対する警察の暴力を糾弾する運動が各地で再燃することがなければ、警官による拘束は通常の業務の範囲内にあったと判断された――問題にさえならなかった――可能性が高いからである。

この意味で、公権力による暴力は、先の相対的定義の特殊事例を構成している。外科医による執刀の方法や程度は、医学的な正当性や合理性によってあらかじめ規定されており、意図的な逸脱は許されない。それに対して、公権力による力の行使の様態は状況に大きく依存しており、行為を規制する基準そのものの境界線が不明瞭である。ドミニク・モンジャルデは、力と法のアポリアに内在する原理的な危険を指摘している。法が力を自分の代理として立てるとき、力はまさに法の体現者となり、力を縛るものがなくなってしまうのである（Monjardet〔1996〕, p. 25）。実際、警察が活動する現場では、事態の切迫性に応じて、各警官ないしグループがその場で意思決定をおこなわなければならないケースがある。そして、警官による力の行使が適切な範囲からの逸脱を疑われた際に、当該の行為に問題はなかったと事後的に判定されるケースがきわめて多いことも言うまでもない。

以下では、フランスを中心としたいくつかの事例をもとに、特に警察に代表される公権力の暴力と構造的暴力に着目しながら、今日の暴力を考えるための視点を提示してみたい。

4　警察による暴力――ヴェーバー、ベンヤミン

二〇一八年一一月一七日に燃料税の増税への反発を契機として始まったフランス政府への大規模抗議行動「黄色いベスト」運動では、毎週土曜日に展開されるデモ活動のなかで、抗議者と警察との衝突が繰り返し生じた。運動が長期化と過激化の様相を呈していた二〇一九年三月七日、エマニュエル・マクロン大統領はグレウー＝レ＝バンで開かれた討論会で、市民の前で次のように発言した。「警察の鎮圧や暴力という言葉は使わないでください。これらの言葉は法治国家では容認されません」。さらに二〇二〇年七月二八日には、ジェラルド・ダルマナン内務大臣が国民議会でこう述べている。「個人的には、『警察の暴力』という言葉を聞くと息が詰まります。警察はたしかに暴力を行使しますが、それは正当な暴力です。これはマックス・ヴェーバーと同じくらい古いことです（C'est vieux comme Max Weber）」。大統領が暗黙裡に前提とし、内務大臣が直接に言及しているのは、ヴェーバーが一九一九年の講演「職業としての政治」でおこなっている近代国家の社会学的な定義だろう。「国家とは、ある一定の領域の内部で――この『領域』という

点が特徴なのだが——正当な物理的暴力行使の独占を（実効的に）要求する人間共同体である〔…〕」（ヴェーバー（二〇二〇）、九頁）。

しかし、フランスの政治家、とりわけダルマナンによるヴェーバーの援用には、「息が詰まります」という明らかに不適切な言葉の選択のほかにも（警察に拘束されたフロイド氏は繰り返し「息ができない」と訴えていたと報じられた）、いくつかの点で問題がある。第一に、ここでヴェーバーが述べているのは国家についてであって、警察についてではない。警察はあくまで国家の一機関であり、国家の定義とは別の定義を必要とする。第二に、ヴェーバーは、国家は正当な物理的暴力行使の独占を「要求する」と述べているのであり、国家が行使する暴力がそれ自体で正当だと述べているわけではない。だからこそヴェーバーは先の定義に続いて、国家という、暴力の行使に支えられた人間による人間の支配がいかなる正当性をもちうるかという根拠の問いを立てているのである（伝統的支配、カリスマ的支配、合法性による支配）。第三に、こうした誤解が、誤解であるにもかかわらず、ヴェーバーと「同じくらい古い」という言い回しのもとで、揺るぎない真理であるかのように断言されているることも看過できない。このフランス語表現は、しばしば「世界と同じくらい古い（C'est vieux comme le monde）」という形で使われ、「とても古い・大昔からある」という意味を表す。だが、ヴェーバーがこの講演をおこなったのは、いまからわずか一〇〇年前、第一次世界大戦の敗戦によるドイツの混乱のなかで、スパルタクス団の蜂起が失敗に終わった直後の時期である。その後に成立したヴァイマール共和国の不安定な政治状況を経て、ナチスの台頭と第二次世界大戦へと至る歴史の経過を考えたとき、ヴェーバーのうちに現代世界から隔絶した古さを見ることは、端的な時代錯誤か、さもなければ歴史に対する感覚の欠如ではないだろうか。

これらの問題は、ヴェーバーと同時期に著された重要な暴力論であるヴァルター・ベンヤミンの「暴力批判論」（一九二一年）を参照することでより明確になる。この論文でベンヤミンは、「法措定的暴力」と「法維持的暴力」という有名な区別を提示している。法措定的暴力とは、終戦後に締結される講和のように、他の一切の法的関係とは無関係に是認される新しい法秩序を樹立する暴力である。国家が、それ以外の個人や団体に物理的暴力を行使する権利を認めないのは、その暴力が法措定的なものになるのを恐れるからである。たとえば労働者集団のストライキは（ストライキには、労働行為の不履行は特定の条件下で取り消されるという恐喝の要素が含まれる点で、ベンヤミンはストライキ権を暴力を用いる権利と捉えている）、単に雇用者に特定の要求を認めさせるための手段にとどまらず、新たな法的関係を打ち立てたり、既存の関係を修正したりすることができる暴力である。それに対して、法維持的暴力は、法的目的（法的な是認を獲得している目的）に従属させるために用いられる暴力であり、兵役義務が例として挙げられる。

ベンヤミンはこの二種類の暴力が「亡霊めいた混合物」とし

て警察のなかに現れているとする。「警察暴力（Polizeigewalt）」は、法的効力があることを要求しながら命令を発する点で法措定的暴力であると同時に、法的目的に奉仕する点で法維持的暴力でもある。しかし、法措定的暴力が既存の法関係から独立した新しい秩序を目指す暴力であり、法維持的暴力が既存の法関係の枠内で用いられる暴力だとすれば、二種類の暴力は本来は同居できないはずである。それゆえベンヤミンは、警察において両者の区別が撤廃されて結合している様態を「亡霊めいた」と形容し、警察暴力のつかみどころのない無定形の性格を強調するのである。警察は無数のケースで「安全のために」介入をおこなうが、そこでは警察が「粗暴な厄介者」として市民につきまとったり市民を監視したりすることがなければ、いかなる明確な法的状況も存在していない。安全を守ると自称して干渉する警察は、法的目的とは関係なく行動しており、そこでは警察の存在それ自体が、こう言ってよければ法的な曖昧ななにかを表現しているにすぎない。ベンヤミンは絶対君主制と民主制の警察を比較し、前者においては、立法と執行の絶対権を統合した君主の暴力を警察が代表しているのに対し、後者においては、警察の存在はそのような関係によって高められていないとする。民主制における警察暴力は、「暴力というものの考えうる限り最も退廃した形態の証し」であるという（ここまでの引用はベンヤミン（一九九九）、二四七―二四九頁による）。

こうしたベンヤミンの議論は、現代の公権力による暴力を考えるうえで示唆的であるだけでなく、必要不可欠でさえある。警察の装備や技術が格段に高度化している今日では、警察に内在する法と力のアポリアはベンヤミンの時代以上に深刻な帰結をもたらすからである。ベンヤミン自身が躊躇せずにこの言葉を用いているように、「警察暴力」はベンヤミンと同じくらい古い、と言わなければならない。

5　自己防衛の権利と構造的暴力

前節で言及した討論会で、マクロン大統領はさらにこうも述べている。「たしかに、いたるところに暴力があるわけですが、治安部隊は一方で自分の身を守り、他方で公的秩序を維持しようとする状況にあるのだと、私はまったくそう考えます」。ここで警察の暴力を擁護する論拠の一つとされているのは、通常は犯罪行為に該当する暴力から処罰を免除する原則、すなわち正当防衛の権利である。しかし、個人間の殴り合いや取っ組み合いでさえ、第三者から見た場合に、どちらが先に攻撃しどちらが身を守ろうとしているのか、そして防衛的攻撃に正当性があるかいなかを判断することは簡単ではない。フラッシュボール、LBD-40のようなゴム弾や催涙ガスといった致死性の低い武器は――失明などの重傷をもたらすにもかかわらず――警察の「防衛的」攻撃を以前よりも容易にしているのではないか。実際、「黄色いベスト」運動では、明らかに攻撃も威嚇行為もしていないデモ参加者に突然にゴム弾が打ちこまれる映像が残されている。そもそも、正当防衛の権利は平等でも、それが可能な装備が平等でないことはままあるし、予防的な攻撃をおこなうのがしばしば装備が圧倒的に強力な側であることも言うまでもない。

正当防衛の解釈の問題はすでに、一九九二年のロサンゼルス暴動のきっかけとなったロドニー・キング氏の事件に際して顕著な形で現れている。一九九一年三月三日、ロサンゼルス市内で友人二人を載せて車を運転していたキング氏は、スピード違反の疑いでパトカー数台とヘリコプターに追跡され、停車を余儀なくされる。車から出るように命じられたキング氏は、警官に取り囲まれて暴行を受けた。キング氏が警棒で殴られ、起き上がろうとするところをまた執拗に殴られる一部始終を、近隣住民のジョージ・ホリデイ氏が自宅のバルコニーからビデオカメラで撮影しており、その映像がテレビ局に提供されてニュースで大きく取り上げられることとなった。一年後の裁判で、「過度の力の行使」の罪に問われた警官四名には無罪判決が言い渡される。弁護士の論拠は、身長一メートル九〇センチを超えるキング氏を前に警官たちは身の危険を感じ、正当防衛をおこなったにすぎないというものだ。その証拠となったのはまさにホリディ氏が撮影していたビデオである。警官が一方的に暴力を振るっている明白な証拠とみなされた同じ映像が、反対に警官に対するキング氏の脅威を示す映像として用いられたのである。

ジュディス・バトラーは、この映像の解釈は「視覚の場の人種（差別）的図式化」にもとづいていると指摘する。映像は誰もが同じ仕方で「見る」ことのできる中立的な素材として提供されているのではなく、「見る」ことがそもそも人種主義的な図式化によって規定されている。「これは単純な意味での〈見ること〉でもないし、直接的な知覚行為でもない。むしろそれは、見えるものの人種差別的生産の領域であり、『見る』ということが意味しているものに対する人種差別的な制約が作用したものである」（バトラー〔一九九七〕、一二四頁。訳文一部変更）。中立的な機能と思われる知覚それ自体が、社会的に構築された枠組みのなかではじめて可能となるのである。自己防衛の問題を歴史的に検討しているエルサ・ドーランは、バトラーの議論を受けながら、自己防衛を主体の成立という観点から論じている。警官の暴力から身を守り続けているキング氏は、身を守ろうとする動きをすればするほど殴られ、よりいっそう攻撃者として知覚されている。そのときに問題となっているのは単に、正当防衛の解釈に影響を与える攻撃的身体と防衛的身体とを分ける境界線ではなく、自分自身を防衛できる行為者と、単なる暴力の行為者でしかない者を分ける境界線である。したがって、この人種主義的図式化のなかで問うべきなのは、誰が被害者かではなく、誰が自分を防衛する権利をもっているかであり、「自分を防衛する可能性そのものが支配的マイノリティの独占的な特権である」（Dorlin〔2017/2019〕, p. 15）ことを考慮に入れなければならない。

こうした人種主義的図式化は、警察の実践によって日常的に維持され、強化されている。二〇〇七年と二〇〇八年にOpen Society Justice Initiativeは、パリの北駅とシャトレ＝レ＝アル駅の構内および周辺の五カ所を対象に、警察による身分証明書検査と検査を受けたひとの外見的属性（見かけ上の出自、年齢、性別、服装、手荷物の有無）との関係を調査した。その結果、基準となる人口では多数派である「白人」とみなされた人々に比べて、少数派である「黒人」および「アラブ系」とみなされた人々が検査を受けるリスクは、前者が三・三倍から一一・五倍、後者は一・八倍から一四・八倍にのぼるという（Open Society Justice Initiative〔2009〕, p. 10）。調査ではさらに、検査を受けたひとに対して、今回がはじめてか、はじめてではない場合は何回目か、などの聞き取りもおこなっている。それによると八二%という大多数がすでに検査を経験したことがあり、うち二五%は月に二回から四回、一六%は月に五回以上も検査を受けたと回答している（*ibid.*, p. 39）。このことは「人種的ないし民族的ステレオタイプ」にもとづく検査が実際の違反の摘発にはつながっておらず、検査の成功率が低いことを示している（*ibid.*, p. 52）。警察暴力に代表される国家の暴力の系譜学を論じたミシェル・ココレフによれば、ここでおこなわれているのは、「そのひとがなにをしているかではなく、そのひとがなんであるか（あるいはどう見えるか）を対象とした、外見にもとづく調査（あるいは人種的プロファイリング）」である（Kokoreff〔2021〕, pp. 89-90）。こうした検査が日常的におこなわれることは、それを見かけた通行人などの第三者に、犯罪行為がそもそも不在であるにもかかわらず、外見的属性と犯罪可能性とを無意識に結びつける傾向を与えかねない。「見る」ことを規定する人種主義的図式化が、実際にその図式に従った「見る」行為の反復的実践を通じて、いっそう堅固なものになっていくのである。

さらにこうした構造的暴力に歴史的側面があることも忘れてはならない。ココレフは「現代フランスの政治文化を深々と構造化している植民地的遺産」（*ibid.*, p. 22）に着目しながら、一九四五年にアルジェで起こったアルジェリア独立デモから、アルジェリア戦争時のフランス国内での対立、そして独立後も続いた人種主義的犯罪の数々を具体的にあとづけている。二〇〇五年、警官に追跡された北アフリカ系移民の少年三名が変電所に逃げこみ、うち二人が感電死した事件が、パリ郊外を発端に市内にまで波及する大暴動へとつながったように、植民地主義に根を下ろした構造的暴力は世代を超えて反復され続けている。公的サービスが不十分で治安の悪化も顕著なパリ郊外では、「目に見える唯一の国家の存在は警察の存在」であり、そこには非白人で周縁化された若者たちと、経験が浅く若い警官たちとの「定義からして紛争的な構造的関係」がある（*ibid.*, p. 85）。警官とのつねなる緊張関係のなかで、差別の経験が若者のなかに「反警察文化」を生み出し、それが今度は警官の「反若者文化」を生み出すことで、「終わりのない惨劇に導く相互的なエスカレーションの論理」を形成しているのである（*ibid.*, pp. 86-87）。

6　おわりに

本稿は暴力がもつ規範からの逸脱という側面から出発し、哲学・思想分野での代表的な暴力論の展開を概観したうえで、今日の暴力を考えるうえで重要だと思われる暴力の可視性の拡大と不可視の構造的暴力の関係を、特に警察などの公権力による暴力を取り上げながら考察した。個々の物理的暴力のイメージの増殖は背景にある構造的暴力を見えづらくすると述べたが、重要なのは構造であって個別の身体に振るわれる暴力ではないということではない。むしろ「どの生命に価値があるのか（そして失われた場合には潜在的に嘆かれるに値するのか）、そしてどの生命がそうではないのかというようなグロテスクな区別をおこなう人種主義的図式」（Butler〔2020〕, p. 11）や、自分を防衛する権利をもつ自己とそうではない自己を区別する構造を正していくことが、個々の暴力を減じさせる方途となるからである。そして不可視の構造的暴力を是正するための重要な契機となりうるのは、あくまでも個別の可視的な暴力への異議申し立てである。警察による暴力が、「国家が自己を再生産するとともに、自分が作り出す物語によって象徴的次元に秩序を押しつける暴力」（Kokoreff〔2021〕, p. 51）であり、そのつど不可視の構造的暴力を強化するとすれば、それに対抗して、個人に振るわれた可視的な暴力の記憶をたえず呼び戻すことで、それを可能にした不可視の暴力を暴露し続けることが必要になる。二〇一六年七月にパリ郊外で警察による拘束後に死亡したアダマ・トラオレ氏の事件が、ジョージ・フロイド氏の事件を機にふたたび注目を集め、アメリカとフランスをつなぐ新たな抗議行動を生み出したことがその一例である。また二〇一七年三月に、モロッコ、マリ、コモロを出自とする三人のパリの高校生が、学校行事のブリュッセル旅行からの帰りに、北駅でクラスメイトの面前で彼らだけが身元証明書検査を受けた一件では、三人が教師の協力のもとに国を相手に裁判を起こし、二〇二一年六月、パリ高等裁判所は第一審を覆して国に有罪判決を下している。被った屈辱に正面から立ち向かった彼らの具体的行動は、外見にもとづく検査の差別性を明らかにしただけではなく、こうした検査には正当な根拠も有効性もないことを示すことで、警察に対してより適切で効果的な職務行為の実践を促してもいる。

他方で、個人としての警官に対して行使される暴力も見逃されてはならない。過酷な労働環境や、警官の職務への共感や理解が得られないことに由来するストレスに加えて、直接的に警官を標的とするテロ行為も頻発している。フランスの警官六二四六人へのアンケートで、そのうちの二四%が過去一年間のうちに自殺を考えたことがある、またはそうした同僚の考えを聞いたことがあるという調査結果も報じられた（*Le Monde*, le 6 juin 2021）。警察への暴力を減らすためには、警察への憎悪を生むもとになる警察による暴力を減らす必要があるだろう。その直接的な手段としては、警察の装備や取り調べの方法をより非暴力的なものにすることが挙げられる。フランスでは二〇二一年七月に、窒息の恐れがある従来の拘束手段が禁止され、喉頭部に連続的な圧迫を加えることのない方法が公式に採用された。また、警察の予算や人員を削減し、その分を貧困地域の住居や教育、健康などの社会サービスに振り分けることは、警察への暴力の背景となりうる社会状況の改善につながる。無論、そのためには政府の「恐怖による統治」（Kokoreff〔2021〕, p. 106）からの脱却が必要となる。

可視的な暴力の応酬が問題解決に至ることはない。正当な大義や目的のために使用される場合でも、暴力によってもたらされた勝利は、手段としての暴力の有効性を証明し、さらなる暴力を招来してしまうからだ。解放運動のための暴力行使を主張する側にも、暴力行為が「当事者におよぼす非人間化の効果」や「解放後の社会におよぼす影響」についての着目が欠けていたことが指摘される（小倉〔二〇二一〕、六一頁）。バトラーの言葉を借りれば、「私たちのうちの誰が暴力行為をおこなおうとも、私たちはそれらの行為のうちで、そしてそれらの行為を通して、より暴力的な世界を構築していることになる」（Butler〔2020〕, p. 19）。

身体的であるかいなかを問わず、個人に振るわれる具体的な暴力は、相手のみならず、共生の場としての世界を破壊する行為である。さまざまな可視的な暴力があふれるいま、これらの暴力を生み出しうる不可視の構造的暴力を、言説を通してあくことなく「可視化」していくことがいっそう求められている。

参考文献

ハンナ・アーレント（二〇〇〇）『暴力について――共和国の危機』山田正行訳、みすず書房。
ミシェル・ヴィヴィオルカ（二〇〇七）『暴力』田川光照訳、新評論。
マックス・ヴェーバー（二〇二〇）『職業としての政治』脇圭平訳、岩波書店。
小倉充夫（二〇二一）『自由のための暴力――植民地支配・革命・民主主義』東京大学出版会。
ピエール・クラストル（二〇〇三）『暴力の考古学――未開社会における戦争』毬藻充訳、現代企画室。
ジョルジュ・ソレル（二〇〇七）『暴力論（上）（下）』今村仁司・塚原史訳、岩波書店。
ジュディス・バトラー（一九九七）「危険にさらされている／危険にさらす図式的人種差別と白人のパラノイア」池田成一訳、『現代思想』、第二五巻第一一号。
リチャード・J・バーンスタイン（二〇二〇）『暴力――手すりなき思考』齋藤元紀監訳、法政大学出版局。
フランツ・ファノン（一九九六）『地に呪われたる者』鈴木道彦・浦野衣子訳、みすず書房。
ヴァルター・ベンヤミン（一九九九）『ドイツ悲劇の根源（下）』浅井健二郎訳、筑摩書房。
Judith Butler (2020), *The Force of Nonviolence: An Ethico-Political Bind*, London/New York, Verso.
Elsa Dorlin (2017/2019), *Se défendre: Une philosophie de la violence*, Paris, La Découverte.
Michel Kokoreff (2021), *Violences policières, généalogie d'une violence d'État*, Paris, éditions Textuel.
Yves Michaud (1986/2018), *La violence*, 8e édition mise à jour, Paris, PUF, «Que sais-je?».
Dominique Monjardet (1996), *Ce que fait la police: Sociologie de la force publique*, Paris, La Découverte.
Open Society Justice Initiative (2009), *Police et minorités visibles: les contrôles*

d'identité à Paris, New York, Open Society Institute.

I

「暴力」の再領域化

「暴力」の再領域化

藤岡俊博

私たちは日々、ニュース映像やＳＮＳの投稿などを通じて、日本国内のみならず世界各地で繰り広げられるさまざまな暴力を目にしている。しかし、こうした明白な暴力の背後で、社会における多様な要素が複雑に錯綜していることは、鮮明な映像や写真の力によって逆に見えづらくなってはいないだろうか。軍事衝突や性的暴力のように、地域を超えて共通に見られる暴力の場合でも、それぞれに特有の歴史的経緯や社会的背景が存在している。

二〇二〇年一〇月に、フランスで中学校の地理歴史の教員がジハード主義者に殺害された事件を例に挙げてみよう。生じた事件としては、殺人という、これ以上なく明確なかたちで振るわれた暴力だが、その背景には、宗教、教育、公共、表現の自由、移民や難民、教師と生徒、親子関係、そしてＳＮＳといった、ありとあらゆる事柄が潜んでいる。今日、可視化されて拡散されている身体的なわかりやすい暴力のイメージの裏には、その地域や社会が有する特殊な歴史や文化、異なるシステム的な権力や集団間の対立構造が存在しており、こうした不可視の「暴力」の堆積が、ときに一人の個人の身体に凝縮して現れると言えるのではないだろうか。

このような観点にもとづき、本書の各章では、執筆者それぞれの専門地域や専門分野における具体的な暴力の事例を通して、対象となる地域の歴史や社会を読み解いていく。

＊

第一部の前半では、とりわけ二〇一九年以降に、深刻かつセンセーショナルな「暴力」が前景化しているフランス、香港、アメリカが論じられる。

第一章（伊達聖伸）は、イスラームのジハード主義者のテロリズム、黄色いベスト運動、カトリックの聖職者による性的虐待というフランスの暴力の三つの事例を取り上げる。歴史的な補助線として引かれるのは、ライシテの確立期にあたる第三共和政前期の時代状況であり、当時の政治と宗教をめぐる権力関係および社会・経済問題を鏡として、現代の「暴力」の特色が映し出される。一九〇五年の政教分離法制定後、政府が教会の財産目録調査などによりカトリックへの統制を強化したことで、抵抗する教会側との激しい衝突が生じた。カトリックのコレージュの修道士に男児への性的虐待の嫌疑がかけられた「フラミディアン事件」においても、教育をめぐってライシテ陣営とカトリックとの対立が見られた。今日、長年にわたり隠蔽されてきた聖職者による数々の性的虐待が暴露され、教会の権威は根本的に問いただされているが、宗教批判を通じてみずからの正統性を獲得してきた政治権力が、現在ではイスラームに対して同じ図式を反復していることが指摘される。

社会・経済問題に関しては、労働者の目に見える暴力行為がつねに罰せられるのに対して経営者や資本家の責任は暗がりに消えてしまう、という社会主義者ジョレスの言葉は、昨今の黄色いベスト運動を考えるうえでも興味深い。かつての左派政党や労働組合が労働者の不満や要求の受け皿としての機能を失うなか、この運動の担い手たちの大半は、新自由主義的な経済政策による格差拡大のあおりを受けた中・低所得者層である。そして、この運動と対峙しているのは、国家権力による目に見える暴力だけではなく、ジョレスの言う経営者の「暴力」よりもさらに漠然とした仕方で潜んでいる上層階級およびエリート層の無関心や弱者の切り捨てという「暴力」である。本論考は、一九〇五年前後のフランスとの比較を通して、「共和国原理尊重強化法案」を掲げる今日のフランスが直面するライシテの「転機」の様態を明らかにしている。

第二章（谷垣真理子）は、物理的な「見える暴力」が発生した香港の二〇一九年大規模抗議活動に至る経緯と、構造的な「見えない暴力」として解釈されうる香港版国家安全維持法を取り上げる。返還後の香港において、デモは香港社会が自由を保持していることの象徴であり、六月四日の天安門事件追悼集会や七月一日の返還記念日の

「七一デモ」のように、暴力行為をともなわない平和的なデモが開催されていた。二〇一四年の雨傘運動でも基本的に平和路線は維持されたが、運動の経過のなかで学生による道路占拠がおこなわれるようになり、二〇一六年二月の魚蛋革命に入るとデモ参加者が主体となる暴力行為が見られた。逃亡犯条例の改正案をめぐって開始された二〇一九年の大規模抗議活動では、平和・理性・非暴力を意味する「和理非」と、暴力の行使も辞さない「勇武」のグループが共存しており、デモに参加する市民に対して警察による無差別暴力が振るわれる一方、警察官やその家族も攻撃にさらされることとなった。

こうした「見える暴力」の応酬に対する中央政府の対応策が、二〇二〇年六月三〇日に成立・施行された国家安全維持法（国安法）である。当初、国安法は限定的な範囲で適用されると説明されたが、実際には施行後の初日である七月一日から逮捕者が出る事態となった。同法により罪を問われる行為として、国家分裂、国家政権転覆、テロ活動、外国勢力との結託により国家の安全に危害を加える行為が指定されているが、具体的にどのような行為が違反に当たるのかは文言からは判断できない。こうした幅広い解釈の余地のもと、長く民主化支持の論陣を張ってきた『蘋果日報』の廃刊や、汎民主派の関係者の大量逮捕が続き、天安門事件追悼集会を開催してきた支聯会も解散に至った。著者が引用する香港研究者・劉兆佳が述べるように、国安法の有効性は、違反の実際の摘発数によってではなく、法に触れるとみなされうる行為を控えさせる「震撼力」によって示される。本論文は、過去の香港の姿が消え去りつつあるいま、中国も参画するような東アジア共同体的な枠組みのなかに、起こりうる変化への期待を寄せている。

第三章（矢口祐人）は、しばしば語られるアメリカと暴力との結びつきを超えて、国民国家アメリカの奥底に不可分なかたちで組み込まれている根本的な暴力性を指摘したうえで、特に黒人に対する物理的強制力をともなった制度的暴力を取り上げる。たとえば一九二一年にオコラホマ州タルサ市の黒人街が白人集団に焼き尽くされた「タルサ大虐殺」は、人種差別的な規定である「ジム・クロウ」という暴力的制度のもとで発生したものだった。特定の人種やジェンダーに対する排除を合法化・正当化し、「自然」なものとする制度こそが、近代社会の究極の「暴力」だと著者は言う。本論考では、アメリカ社会は白人男性の利権を中心に構築されてきたものであり、アメリカが標榜する「自由」や「平等」の概念はこうした暴力的な排除を隠蔽する言説であるとするクリティカル・レイス・セオリー（CRT）の議論が紹介される。

アメリカの根幹にある歴史的な「暴力」とそれを不可視化しようとする現代の暴力的な言説に対して、社会の暴力的な構造を揺さぶり、変革する努力を続ける人々も存在している。BLMの創設者とされるアリシア・ガルザや、終身刑となったアフリカ系アメリカ人の再審請求をおこなうEqual Justice Initiativeの活動、そして白人のクリスチャンたちによる人種的連帯の運動は、非暴力による抵抗を通じて、歴史に根ざす暴力的な制度を根本から変容させることを目指している。従来の刑罰とは異なり、暴力で引き裂かれた人間関係を加害者と被害者との対話を通じて回復させようとする「修復的司法」は、社会にはびこる暴力がどのような構造から生み出されるかを理解し、共有することで、罪を犯した者がふたたび犯罪に手を染める悪循環を断ち切ろうとする試みである。暴力的なアメリカというイメージの再確認を通して日本は安全だと考える幻想を捨て去るだけでなく、日本もアメリカにおける暴力との闘いから学ぶべき段階に至っていると著者は結論づけている。

＊

第I部の後半では、国連や国際法、そして「人間の安全保障」の枠組みを踏まえながら、特にアジア地域の難民問題および日本における暴力の事例を考察していく。

第四章（キハラハント愛）は、市民による抗議活動と、それに対処する公権力に関する国際法の規定を「正当性」「必要性」「均衡性」の観点から整理し、実際の抗議活動の事例への適用を試みる。まず市民による抗議活動は、市民的および政治的権利に関する国際規約第二一条が規定する「平和的な集会の権利」として認められている。集会は民主主義社会における市民参加の重要なツールであり、とりわけ疎外された人々の人権の保護や推進にとって必要不可欠な役割を果たしている。したがって、明示された法的制限だけでなく、集会の萎縮につながる実質的な制限も、この自由を侵害する可能性がある。ただし、この権利はあくまでも平和的な集会に限られ、暴力的な行動が集会のなかに明確かつ広範囲に広がっている場合、当該の集会は平和的ではないとみなされる。平和的に集会をおこなう権利は、民主主義の基礎である表現の自由の一形態であり、抗議活動の際には集会の参加者のみならず、取材するジャーナリストや人権活動家などの表現の自由も保護されなければならない。

市民による抗議活動に対処するのは、基本的に各国の警察をはじめとする治安部門であり、国連では「法執行官」という用語でまとめられている。法執行官がどの程度の力や火器を使用できるかは、国連による「法執行官のための行動綱領」や「法執行官による力および火器の使用に関する基本原則」で詳細に規定されている。法執行官は、力の行使に先立ち、集会の主催者や参加者らとの真摯な対話によって、力の行使を余儀なくされる状況に陥るのを避けなければならない。やむを得ず力を行使する場合にも、集会を分散させる際のガイドラインを人権法に則って作成し公開したうえで、厳格に必要最低限かつ、暴力行為をおこなう相手個人の脅威と釣り合う程度の力の行使にとどめなければならない。以上の観点から見ると、香港の雨傘運動やフランスの黄色いベスト運動、ミャンマーの軍事クーデターへの抗議活動などは、一時的な暴力行為はあっても活動自体は平和的なものだったと言える。それに対して、二〇一一年のリビアおよびシリアの抗議活動では、治安部隊による過度の力の行使が見られ、また、第二章で扱われた香港の国家安全維持法では、平和的な抗議活動をおこなう権利そのものが実質的に制限されており、いずれの場合にも国連の専門家による非難や要請がおこなわれている。人権侵害は個々の状況に応じて個別に判断されるものではあるが、本論文で紹介された国際人権法の基準に照らし合わせることは、近年の抗議活動への法執行官の対応が人権基準を遵守していたかどうかの検証のために有効である。

第五章（佐藤安信）は、「人間の安全保障」の観点から、特にアジアにおける難民問題とそれへの日本の対応を批判的に検討している。現代につながる難民問題の端緒は、一六四八年のウェストファリア条約にさかのぼる主権国家体制の成立に認めなければならない。主権国家においては、国民は国籍という紐帯によって共同体に所属することで身の安全を確保されるのに対して、反体制派や独立を志向する少数民族、そして内戦や紛争から逃れる人々は、内政不干渉の原則にもとづく諸国家の枠組みからこぼれ落ち、いずれの国家の庇護も受けられず難民化してしまう。難民問題が近代の主権国家体制の影の部分を表しているとすれば、難民問題を解決するアクターは、もはや国家だけでなく、市民社会や民間セクターといった非国家主体にも求められなければならない。

グローバル化の進展にともない複雑さと深刻さを増している難民問題に国際的に対処するための枠組みが「人間の安全保障」である。日本人としてはじめて国連難民高等弁務官を務めた緒方貞子氏の存在が物語っているように、日本政府は「人間の安全保障」の発展と促進に貢献し、アジア各地の難民支援や、内戦の根本的原因である貧困から人々を救うための復興支援において国際的な存在感を示してきた。しかし、日本における難民の受け入れ数は欧米諸国に比べて多いとは言えず、受け入れ後の支援体制にも改善の余地が残されている。むしろ近年では、技能実習生制度が強制労働につながることが懸念されるだけでなく、出入国管理における人権侵害が国連の人権理事会でもたびたび取り上げられており、外国人の受け入れに関して日本社会に刻まれている構造的暴力の根深さが浮き彫りになっている。二〇一八年一二月に国連総会で採択された「難民に関するグローバル・コンパクト」が示すように、難民保護のレジームがハード・ローからソフト・ローへと転換している現在、日本においても、外国人を搾取や排除の対象とみなすのではなく、社会に必要な多様性をもたらす存在として尊重することで多文化共生の実践へと向かうような、私たちの意識それ自体の変革が必要であると著者は述べている。

第六章（外村大）は、日本における在日朝鮮人への暴力の問題を、日本帝国期・戦後混乱期・戦後秩序の確立以降の三つの時代区分に従って論じる。日本帝国期には、為政者による「内鮮融和」の宣伝にもかかわらず、帝国臣民である朝鮮人への差別や迫害は頻発しており、関東大震災時の虐殺事件がその最たるものだった。敗戦後の混乱期には、在日朝鮮人は暴力を加えられる社会的弱者としてではなく、闇市をめぐる抗争などを通して、むしろ暴力を行使する側と認識されていた。ただし朝鮮戦争勃発後には、左派系の在日朝鮮人が日本共産党系の日本人と連携して反米闘争を展開するなど、そこには自分たちの祖国や同胞の生命を守るという要素も含まれていた。一九五〇年代後半以降、保守勢力主導の政治と経済成長による相対的な安定期に入ると、凶悪犯罪や暴力行為の危険に対する意識は減少したものの、朝鮮総連系の朝鮮学校の生徒と日本人学生との暴力的衝突はしばしば発生している。また、九〇年代には朝鮮学校に通う女子生徒のチマチョゴリ風の制服が切り裂かれる事件も起こっている。この事件の卑劣さは批判の対象になったものの、事件の背景には核開発の問題等をめぐっての北朝鮮に対する反感が存在していた。

二一世紀に入ってから、「反日」や「嫌韓」といったキーワードとともに、在日朝鮮人や韓国人に対する敵意の表明や差別の扇動が問題化している。ヘイトスピーチ自体には嫌悪感が示されることが多いものの、こうした活動家が選挙で一定の得票数を得るなど、その主張が完全に支持されていないとは言えない。明らかな身体的暴力を振るわれなくても、そうした言説があふれる社会に生活することは、潜在的な危険意識のかたちで十分に「暴力」を被っていると言える。従来の日本社会には見られなかったこうした憂慮すべき変化をもたらした原因として、拉致やミサイル発射等の問題、長期化する歴史問題をめぐる北朝鮮および韓国との関係悪化、そして、日本の長い経済的低迷などが考えられるが、日本人の意識そのものが変化したわけではないと著者は言う。ヘイトスピーチに見られる昨今の在日朝鮮人に対する「暴力」は、日本がアジア諸国のなかで卓越した位置を誇れなくなった現在、これまで自明視してきた自分たちの優位性が崩れかねないという危機感と、在日朝鮮人を自分たちの共同体の一員と認めようとしない排他的意識とが、戦後秩序の相対的安定が崩れた国内外の状況変化のなかで露呈してきたものと言える。

＊

ヨーロッパ諸国との戦争や宗教戦争のように、自国の歴史が無数の戦争の暴力で区切られているフランスはまた、暴力をともなう革命によって人権思想や民主主義につながる道を切り開いた国でもある。今日、そのフランスを主要な舞台として、カトリックの聖職者による性的暴力が露見するとともに、市民による政府への度重なる抗議活動がおこなわれている。アジアに視線を移すと、一九九七年の香港返還から四半世紀が経過して、本土出身者が香港社会で無視できない影響力をもつようになり、中国政府の総体的国家安全観のもとで一国二制度の新たな形態が模索されている。抗議行動を介して暴力の応酬が見られる香港の問題は、中国の国内的事象としてのみ捉えるのではなく、国際社会のなかで中国が占める位置という、より広い視野で考えなければならない。そして警官による拘束でジョージ・フロイド氏が亡くなった事件は、アメリカのBLM運動を再燃させるにとどまらず、世界各地で人間の生命の価値を考え直す契機と必要性をもたらしている。言うまでもなく、アメリカにおける黒人の差別や迫害の根本は、フランスもその一翼を担った奴隷貿易にある。現代の暴力に立ち向かう運動は、こうした歴史的暴力と、その土台のうえに構築されて固定化された構造的「暴力」を問い直すことも意味している。

このように現代世界で見られる「暴力」は、各地域の歴史に根ざしながら、それぞれに異なる行為主体や様態を生み出し、新たな文脈や枠組みのなかに位置づけられるべきものである。その意味で今日の私たちは、世界規模で展開される暴力の「再領域化」に立ち会っていると言える。無差別殺傷事件や子どもへの虐待、マイノリティの人々への差別や偏見など、多種多様な「暴力」が毎日報道されている現在の日本も、すでに「暴力」の世界地図のなかにみずからの場を得てしまっている。

以下に読まれる各章は、他人事でない私たち自身の問題である「暴力」を、具体的な事例と歴史的な考察を通して考えるための手がかりとなるだろう。

テロリズム、黄色いベスト運動、聖職者の性的虐待
——現代フランスの「暴力」の諸相を「権力」関係の歴史から読む

伊達聖伸

(だて　きよのぶ)
東京大学大学院総合文化研究科教授
専門は宗教学・フランス語圏地域研究
著書に『ライシテから読む現代フランス——政治と宗教のいま』(岩波新書)、『世俗の彼方のスピリチュアリティ——フランスのムスリム哲学者との対話』(共編著、東京大学出版会)などがある。

はじめに

現代フランスにはさまざまな暴力が存在するが、二〇一〇年代後半の報道で取りざたされるなどして広く知られているものとして、特に次の三つを挙げることができよう。第一に、イスラームのジハード主義者によるテロリズム。二〇一五年一月のシャルリ・エブド事件と一一月のパリ同時多発テロ事件を頂点に、近年のフランスは一連の襲撃事件に見舞われている。第二に、黄色いベスト運動。マクロン政権による燃料税引き上げに反対して二〇一八年一一月にはじまった抗議運動である。第三に、カトリックの聖職者による性的虐待。最初の波は二〇〇〇年前後に見られるが、とりわけ二〇一〇年代後半以降次々とスキャンダルが明るみに出ている。

これら三つの暴力を図式的に整理すると、テロリズムは政治と宗教および植民地主義の歴史の問題、黄色いベスト運動は経済社会問題、そして性的虐待はセクシュアリティやジェンダーの問題となるだろう。本稿の狙いは、これらの社会の諸分野にわたる「暴力」をプリズムとして、フランス社会の「いま」の特徴を浮かびあがらせることである。

その企てに際して導きの糸になると思われるのは、「権力と暴力は、はっきり異なった現象ではあるが、たいてい一緒に現れる」というハンナ・アーレントの洞察である(アーレント、二〇〇〇：一四一)。このアーレントの言明には、ある程度までは普遍的に妥当しそうなアフォリズム的な調子と彼女自身の政治的立場が現れていると同時に、テクストの初出が一九六九年という時代の刻印も押されているように思われる。現代フランスで暴力が噴出している事実は、この社会の権力のあり方に変化が訪れていることを示唆している。筆者はフランスのライシ

テという政治と宗教の関係――世俗的権力と精神的権力の関係と言ってもよい――を専門としており、そうした観点から現代フランスの権力のあり方を分析するための文脈を提示したい。

本稿では、ライシテの確立期に相当するフランス第三共和政前期、とりわけ一九〇五年の政教分離法制定前後に見られる暴力を、政教関係、経済社会問題、小児性愛の三つの領域にわたって取り上げる。そこから当時の権力の特徴を提示し、現代を照らし出すための鏡とする。別の言い方をするならば、一九世紀末から二〇世紀初頭にかけてという、ライシテの歴史にとって決定的な時期における暴力と権力の関係を断面的に切り出し、そこに描かれている模様を手がかりとして、現代フランスにおける暴力と権力の関係を比較の相のもとに把握することを試みる。そのことによって、共和国フランスの「国体」とも言えるライシテが現在どのような転機に差しかかっているのかも見えてくるだろう。

1 ライシテの確立期における「暴力」の諸相

政教分離法制定後の財産目録調査が引き起こした暴力

第三共和政初期(一八七〇～一九一四年)は、共和派とカトリックの「二つのフランスの争い」が激しさを増した時期として知られている。一九〇二年から一九〇五年一月まで首相の座にあったエミール・コンブの修道会弾圧政策にも官憲投入などの暴力的な面が見られたが、ここでは一九〇五年の政教分離法制定を受けて実施された財産目録調査にともなう暴力的衝突に注目したい。

政教分離法の最重要の論点は、それまで国家公認だった「礼拝公施設法人」(établissement public du culte)を「礼拝アソシエーション」(association cultuelle)という民間団体に再編することにあった。同法には、この宗教団体の法的枠組みの変更に際して、国有財産管理庁の職員が教会財産目録を作成することが定められていた。

一九〇六年一月二日に出された指針には、目録調査の際には聖体のパン(オスティア)を納めている聖櫃を開けさせてその中身を確認するようにともあった。共和国の役人が教会に立ち入り、聖なるものに触れることは、信者の神経を逆撫でしかねない行為である。カトリック議員は、聖櫃を開ける役割は現場の聖職者に委ねられる点を確認して批判の矛を収めた。司教たちも、信徒たちに徹底抗戦を呼びかけたりはしていない。だが一部の信者は、財産目録調査は冒瀆であり、所有権の侵害であると吹聴した。

二月一日、パリのサント＝クロチルド教会で財産目録調査が実施された。デモ隊が反対するなか、現場を訪れた警視総監は官憲を投入し、ドアを突き破って突入した。教会内部では椅子が積み上げられてバリケードが築かれていた[1]。

この抵抗運動は誰が主導したのだろうか。サント＝クロチルド教会の司祭ガルデ神父自身は、暴力的抵抗に反対の考えの持ち主だった。この事件を受けて彼は辞任するのだが、その理由は自分の「権威」が自分の教会において無視されたからだといいう。「抵抗を組織も支援もしない私を許さない連中がいました。奴らは私抜きでも、こう言ってよければ私の意に反して、抵抗しようとしたのです」（cité dans Mayeur, 1991 : 95）。彼は司祭にしたがわない信徒などありえないと憤っているが、実はデモ隊は教区の信徒たちではなかった。戦闘的な抵抗運動を繰り広げたのは、極右団体アクシオン・フランセーズに扇動された王党派の若者たちだった。宗教的危機を利用して極右が聖職者の意向を無視しながら共和国を揺るがそうとしていた様子が見えてくる(2)。

一九〇六年三月六日、ノール県のブシェップ——人口二二〇〇人程度の小さな町——で財産目録調査にともなう暴力による初の死者が出る事件が起きた(3)。財産調査の責任者である収税吏は、警察署長以下二〇名の歩兵、一〇名の竜騎兵、五名の憲兵をしたがえて教会を訪れた。またアシスタントとして息子も連れていた。司祭は抗議の声明文を型通りに読み上げ、調査自体は何事もなく終了した。だが、その後約二〇〇人の民衆が詰めかけ、教会内で役人と官憲に非難を浴びせ、椅子を投げつけた。傷を負った収税吏は群衆に囲まれ、教会から抜け出せなくなった。危険と判断した官憲と息子が群衆に発砲すると、カトリックのデモ隊の一人が斃れて死亡した。検死の結果、収税吏の息子が撃った弾が命中したことが判明した。カトリックの新聞は亡くなった人物を政教分離法の最初の犠牲者として英雄視したが、左派の新聞はこの人物は居酒屋で酔っ払って教会に乱入したと批判的に描いている（Vallier, 2006 : 35）。

事件翌日の三月七日の下院でカトリックの代議士は、政教分離法は「人殺しの法律」（loi de meutre）だと非難した。これに対し、政教分離法制定の中心人物アリスティッド・ブリアンは、法律が問題なのではなく、法律に反対する右派が信者たちの信じやすさにつけ込んで彼らを扇動したために事件が起きたと反論する。「本当の犯人は煽動者たちです。何日も前からキャンペーンを繰り広げて嘘を撒き散らしてきた人たちが犯人なのです」。

ともあれ、ブシェップの事件を受けてルーヴィエ内閣は辞職し、新たにサリアン内閣が組閣された。内務大臣に就任したクレマンソーは、「教会の燭台を数えるかどうかという問題は、人命にはかえられない」と上院で述べている。

これによって、事態は大筋として鎮静化に向かったと評価できる。歴史家ジャン＝マリ・メイユールも指摘しているように、報道と現実には落差があり、カトリックの新聞は反対運動がフランス全土で起きていたように書き立てているが、サリアン内閣が調査させた報告書によれば、事件の発生地域は限られていた。カトリックが強い土地柄でも反対運動がほとんどなかった場合があり、それは暴力に訴えてはならないと説いた聖職者に信徒たちがしたがったためと考えられる（Mayeur, 1991 : 116-118）。

「財産目録調査の危機」についてまとめておこう。当時のカトリック教徒にとって、財産目録調査は世俗国家が教会の聖性を冒瀆するものと映りかねないものだった。そのように煽り立て共和国を揺るがそうとした者は実際にいたし、それに付随して事件も発生した。しかしながら、それによって生じた危機は局地的で、フランス全土で一斉蜂起が生じたわけではない。財産目録調査が困難な場合は強行せずに延期でよいと政府が協調的な判断を下して、暴力的な応酬の悪循環を断ち切ろうとしたことも大きい。

現代との違いが明らかになるように、当時共有されていた前提を確認しておこう。それは、カトリック教徒たるもの、聖職者の言うことを聞くものだという規範である。聖職者が暴力に訴えてはならないとメッセージを発すれば、多くの信徒はそれにしたがうのが常識だった。実際に暴力が生じても、それはカトリック教会の考えからは逸脱したものと位置づけることが可能だった。

ところが現代では、カトリックの聖職者の教導権が大きく後退しており、価値観は個人を軸とすることが前提となっている。また、イスラームについて言えば、ムスリムは宗教指導者であるイマームの指示に対して、かつてカトリック信者が聖職者にしたがったようにはしたがわない。にもかかわらず、政府のライシテ政策は、カトリック教会に対して用いた方法を反復しているようにも見受けられる。

社会経済問題をめぐって――労働者の暴力と経営者の暴力

一九世紀末よりフランスでは労働者や炭坑夫によるストライキが頻発し、経営者がロックアウトで対応するなど労使関係には緊張が見られた。特に一九〇六年三月に新しく労働者のストライキが起きると、翌年にかけて多発した[4]。アナーキストがデモに加わって破壊行動に出ることもあり、投入された官憲が労働者たちに発砲して死傷者が出ることもあった。

一九〇六年三月に内務大臣となったクレマンソー（一〇月からは首相も兼任）は急進派の領袖として自律した自由な個人を擁護する考えの持ち主で、教会の組織形態に対しても社会主義的な集団行動に対しても否定的だった[5]。

政教分離法制定過程において、社会主義者のジョレスはカトリック教会の組織形態に理解を示し、それに配慮する第四条を通過させたが、これはクレマンソーの目には教皇の権威と正統性をフランスの法律で認めることと映った。「虎」とも呼ばれた彼は、ブシェップの事件を受けて教会財産目録調査は強行しない妥協的な姿勢を見せたが、労働者のストライキに対しては断固たる態度で鎮圧を加えた。

ドレフュス派の反教権主義者として共闘してきたクレマンソーとジョレスは、一九〇六年六月、下院で異なる意見を戦わせている。ジョレスは「ひとまず政治宗教問題が解決を見たこの新しい局面においては、経済社会問題が議会の注意と努力を呼び起こすことになります」と述べている（六月一二日）。政教問題と経済社会問題は、共和国の行方を占う重要な案件として連動していた。

いまや「フランス第一警察」の異名を取ることになった内務大臣クレマンソーは、ストライキ参加者が経営者の邸宅を燃やすのを放置するわけにはいかないと「労働者の暴力」(violence ouvrière)を強調する。これに対し、社会主義者ジョレスは資本主義がより狡猾な暴力を振るっていると主張する。「経営者側は、暴力を行使するために、無秩序な振る舞いも、荒々しい言葉も必要としないのです!」。支配階級が「秩序の維持」という言葉で意味しているのは、実際には「経営者の暴力」(violence patronale)であるとジョレスは喝破する。「私たちは労働社会階級が法的に組織され、あらゆる暴力の試みと可能性を避けたいと考えています。しかし内務大臣殿、私たちは支配階級の社会的欺瞞には騙されません」。

ジョレスはまた、一一〇〇名もの死者を出したクリエールの炭鉱爆発事故(一九〇六年三月一〇日)に言及し、労働者のストライキは責任者が探し出されて追及されるが、経営者の責任はうやむやにされると指摘している。「労働者の暴力行為はつねに目に見え、つねに特定され、つねに容易に罰せられますが、大経営者や大資本家の深刻で殺人的な責任は、一種の暗がりのなかに姿を隠して消えてしまうのです」(六月一九日)。

目に見える形で噴出する「労働者の暴力」の原因を突き詰めれば、労働者を搾取している「経営者の暴力」がより見えにくい形で作用しており、そこに目を凝らすことが重要だとジョレスが指摘している点に注意したい。

一九〇七年には、南仏でブドウ園労働者の大規模な「反乱」が起きた[6]。背景には一九〇四年以来の経済不況があり、ブドウは豊作でもアルジェリアの輸入ワインや補糖ワインと競合して売り上げが伸びず、労働者の生活が苦境に陥っていた状況がある。政府は最初、事態を軽く見ていたが、ナルボンヌ市長はこの対応に不満を表明して辞任、多くの市町村長がこれに続いた。政府が鎮圧に乗り出すと、ナルボンヌの住民はバリケードを築いて応戦した。軍隊が群衆に発砲して死傷者を出すと、ジョレスは『ユマニテ』紙で「議会が南部で虐殺を行なっている」と批判して「反乱」の大義を擁護した。ベジエでは、鎮圧のために現地に派遣された歩兵連隊の隊員が地元出身ということもあり、同郷の「反乱者」に発砲する命令にはしたがえないと武器を置き、デモ隊に共鳴して住民との連帯を示した。

現代との比較を考えると、当時の労働者の動員には階級闘争という枠組みがあり、資本主義を批判し社会主義を実現するという社会の将来像が説得力を持っていた。今日の黄色いベスト運動は、新自由主義的な資本主義への異議申し立てとしての「反乱」であるとしても、組織による動員という側面は弱く、また社会の将来像との結びつきが見えにくい。また、鎮圧に乗り出す警官や治安部隊は政府の指令に職務としてしたがう以外に選択肢のない人びとなのか、それとも当時のように蜂起した人びとの大義に共鳴し連帯する余地のある人びとなのかという点も、検討に値する問いである。

ジョルジュ・ソレルの『暴力論』(一九〇八年)が、こうした時代背景のもとで書かれたことも指摘しておこう。ジョレスは労働者の大義を擁護したが、革命的サンディカリズムの立場に立つソレルから見れば、ジョレスの議会主義的社会主義は「国家的理由」を口実に「警察の手口」を用いるやり方と同類である。ソレルは、政治権力者が行使する「強制力」(force) と、その破壊を目指して反逆者が用いる「暴力」(violence) を区別している (ソレル、二〇〇七下：五三―五四)。ソレルの言う「強制力」とジョレスの言う「経営者の暴力」には一脈通じるものがある。ジョレスは反議会主義的な社会主義には反対の立場だが、ソレルが主張する「暴力」の大義には同意できる部分もあったのではないだろうか。

フラミディアン事件——子どもへの性暴力

一八九九年二月九日、北部ノール県リールのカトリックのコレージュで、数日前から行方不明になっていた一二歳の生徒が死体で発見された。少年の衣服は乱れていた。ズボンは下ろされ、シャツは少しめくれ、ボタンが外れており、精液らしいシミが付着していた (Verhoeven, 2018 : 37)。遺体の傍には、子どもの父親に宛てて「自分の不純な情熱を満たす」ために手をかけてしまったことを詫びる匿名の短い手紙が添えられていた (Schaeffer, 2006 : 88)。

現場にやってきた予審判事のシャルル・ドゥラレは、内部の者による犯行と断定した。死因は首を絞められたことによるものだが性的暴行を受けている。コレージュには寄宿生や俗人信徒もいたが、予審判事は一九名いる修道士の誰かが犯人に違いないと推論した。順番に死体と対面させ様子を観察したところ、四人目のフラミディアンが取り乱したことから、ドゥラレは彼を疑った。彼に書かせた文字が死体の傍に置かれていた手紙の筆跡と似ているとされ、フラミディアンは逮捕された。だが、結局のところは証拠不十分で無罪放免となった。

事件の真相は今も謎のままだが、この事件がどのように報じられたのか、予審判事はなぜこの修道士を犯人と思い込んでしまったのかを検討していくと、当時のカトリック教会と性暴力をめぐる問題の地平と前提が見えてくる。

この「フラミディアン事件」は、「ノール県の聖職者たちにとってのドレフュス事件」とも呼ばれる (Delmaire, 1991 : 88)。実際、一八九九年二月から七月までという時期は、ドレフュス事件再審の時期と重なっていた。ユダヤ人将校を擁護する共和派と軍部を擁護するカトリックが争ったように、リールの事件も報道と解釈の枠組みが「二つのフランスの争い」に大きく規定されていた。地元のカトリック系新聞『ラ・クロワ・デュ・ノール』はドゥラレを非難し、事件は社会主義者とユダヤ人とフリーメーソンの陰謀であると論じた。逮捕されたフラミディアンは、カトリック信仰のために共和国によって迫害された英雄であると見なされた。これに対し、反教権主義の共和派の新聞『レヴェイユ・ドゥ・ノール』は、事件はカトリック教育を優遇してきた政策の結果であると書き立てた。

カトリック陣営は次のように共和国の学校を批判するビラを撒いている。[7]「ライックな学校の犯罪／今週の三つの醜悪な加害行為／アルベール・アンリ、シャトリュス (ロワール) のライックな小学校教師、一家の父親 (なんてことだ！)、八歳になる自分の娘を犯した。／ケルン（プロイセン）生まれのモリソー、パナンモーグ（メーヌ＝エ＝ロワール）のライックな小学校教師、生徒の一人と失踪、被害者は一二歳。／ソラン、ベランゲメーネ（低ロワール）のライックな小学校教師、自分の生徒一〇人を犯した。／彼らは修道誓願を立てていない。〔……〕／母親たちよ立ち上がれ、小さな子どもたちを救うのだ」（Archives départementales du Nord, 2005: 95）。

一方、ライシテ陣営は親たちに向けて子どものことを考えるなら共和国の学校に入れるべきというビラを撒いている。「子どもを修道会系の学校に入れて、将来犯されて殺されたときのあなたの責任を考えてみるのです。起きてからでは遅すぎます！　もしあなたが自分の子どもを愛しているなら、ライシテの学校は本当の市民にふさわしい堅固な教育と市民道徳を与えてくれます」（cité dans Ambroise-Rendu, 2018: 315）。真実を追求して事件の真相を解明するよりも、分断した社会のイデオロギー闘争に傾いている様子が窺える。

フラミディアン事件の背景として、当時の「男らしさ」の観念とそれに付随するセクシュアリティの問題も考慮に入れる必要がある。一九世紀末のフランス社会は、普仏戦争の敗北というトラウマを引きずる一方で、フェミニズムの新しい展開が見られるようになり、男性性が再定義されつつあった。共和国の学校において男子は将来の兵士と見なされ、困難に果敢に挑戦することが男らしさと見なされた。性的には節制を心がけつつ、女性と結婚して子どもをもうけるのが生産的で健全な市民とされた。

こうした男性観からすると、修道請願を立てて結婚しない修道士は極端な性的節制を自己に課しており、反動で逆方向の性的放縦に振れてしまいかねない存在と映る。カトリック側は、聖職者の独身制による性の節制が信仰の活力となると説いていたが、反教権主義者の目には、これはフランスの出生率低下の一因であるばかりか、性犯罪の引き金となっている点で危険なものと映った。歴史家ティモシー・ヴェルホーヴェンによれば、予審判事シャルル・ドゥラレは共和派の男性性の観念を体現していた人物で、修道士の性的規範に偏見を持っていた節がある。ドゥラレがフラミディアンに嫌疑をかけたのも、男性であれば少年の死体を見ても冷静沈着で自己抑制できてもよいはずのところを、跪いて信じられないと叫ぶ「女性的」反応を示したからであった（Verhoeven, 2018: 36–40）。

このように、聖職者の独身制が性犯罪の温床になっているという論点は当時から見られるが、性被害を受けた子どものトラウマという論点は見当たらない。歴史家アンヌ＝クロード・アンブロワーズ＝ランデュによれば、子どもに対する性的搾取についての報道は一九世紀を通じて稀で、死傷事件に関するものにかぎられていた。それでも一八八〇年代以降、子どもは共和国の将来を体現する貴重な存在と見なされるようになり、一八九八年には「児童虐待防止法」が制定された。他方、自然主義文学全盛の時代にもかかわらず、報道において語られる子どもに対する性的暴力の叙述は曖昧な言い回しやほのめかしにとどまった。義憤と断罪という道徳的判断が前面に出るぶん、具体的な叙述や説明は避けられるなど、性をめぐる話題は依然としてタブーであった。実際には何があったのかについての独自調査はほとんどなされず、容疑者や被害者の声が報じられることもなかった（Ambroise-Rendu, 2003）。フラミディアン事件はこのような時代背景において起きた出来事だったのである。

2 ライシテの曲がり角における「暴力」の諸相

過激なイスラーム主義者によるテロ事件の背景

現代フランスにおいて、なぜ過激なイスラーム主義者によるテロ事件が頻発しているのだろうか。その理由の説明を試みるフランスの研究者のあいだでも、見解は分かれている。

ジル・ケペルは、ジハード主義の時代を三つに区別する（ケペル、二〇一〇）。一九八〇年代のジハード主義者たちは「近くの敵」すなわち自国のナショナリスト政権の打倒を目指していた。一九九〇年代後半になると「遠くの敵」すなわち欧米が標的であり、その頂点が二〇〇一年の九・一一である。二〇〇五年以降は「第三の世代」が登場し、中央指令機関が不在のまま、各地に散在する同調者が「自発的」に小規模テロを起こすようになった。二〇一五年のパリを襲った事件は、第三期ジハード主義の頂点をなす（ケペル、ジャルダン、二〇一七）。ケペルの持ち味は過激思想の読解と過激派ネットワークの分析であり、そのような観点からイスラーム主義の戦略の進化発展を跡づけようとする。彼の下す診断とは「イスラームの過激化」で、それへの対応が課題となる。

これに対し、オリヴィエ・ロワは「過激性のイスラーム化」という見方を示している。イスラームが過激化しているのではなく、一九世紀のアナーキスト、二〇世紀の反植民地主義者、二〇世紀後半の新左翼と変遷を遂げてきた暴力的な過激性が、イスラームの顔で現われるようになったというテーゼである。ロワによれば、ジハード主義者はイスラームの宗教思想に詳しいどころか、イスラームに関する知識が乏しい。「ムハンマドの言行録に繋げて長い論証的分析をするなどということを、過激派のジハーディストはけっしておこなわない」（ロワ、二〇一九：九三）。自爆テロによる死の選択は、イスラームの伝統に根ざすものではない。欧米の若者文化に馴染んだ移民の第二世代が、ニヒリズム的な状況に直面し、改宗して過激思想に目覚め、短期間のうちにテロ事件を起こすというのがロワの見立てである。

マグレブ地域を専門とする政治学者フランソワ・ビュルガは、ケペルの見方もロワの見方も斥けようとする。ビュルガの見るところ、中東をフィールドとするケペルは、支配する西洋人の視線で過激派のテクストを分析して「イスラームの過激化」を論じている。一方、アフガニスタンやイランという必ずしも植民地支配が貫徹したとは言えない地域を対象としているロワは、アラブ世界の言語と社会をよく知らないままに「過激性のイスラーム化」を現代世界全般に適用している。これに対してビュルガは、植民地主義の過去に由来するルサンチマンこそが最重要で、その原因を突き詰めれば非ムスリムの側にもジハード主義的な暴力に責任があるという（Burgat, 2016 : 254-271）。

もともと左派の原理としてカトリックの教権主義と闘ってきたライシテは、二〇世紀を通じてカトリックにも受け入れられるようになり、一九八九年以降はイスラームとの関係において言及されることが多くなった。二〇〇一年の九・一一以降、ライシテは右派の目玉政策のひとつとなり、サルコジ政権は共和国の治安の観点から役に立つイスラームを活用しようとする一方、共和国の原理に背くとされるイスラームには厳格に取り締まる態度を示した。社会党のオランド政権で内務大臣・首相を務めたマニュエル・ヴァルスも「穏健なムスリム」と「過激なムスリム」を区別し、前者を保護する一方で後者を厳しく取り締まる姿勢を見せた。マクロン政権も大枠ではこの延長線上にあり、ジハード主義的な暴力に対して厳格な治安強化の姿勢で臨んでいる。

マクロン大統領は二〇二〇年二月一八日ミュールーズで演説し、「共和国と手を切る意志のこと」を「分離主義」と定め、これを「敵」と名指して闘う姿勢を明らかにした。同年一〇月二日にはレ・ミュローで演説し、ライシテの基本法である一九〇五年の政教分離法に付加する形で共和国原理尊重強化法案の概要を発表した[8]。一〇月一六日にムハンマドの風刺画を授業で生徒に見せたことを理由に歴史の教員サミュエル・パティが斬首される事件が起きると、ダルマナン内相はイスラーム主義者を「我らの内なる敵」と呼んで「対テロ戦争」を宣言し、事件と関係があると目されるモスクや団体を閉鎖した（伊達、二〇二〇）。

ライシテは、政治と宗教を切り離し、宗教の自由を保障する法的枠組みだが、近年では共和国のアイデンティティの中核的価値としても位置づけられている。マクロンは、ライシテが自由の法であることを謳いつつ、治安も守らなければならないと強調する。「教育の自由は重要だが、国家が管理を強めるのは正統である」。「国家は〔宗教の〕資金調達問題に立ち入るべきではない。だが、資金を調達した宗教が共和国の法から外れることのないよう確認しなければならない」（二〇二〇年二月一八日、ミュールーズでの演説）。普通は自由を増大させることは管理統制を弱めることを意味するはずだが、マクロンの語る自由は管理統制の強化と結びついている。

エミール・コンブも、一九〇五年の政教分離法制定に至るまでの過程で、自由の名において宗教を管理統制し、カトリックの教権主義に闘争を挑んだ。マクロンのライシテにはこの型の反復が見られ、同型の暴力と権力の関係を彷彿とさせる。差異は、カトリックの教権主義が過激なイスラーム主義者に置き換えられていることである。二〇世紀初頭のカトリック教会は、フランス人のマジョリティの生活を支える制度としての重みを持っていた。現代フランスには、ジハード主義的な暴力を「イスラームの全体主義」として批判する傾向があるが、ここにはナチズム、共産主義、イスラーム主義という全体主義の系譜的理解が透けて見える。だが、散発するテロ事件が今後も脅威であり続けるとしても、それは制度の重みを持つものではなく、フランス本土がイスラームの全体主義に呑み込まれるような事態は考えにくい。

にもかかわらず、テロが大きな脅威であると感じられるのは、それがメディアによって大々的に報じられ、SNSで拡散され、人びとの耳目を集めるからだろう。現代フランスがそのような社会であるとするならば、そこでの権力関係はどのように組み替わりつつあるのだろうか。端的に言えば、政治権力が、暴力的なテロに対策を講じる必要があるという大義名分から正統性の一部を調達して、自由主義的な外観を保ちながら権威主義化している事態が進行しているのだと思われる。

黄色いベスト運動

このように政治権力が自由主義路線を歩みながら権威主義的傾向を進める様子は、二〇一八年にはじまった黄色いベスト運動への対応においても認められる。

黄色いベスト運動とは、マクロン政権による軽油・ガソリン税引き上げをきっかけとする抗議運動である。この運動の中心的な担い手は、都市や郊外の住人ではなく、地方に暮らすつましい人びとである。彼らは、仕事に行くにも、公共サーヴィスを受けるにも、車がなければ生活できない場所に住んでいる。参加者の身分は、会社員、パートタイム労働者、低賃金労働者、年金生活者、小企業の事業主、自営業者、小売商人、職人、運搬業者、荷物取扱業者と多種多様である。経済的には中産階級の下から低所得層に位置し、生活必需品への増税は生活を直撃する。毎月の月末（fin de mois）を乗り切るのが精一杯であるそうした人びとは、環境問題を大義名分に掲げて「世界の終わり」（fin du monde）を語りながら庶民の暮らしを圧迫する新自由主義的な経済政策に欺瞞を見た。エリートたちにはこうした人びとの存在が見えていなかった。それまで特に政治運動や社会運動の経験がなく、いわば「目に見えないフランス」を構成していた人びとが、視認性の高い黄色いベスト——路上での安全のために車内常備が義務づけられている——を着て抗議の声を上げたのである。

このようにして可視化された人びとの基本的立場は、政治的には反エスタブリッシュメント、経済的には反グローバリズムである。経済的な保守の右派とも、エリート化した左派とも相性が悪く、主張内容は極右や極左と重なる。極右も極左も黄色いベスト運動を支持しているが、現在のフランスでは極右の影響力のほうが強く、たしかに参加者には極右政党支持者も含まれている。だが、人口統計学者エルヴェ・ルブラーズは、黄色いベスト運動が盛んな地域は過疎化が進んだ地域であって、極右への投票傾向が見られる地域とは異なることに注意を促している（Le Bras, 2019）。

黄色いベスト運動の主役は穏健で平和的と見なされる人びとだと言えるが、一部に暴力行為を含むことも事実であり、メディアや識者たちもこの運動にしばしば批判的ないし傍観者的な態度を示してきた。だが、そうした暴力行為は、戦闘的アナーキスト集団「ブラック・ブロック」や、政権や社会に不満を抱えた極右や極左または郊外の若者が「壊し屋」として便乗的に参加したことによるものと言われている(9)。治安部隊は、デモ隊を前にして誰が穏健派か過激派かを必ずしも区別できない。かくして、反グローバリズムを掲げてフランス国旗を振るデモ隊に、国家の治安部隊がゴム弾を撃ち込むという、どちらが愛国者なのか、にわかに判断のつかない奇妙な光景が繰り広げられた。

　このような警察の暴力は、国家権力が行使する暴力である。暴徒を鎮圧するために必要な治安上の措置とも言えるが、黄色いベスト運動の目に見える暴力の背後には、見えにくい暴力が潜んでいる。かつてジャン・ジョレスが「経営者の暴力」と呼んだように、政治エリートや富裕層の態度や振る舞いの側にも暴力があるのではないだろうか。山田蓉子は、ここに見られるのは「フランス社会の上層階級の、ひいてはマクロン大統領そのものの社会的弱者への関心のなさ、これは社会の下層部の人間の尊厳を省みないという点において、紛れもない暴力性である」と指摘している（山田、二〇一九：二八）。

　黄色いベスト運動には、従来の社会運動とは異なる点が見られる。運動の参加者は、地方の町の中央にある広場ではなく、自動車交通にとって象徴的なロータリー（ロン・ポワン）を出会いと情報交換の場所とし、そこを新しい「公共空間としての広場」にした。現在のフランス社会では個々人は孤立して生活しているが、そうした人びとが運動に参加することによって境遇の似た「仲間」を発見して親密になった。堀茂樹は、「このソーシャビリティ（社会性）の側面に注目すべき」と述べている（堀、二〇一九：一五）。

　社会性の位相は政治闘争とは次元を異にする。SNSを通じて集まった「黄色いベスト」姿の者たちをフランス革命期の民衆に喩えて「インターネット時代のサンキュロット」と呼ぶ哲学者のマルセル・ゴーシェは、彼らは個人の権利を主張し、暴力をも用いるが、自分たちが権力を行使したり、議会に代表を送り込んだりするという発想では動いていないと指摘する。希望は語ることと聞いてもらうことであって、問題解決のための最終的解答があるとは信じていない。ここには「正統性の決定的な位置移動」がある（Gauchet, 2019: 59）。

　黄色いベスト運動の主役は地方のつましい人びとだと述べたが、歴史家ジャン＝ピエール・ルゴフは、この運動の参加者にかつてジョージ・オーウェルが労働階級に見た「まっとうな人間らしさ」（common decency）を見出すのは時代錯誤と述べている。社会を支える共通道徳が衰退し、イデオロギー的・制度的・組織的な枠組みが解体している。そうしたこととこの運動に参加する人たちの警戒心や攻撃性は無関係ではない（Le Goff, 2019: 85）。

　こうした一連の事実や観察は、何を示唆しているのだろうか。デモを通した政治的アピールの観点からフランス現代史を振り返ると、一九六八年五月以降は社会経済問題から文化的な権利の問題へのシフトが見られた。フェミニストやLGBTやエコロジストの運動にせよ、失業者やサン・パピエを支持するデモにせよ、このような文脈において繰り広げられていたのであり、左派政党がそうした運動を支える基本構図があった。二〇一三年の同性婚法制化反対運動は右派が繰り広げたものだが、争点はやはり文化にあった。黄色いベスト運動は再び社会経済問題を争点とするものだが、もはやかつての労働運動や学生運動のように左派を後ろ盾としていない。パリで行なわれた黄色いベスト運動のデモは、左派を象徴するレピュブリックやバスティーユでも、学生運動を象徴するカルティエ・ラタンでもなく、大統領府のあるシャンゼリゼを中心に繰り広げられた。デモ参加者は経営者や事業主に抗議しているのではなく、特権を持つと見なされる政治的・経済的エリートを敵視している。

以上の点を考え合わせると、民衆による抗議のエネルギーを経済・社会問題として適切に位置づけ水路づけられないのは、政党や労働組合などの装置が現在うまく機能していないからであり、そのために暴力の可視化が生じているのだと思われる。

カトリック教会の性的スキャンダル

アンヌ＝クロード・アンブロワーズ＝ランデュによれば、性暴力の被害を受けることは子どもの精神の発達にどのような影響を及ぼすかという議論は、フランスでは長いあいだ見られなかった。潮目が変わるのは一九七〇年代で、子どもが議論の中心に来るようになった。小児性愛（pédophilie）という言葉が一般化するのも、この頃からである。ただし、当時は性革命の時代で、小児性愛は必ずしも一方的な断罪の対象ではなかった。小児性愛を批判する者は子どもが性的虐待の被害に苦しんでいると訴えたが、子どもは自立した存在で合意の判断ができるといって性的多様性の観点から小児性愛を正当化する言論も不在ではなかった。

だが、一九九〇年代以降、小児性愛は有無を言わさぬ非難の対象となり、擁護論は姿を消した。そして初めて被害者の声が聞かれ、報じられるようになった。合意のうえだったのか否かを尋ねられることなく、被害者は苦痛を表明できるようになった。メディアも、小児性愛の被害が子どもに与える影響を問題視するようになった。タブーとして語られてこなかった小児性愛は、スキャンダルとして報道されるようになった（Ambroise-Rendu, 2003）。

カトリックの聖職者による性暴力は、フランスでも二〇〇〇年頃から報じられてはいた。だが、教会での発生件数は他の場所と比べれば少ないと相対化する声もあった。報道や議論の転換点となったのが、次に見るプレナ事件である。この事件を契機として、聖職者による性犯罪の問題が二〇一〇年代後半以降、一挙に噴出している（伊達、二〇二二）。その背景には、いかなる状況の変化があるのだろうか。

プレナ事件とは、リヨン郊外の教区で二〇年にわたって少年たちへの性的虐待を続けてきたベルナール・プレナ神父の過去が暴かれた事件である。少年時代に性暴力を受けた被害者たちが二〇一五年末に結成した団体「沈黙を破る会」は、当の神父を告発するほか、同様の被害を受けた者たちの証言を集め、教会当局を批判する役割を担った。矢面に立ったのはリヨン大司教フィリップ・バルバランである。彼がこの役職に就いたのは、プレナが少年たちへの性的虐待を繰り返していた時期のあとだったが、事実を把握しておきながら隠匿してきたことを理由に訴えられ、この事件はバルバラン事件とも呼ばれるようになった。

聖職者から性暴力を受けた被害者たちの声が次々と聞こえるようになった要因としては、SNSの発達やそれを利用した#MeToo運動との同時代性が大きいと言えよう[10]。多くの証言が積み重なるにつれ、聖職者による性暴力は特殊な個人の性向に帰せられるものではなく、教会の権力構造の問題であると意識されるようになった。つまり、教会の権力構造は、聖職者の逸脱行為を生み出しやすいだけでなく、生じた問題を隠蔽するように機能すると認識されるようになった。

教皇フランシスコは二〇一八年、被害者である信者の苦しみに寄り添おうとする書簡を発表した。受けた傷には時効はないとし、「[性的]虐待にノンと言うことは、あらゆる形式の教権主義にきっぱりとノンと言うことである」(«Lette au peuple de Dieu», 20 août 2018)と述べている。教皇が、カトリック教会の「教権主義」によって教会が危機に陥っていると認識し、これを批判していることが印象的である。

宗教的権威を体現してきたはずの聖職者の教導権は二〇世紀後半にはすでに揺らいでいた。そうした世俗的な社会のなかで周辺化されながら存続してきたカトリック教会の垂直的組織構造が、改めて教会内外から問い直されている。たとえば、聖職者の独身制と性暴力の相関関係が指摘され、既婚男性や女性が聖職者になることの可否が論じられている。聖職者の独身性の問題は古くから論じられてきたが、女性の聖職者の可能性など、セクシュアリティの問題を焦点として教会の秩序や権威が問い直され、改革の呼び水になるかもしれないというのは新しい傾向である。俗人信徒たちが新しいネットワークを構築しながら問題を認識して、課題に取り組むための話し合いなどが活発に行なわれるようになった面もあるようで、信徒同士の意見交換のやり方は黄色いベスト運動における人びとの交流をモデルとしているとも指摘される(Béraud, 2021: 17)。聖職者による性暴力という、これまで見えにくかったものが見えるようになったことで、位階制を前提としてきたカトリックにおける権威や権力のあり方もまた、再編の流れに巻き込まれている様子が見えてくる。

おわりに

本稿では、一九世紀末から二〇世紀初頭にかけての政教関係、経済社会問題、小児性愛にまつわる暴力を、現在におけるそれと比較することを意識しながら記述を進めてきた。その企てにおいては、暴力と権力は区別されるが連動して現れるというアーレントの指摘をヒントにしていた。およそ一〇〇年前の「暴力」の三角形を参考に、フランスの「権力」がどのように変化を遂げたのか、いま何が起きているのかを読み解こうとしてきた。その点を最後にもう一度まとめ、比較的大きな見通しを示しておこう。

第三共和政初期のフランスでは、政治権力と教会権力とのあいだで「二つのフランスの争い」が繰り広げられていた。一九〇五年の政教分離法により、共和国の権力はカトリック教会の権力を私的な領域に封じ込めた。このため、教会は政治の領域から締め出されたが、それと同時に自由を得た。そして教会は、共和国を批判しつつ共和国に政治的正統性を付与し続けるという逆説的役割を担い、ある種の権威ではあり続けた。このような図式が脱自明化していくのが、一九六〇年代から一九七〇年代にかけてである。権力関係が再編されつつあった当時も暴力の噴出が見られ、アーレントの『暴力について』もこのような時代背景をもとに書かれた。その危機の延長線上に現代を位置づけることができる。権力に正統性を与える源泉がひどく弱体化している、あるいは不在であるとき、どこからそれを調達するかという観点から考えると、教会権力に対する宗教批判を通して政治的な正統性を獲得してきた共和国の政治権力は、現在ではイスラーム（主義）に対してそれを行なっている部分があることは否定できない。その闘争には正当な部分も不当な部分もあると思われる。テロリズムはその代償とも考えられる。

かつての社会経済問題における暴力の基本構図は、労使関係の緊張であった。経営者の暴力の存在を指摘したジョレスは、労働者階級の有効な組織化が暴力の回避につながると考えていた。暴力の行使が正当か否かは二〇世紀の労働運動の争点だが、時代の進展につれて左派政党や組合が労働者の声の受け皿にはならなくなっていった。社会の経済が好調であることは政治的正統性を調達するのに欠かせない条件であることは昔も今も変わらないが、現在においては新自由主義的な経済政策によって格差が拡大するなか、社会の中産階級の下から低所得層の人たちを束ねる思想的理念や政党や組織が不在であるか、機能不全を起こしており、それが黄色いベスト運動における暴力の背景になっている。

聖職者の小児性愛をめぐる問題について言えば、一九世紀末から二〇世紀初頭にかけては被害者に寄り添うというよりも、加害者と目された聖職者を「二つのフランスの争い」の構図において攻撃する向きが強かった。ところが、一九七〇年代頃から子どもの権利が議論の中心に来るようになり、一九九〇年代以降、小児性愛は社会的にはもっぱら否定的なものと見られるようになった。かつては精神的権力を司る機関であった教会も、現在では性暴力に関するスキャンダルに巻き込まれて、その権威が失墜している。

最後に、現代フランス社会における暴力にまつわる問題とソーシャルメディアとのあいだには密接な関係があることを付け加えておこう。テロリストはインターネットの影響を受けて過激化するとしばしば指摘されており、二〇二〇年の教員斬首事件ではムハンマドの風刺画を見せた教員の個人情報がSNSで拡散されたことが事件につながった。黄色いベスト運動は、そもそも署名サイトでの呼びかけからはじまっており、デモ隊に暴力を振るう警官の姿もSNSで動画が拡散された。イスラームのジハード主義者によるテロリズムや黄色いベスト運動に対して、政権側は監視体制を強化することで応じようとしている。二〇二〇年一〇月下旬議会に提出されたグローバル・セキュリティ（包括的治安）法案は、警官や憲兵隊員を個人として特定できるような写真や動画を悪意あるやり方で配信することを禁じる条文を含んでおり、議論を呼んだ。教会における性暴力の実態が広く知られるようになったことと、SNSの発達とりわけ #MeToo 運動との類似性と同時代性は明らかである。現代フランスにおける「権力」関係の再編の様相は、私たちが目撃している「暴力」によって示唆されており、そうした暴力は新たなメディアを通じて可視化されている。見えているはずなのに、まだきちんと理解されていない、そのような変化がきっと他にも私たちの目の前で繰り広げられているはずである。

付記：本稿は科研基盤A（20H00003）の研究成果の一部である。

（1）翌日二月二日には、パリのサン＝ピエール＝ドュ＝グロ＝カイユ教会にて、教区の信徒たちが扉を閉鎖し、司祭や叙任司祭らと閉じ籠った。警視総監は扉を斧で打ち破るよう指示した。椅子でバリケードが築かれており、小競り合いのなかで多くの負傷者と六〇人の逮捕者を出した。

（2）教皇ピウス一〇世は一九〇六年二月一一日、回勅『ヴェヘメンテル・ノス』を発して政教分離法を糾弾した。そこには、「彼ら［聖職者たち］は勇敢に教会の権利と自由を要求するだろう、ただし人に危害を加えることなく」という文言が見られる。政教分離法に対する徹底抗戦を呼びかけているとも、暴力に訴える抵抗はよくないと暗に非難しているとも読める表現になっている。

（3）オート＝ロワールで三月三日に官憲に撃たれた重傷者は三月二四日に死亡している。

（4）一九〇六年には一三〇九件、四三万八五〇〇人がストライキに参加したという（Marcus, 2014 : 91）。

（5）一九〇五年の急進派大会では、フランス人権宣言一七条「所有は不可侵かつ神聖である」に対応するものとして、「所有権とは人間の労働が獲得したところの物質的対象に人間の人格を延長するものであって、自由の諸条件のひとつと見なされる」との声明が採択された。

（6）デモ参加者はベジエで一五万人（五月一二日）、ペルピニャンで一七万人（五月一九日）、カルカッソンヌで二二万人（五月二六日）、ニームで二七万人（六月二日）、モンペリエで六〇万人（六月九日）（Touron, 2019）。

（7）「醜悪な加害行為」（odieux attentats）は「醜悪なテロ行為」とも訳せる。

（8）ポイントは、第一に、公的秩序と公役務の中立性。中立性遵守の義務拡大を図る。第二に、アソシエーションに対する管理体制の強化。第三に、三歳からの義務教育。第四に、イスラーム組織化の推進。一九〇一年法の枠組の団体を一九〇五年法の枠組に入るよう促す。第五に、共和国への愛。総じて、ライシテをより厳格な方向に向けようとしている。

（9）このあたりは、政教分離法施行にともなう財産目録調査の際に、カトリックの聖職者による平和的な抗議が一部の極右によって回収され、暴力的な事態に至ったのと似ている。

（10）それでも、被害の事実の規模を正確に測定することは難しい。被害者のなかにも、恥の感覚や教会との関係を悪化させたくないなどの理由から、「言わない」「言えない」者たちが少なからずいると想定されている。

参考文献

Ambroise-Rendu, Anne-Claude (2003), «Un siècle de pédophilie dans la presse (1880-2000) : Accusation, plaidoirie, condamnation», *Le Temps des médias*, 2003-1, pp. 31-41.

Ambroise-Rendu, Anne-Claude (2018), «Quand un scandale local éclaire le fonctionnement des réseaux sociaux avant la lettre : l'affaire Flamidien», *Le temps des médias*, n° 31, pp. 313-319.

Archives départementales du Nord (2005), *Les Églises et l'État d'une séparation à l'autre 1789-1905*, Gand, Snoeck.

アーレント、ハンナ（二〇〇〇）『暴力について――共和国の危機』山田正行訳、みすず書房（原書一九六九）。

Béraud, Céline (2021), *Les catholicisme français à l'épreuve des scandales sexuelles*, Paris, Seuil.

Burgat, François (2016), *Comprendre l'islam politique : Une trajectoire de recherche sur l'altérité islamiste, 1973-2016*, Paris, La Découverte.

伊達聖伸（二〇二〇）「なぜフランスで「残酷な斬首テロ事件」が起きたのか、その「複雑すぎる背景」」「フランス「斬首事件」の真相とは？　日本人が知らない「厳しすぎる現実」」『講談社現代ビジネス』二〇二〇年一一月一八日、一九日。

伊達聖伸（二〇二二）「聖職者の性的スキャンダルを通して見るフランス・カトリック教会の現状――制度的権威の失墜とカリスマ的権威の失墜」『上智ヨーロッパ研究』一三号（二〇二一年度）、一一三―一三二頁。

Delmaire, Danièle (1991), *Antisémites et catholiques dans le Nord pendant l'affaire Dreyfus*, Villeneuve-d'Ascq, PUL.

Gauchet, Marcel (2019), «Le révélateur des ronds-points», *Le Débat*, n° 204, pp. 52-60.

堀茂樹（二〇一九）「〈黄色いベスト〉を着てロン・ポワンで会おう！」野田努、水越真紀、小林拓音編『黄色いベスト運動――エリート支配に立ち向かう普通の人びと』Pヴァイン、一二～二三頁。

ケペル、ジル（二〇一〇）『テロと殉教――「文明の衝突」をこえて』丸岡高弘訳、産業図書（原書二〇〇八）。

ケペル、ジル／ジャルダン、アントワーヌ（二〇一七）『グローバル・ジハードのパラダイム――パリを襲ったテロの起源』義江真木子訳、新評論（原書二〇一五）。

Le Bras, Hervé (2019), «La voiture, les«gilets jaunes»et le rassemblement national», *Études*, avril 2019, pp. 31-44.

Le Goff, Jean-Pierre (2019), «La rupture, la revanche et le chaos : Retour sur le mouvement de novembre-décembre 2018», *Le Débat*, n° 204, pp. 76-85.

Marcus, Paul (2014), *Jaurès & Clemenceau : Un duel de géants*, Toulouse, Privat.

Mayeur, Jean-Marie (1991), *La séparation des Églises et de l'État*, Paris, Les Éditions Ouvrières.

ロワ、オリヴィエ（二〇一九）『ジハードと死』辻由美訳、新評論（原書二〇一六）。

Schaeffer, Bernard (2006), *Les grandes affaires criminelles du Nord*, Romagnat, De Borée.

ソレル、ジョルジュ（二〇〇七）『暴力論』（上下巻）今村仁司・塚原史訳、岩波文庫（原書一九〇八）

Touron, Samuel (2019), «Un siècle avant les Gilets jaunes : Quand le Midi s'enflammait», *Dis-leur! Votre dose d'info en Occitanie*, 8 décembre 2019.

Vallier, Jean (2006), *Inventaires sanglants en Flandre : Géry Ghysel tué dans l'église de Boeschèpe le 6 mars 1906*, Marcq-en-Barouel et Issy-les-Moulineaux, Laïcité & Vérité et Éditions Renaissance Catholique.

Verhoeven, Timothy (2018), *Sexual Crime, Religion and Masculinity in fin-de-siècle France : The Flamidien Affair*, Palgrave.

山田蓉子「デモの暴力性、その後のマクロン大統領の対応」野田努・水越真紀、小林拓音編『黄色いベスト運動――エリート支配に立ち向かう普通の人びと』Pヴァイン、二六～三〇頁。

「見える」暴力と「見えない」暴力

――香港の二〇一九年大規模抗議活動を題材に

谷垣真理子

（たにがき　まりこ）
東京大学大学院総合文化研究科教授
専門は現代香港論、華南研究
著書に『変容する華南と華人ネットワークの現在』（共著、風響社、二〇一四年）、『戦後日本の中国研究と中国認識――東大駒場と内外の視点』（共著、風響社、二〇一八年）、*Japan and Asia-Business, Political and Cultural Interactions*（編著、Springer, 2022.）などがある。

「暴力」というテーマを二〇二一年の現在、香港について論じるならば、二〇一九年の大規模抗議活動のことに触れるのが自然であろう。香港における大規模抗議活動は二〇一九年六月から年末までの国際ニュースを独占した感がある。二〇一九年六月九日の一〇三万人デモから、香港では逃亡犯条例（容疑者の引き渡し条例）の改正反対に端を発する一連の抗議活動が続き、二〇二〇年元旦デモにも返還後最多の人数が参加した。一九九七年七月一日の香港返還以来、民主化を求めるデモや集会は行われてきたが、二〇一九年の抗議活動ほど長期にわたり、かつ大規模なものはない。抗議活動への参加者は若者が多いが、二〇一四年の雨傘運動と比較すると、年代的にも階層的にもより広範な香港市民が参加した。

メディアでは「民主化デモ」と呼ぶ場合が多かったが、本稿では「二〇一九年大規模抗議活動」と呼ぶ。二〇一九年、香港では抗議活動はデモにかぎらず、多岐にわたって活動が展開された。G20開催（二〇一九年五月）に合わせて、世界の主要紙に意見広告が掲載され、香港版「人間の鎖」や香港の国歌的な「願栄光帰香港（香港に栄光あれ）」がつくられた。その一方、「三罷」と呼ばれた「罷工、罷課、罷市」（職場、学校、市場のストライキ）、公共交通機関の運行阻害も呼びかけられた。二〇一九年大規模抗議活動は、さまざまな抗議活動の集合体であり、「デモ」という範疇では括り切れない。

本稿で使う「見える」暴力とは、物理的に可視的な暴力である。本稿ではまず、大規模抗議活動の中でどのように「見える」暴力の応酬があったのかを整理する。この状況は二〇二〇年になると一変する。二〇二〇年六月三〇日に香港では香港版国家安全維持法（以下、国安法）が施行される。同法は、法や制度を介したシステム的な権力が個人や集団に対する「暴力」

の役割を果たす「見えない」暴力である。

このふたつの「暴力」で香港社会には亀裂が走っている。日本で報道されてきた香港の姿からは違和感があるだろうが、その亀裂をどのように修復できるだろうか、本稿では最後にあえて「和解」の可能性について考えてみたい。

1　「見える」暴力の応酬（二〇一九年）

(1)「和理非」と「勇武」の共存

二〇一九年六月九日から六月一六日までの展開は、二〇一九年の大規模抗議活動にひとつの形を与えた。平和的なデモと前線での「和理非」とは「平和・理性・非暴力」を意味し、暴力に訴えない平和的な手法を意味する。これに対して「勇武」は、場合によっては暴力に訴えることも辞さず、香港警察と対峙する最前線に立つことを意味する。

二〇一九年六月一二日の立法会本会議に上程されれば、法案の可決は確実視された。審議入り前の最後の日曜日である六月九日、民間人権陣線（二〇〇三年成立、香港の政治と民主に関心を持つNGO。多くの汎民主派組織が参加）はデモを呼びかけ、一〇三万人が参加した。二〇〇三年の基本法二三条の立法化の時は五〇万人がデモに参加し、法案は廃案に追い込まれた。二〇一九年は一〇〇万人以上の参加者をもってしても、政府は条例改正審議に固執した。

これに対して、六月一二日の審議入りを物理的に阻止すべく、六月一一日の深夜から立法会周辺に若者が集まり、翌一二日、立法会を包囲するデモ隊と香港警察が衝突した。この日、政府はデモを「暴動」と認定し、デモ参加者は「暴徒」と見なされた。香港警察は暴動に対して、催涙弾一五〇発、ゴム弾数発ビーンバッグ弾二〇発などを用いて応戦した。使用された催涙弾の数は、二〇一四年の雨傘運動の開始日（二〇一四年九月二八日）に使用された八七発の一・七二倍にあたる。

アメリカ議会では六月一三日、早くも香港政策法の見直しが提起された。香港情勢が急速に国際化する中、六月一五日の午後、林鄭行政長官は改正案の審議の延期を発表した。しかし、完全撤回がなかったことから、翌六月一六日、民陣の再度の呼びかけで二〇〇万人の市民が参加した。香港の人口が七四五万人（二〇一八年末）であることを考えれば、数字がいかに大きいかわかる。これを受けて、林鄭・行政長官も六月一八日に公に謝罪し「条例改正は六月一五日に中止した」と発表した。

このように、二〇一九年の大規模抗議活動は「和理非」と「勇武」が協力したものだった。「勇武」が事態の打開をねらってさまざまな行動を行い、「和理非」はこれを側面支援した。

香港のクオリティペーパーである『明報』の民意調査は、暴力に対する香港社会の意識を調べている。「デモは平和的で非暴力の原則に沿って行うべきだ」に対して、二〇一九年六月調査（六月一七日―二〇日）は八二・八％が同意したが、八月調査（八月七日―一三日）では七一・七％、九月調査（九月五日―一一日）では六九・三％と、七月一日の立法会突入を経ても、「勇武」支持は増えている。「デモ参加者は暴力を過剰行使している」に「同意する」は、八月調査では三九・四％、九月調査では三九・三％とほぼ変化がない。これに対して、「警察は暴力を過剰行使している」に「同意する」は、八月の調査では六七・八％、九月調査では七一・七％であった。この民意調査の結果は、香港ではデモ隊よりも警察の暴力行使の方が過剰であるととられており、しかも九月の調査でも増加傾向にあった[1]。

（2）香港の過去のデモ文化

日本で「デモ」と聞くと「混乱」を想像し、場合によっては「暴動への発展」を連想するだろう。しかし、返還後の香港では、デモは香港社会が自由を保持していることの象徴として扱われてきた。一九九〇年から毎年実施されてきたデモが途中で暴徒化して、商店を襲うようなことは香港では起きなかった。

東京の香港経済貿易代表部は、広報活動の一環として香港カップという英語のスピーチコンテストを大学生向けに実施してきたが、その際に、コンテストにより多くの学生に参加してもらうため、代表部は各大学で学生に「香港の今」を講話し、筆者も何回かセットしたことがあった。講話では、「香港は返還前と比較して変化はない」「返還後、よりダイナミックな活動を展開している」ことが強調され、「変わらぬ香港」として、返還後も（1）香港ドルが流通し、（2）法律体系は返還前と同じくコモン・ロー（英米法）と香港の慣習法が運用され、（3）返還前と同じく基本的人権は尊重される、があげられた。（3）の具体的な例として、言論や報道の自由と並び、香港では返還前と同じくデモが行われるという説明は、複数回聞いたことがあった。

実際、返還後の香港で、二〇一九年まで毎年実施されていた大規模な集会とデモがあった。両者ともに、暴力行動を伴わない平和的なデモであり、ひとつは、一九八九年の北京の民主化運動鎮圧を悼む、六月四日の天安門事件追悼集会であり、香港支援愛国民主運動聯合会（支聯会）が主催団体であった。こちらは一九八九年の天安門事件の翌一九九〇年に、香港島のビクトリアパークで開催されたのが始まりだ。「平反六四（天安門事件の名誉回復）」や「一党独裁の打倒」が掲げられ、中国大陸の民主化運動に強い関心を寄せた。もうひとつは二〇〇三年から七月一日の返還記念日に開催された「七一デモ」である。主催団体は前述の民間人権陣線であった。

筆者は二〇一〇年から二〇一二年にかけて、天安門事件追悼集会と七一デモを計四回参与観察したことがある。二〇一〇年六月四日、筆者を追悼集会に連れていってくれた友人は、毎年追悼集会の日には、仕事が終わると、公園近くのレストランで誘い合わせた仲間と食事をしてから集会に参加するという。午後九時半には集会は終わり、人々は整然と家路に着いていた。追悼集会は、日が暮れてからのキャンドル集会であったが、実はビクトリアパークでは昼間からさまざまな活動があった。民主派の議員や活動家によりフォーラムが開催された他、民主党などの政党や民主派の諸団体が屋台を出し、天安門事件の関連書籍の他、代表メンバーのサイン入り書籍を販売していた。店先には募金箱が置かれ、人民元の募金もあった。二〇一二年には中国内地からの参加者についての報道も見られるようになった。追悼集会には親子連れの他に、生徒を引率する教師の姿も見られ、この日は天安門事件についての香港における歴史教育か公民教育の一日のように思われた。

一方、七一デモは、昼食後の午後二時にビクトリアパークをデモ隊が次々に出発した。LGBT団体から「香港第一」を掲げる本土派の団体までが参加していた。六月四日の追悼集会は夜で顔が見えないが、七一デモは昼間挙行され、デモ隊はビクトリアパークを出発して、中環の政府合同庁舎（二〇一一年八月に金鐘に移転）まで行進したが、その沿道では各団体が香港市民に自身をアピールしていた。選挙が行われる年には、七月一日の七一デモは選挙に向けて各政治団体が香港市民にアピールする場のように感じられた。

二〇一四年の雨傘運動においても、その平和路線は維持された。道路占拠が予期せずに始まった最初の何日かを除けば、香港政府は「妥協せず、抑圧せず」を基本方針として、学生の道路占拠を放置した。政府との折衝にあたった大学専上聯会の学生も和理非にのっとった。しかし、占拠が長期化するにつれ、運動参加者は「和理非」とそうでないグループに分かれた。「和理非」は学聯や学民思潮が常駐した金鐘占拠区である。民主派の政党関係者もテントを張り、参加した中高生に対する補習教室が開催され、ゴミの分別収集も行われ、占拠活動が「文明」的であることが強調された。これに対して、九龍半島の旺角では急進的な民主派である熱血公民や社会民主連線、人民力量、保衛香港自由連盟などが常駐し、「勇武抗争」を掲げたが[2]、「和理非」は批判的であった。

とは言うものの、やはり、二〇一四年の雨傘運動も、それ以前と比較すると「見える」暴力があらわれていた。道路占拠のきっかけとなったのは、警察とデモ隊の衝突であった。これが、二〇一六年二月の魚蛋革命（魚蛋は魚のすり身団子の意）になると、デモ参加者によって暴力が行使された。旧正月、九龍の旺角付近では新年を祝う若者が集まり、彼らを客層とした各種屋台も集まっていた。食物環境衛生署の職員が、屋台が無許可で出店したのではないかと取り締まろうとしたことが衝突に発展したのだ。この時若者は、周囲のレンガを道路からはがして投石している。

こうした状況の延長戦上に、二〇一九年の大規模抗議活動があった。二〇一九年の抗議活動には二〇一四年の雨傘運動の経験を活かし、特定のリーダーや司令塔は存在しなかった。政府がリーダーや司令塔と交渉することで運動が弱体化することを、回避しようとしたからだ。参加者はSNSで意見を交換して自分でどのように行動するのかを判断した。雨傘運動の時と違い、二〇一九年大規模抗議活動では道路占拠は起きず、運動は香港全土で展開された。香港では、これまで大規模なデモは香港島の銅鑼湾から中環の間で展開されていたが、九龍サイドや新界でも大規模抗議活動は行われた。

（3）暴力の応酬

二〇一九年の顔として、アメリカのTIME誌の読者投票では香港のデモ参加者が選ばれた。一方、中国の『環球時報』（人民日報傘下のタブロイド紙）傘下の『環球人物』は香港警察を今年の顔としてとりあげた。このように中国大陸のメディアと欧米のメディアでは、香港の大規模抗議活動の報じ方は対照的であった。

二〇一九年大規模抗議活動時、デモ参加者のいでたちは特徴的であった。デモ隊のシンボルカラーとして黒と黄色があげられる。黄色は二〇一四年の雨傘運動の際の運動側のシンボルカラーであった。とりわけ、警察との最前線に立つ勇武派の服装は際立った。黄色のヘルメットに黒の上下を着用し、催涙ガスから身を守るため、目はゴーグルで保護し、肌にはラップを巻き、首にもネッカチーフを巻いた。これは香港の街角に設置された監視カメラで素顔を撮影されて、身元をその後特定されることを防ぐためであった。勇武派でなくても、ゴーグルは身につけ、首にネッカチーフを巻くことは、デモに参加する際の常識となっていった。二〇一四年と二〇一九年のデモ参加者の写真を比較すると、二〇一四年はまだ素顔のまま半袖のTシャツで参加しているが、二〇一九年のデモは様変わりする。

一方、装備が変わったのは、香港警察も同様であった。警察官の制服が青であり、警察の建物も水色が使われることが多いことから、警察のシンボルカラーは青となった。催涙弾はその中で行動する警察官にも同様に作用した。大規模抗議活動支持側は、Hong Kong Chronicleというサイトを立ち上げ、彼らから見て問題行動のあった警察官の名前や住所、家族構成がネットで公開された。警察官舎には投石があり、警察官の家族もまた日常的な攻撃にさらされた。

暴力の応酬について、象徴的な事件がいくつかある。

二〇一九年七月一四日の沙田で行われたデモでは、沙田駅隣接のショッピングモールに、デモ参加者を追いかけてきた警察が乱入した。その日、その時間にモールにいた市民はデモ隊と警官との暴力の応酬をその目で見て、長時間現場に留め置かれた。当日、警官の一人がデモ参加者に指を咬みちぎられ、加工されたフェイク画像も含めて、ＳＮＳで拡散した。平穏な週末が香港から消えたことの象徴であった[3]。したがって新型ウイルスの感染拡大前から、夜間の外出が控えられ、食事のデリバリーが増加していたのであった。

七月二一日には元朗駅で、デモ帰りの市民に対して、白シャツを着た一群が棍棒などで無差別に暴力を振るった。ＳＮＳで拡散した動画の中には、何君尭・立法会議員が白シャツを着た人々と親しげに挨拶するシーンが映し出された。これは元朗の土着の暴力組織による市民への無差別暴力として記憶された[4]。

さらに八月三一日には太子駅で停車していた車両に、今度は警官がデモ参加者を追いかけて、無差別に暴力を振るうという事件が起きた。この時、当初、太子駅から救急車で搬出された人数が、その後の警察発表と合致しないことから、「三名の市民が騒ぎの中で死亡した」とＳＮＳで拡散し、太子駅の外には慰霊のための献花が続いた。この事件は、警察による無差別暴力と市民の殺害として、記憶されることになる。

抗議活動参加者への暴力だけではなく、SNSで拡散される中で、具体的な「義士」や「犠牲者」も出てくる。六月一五日に香港島のパシフィックプレイスから投身自殺をした梁凌杰に始まり、同時期に三名が自殺した。さらにメディアでは六月一二日の立法会突入時に高校の通識科目の教員と、八月一一日に尖沙咀で抗議活動に参加した女性がそれぞれ、ビーンバック弾があたって片目を失明したと報道された。八月には水泳の選手であった女子学生が溺死するなど「自殺者」の中に不自然な死者が見られたため、「自殺させられた」のではないかという指摘があった。

五大訴求が出てから「修正条例の撤回」のほかにさしたる成果もないまま、九月に入ると、香港警察という「強者」に対抗するために、「弱者」である抗議活動側による火炎瓶の投擲が常態化してきた。中国系企業やMTR、デモ反対を表明した財界人の店舗が「装修」として破壊され放火された。「魔法師」ということばは、「火」を使って放火し、施設を破壊する抗議活動参加者を指した。一〇月一日に武器を持っていなかった一八歳の学生が、警官から至近距離で実弾を発砲され、一一月四日にデモに参加したと見られる陳梓楽・浸会大学生が駐車場で見つかり、一一月八日に死亡した。これに対して「香港人報仇」（香港人よ、報復せよ）という掛け声のもと、「罷工」「罷課」「罷市」の「三罷」と交通阻害が呼びかけられ、紅磡トンネル脇の理工大学、MTRの東鉄線が脇を走る中文大学では、警察との間で大規模な包囲戦が行われた。

以上より、「見える」暴力は香港警察のみが振るうのではなく、香港警察と大規模抗議活動者の間での応酬であった。「没有暴徒、只有暴政」（暴徒は存在せず、暴政あるのみ）という認識の中で、「勇武」派による「私了」（リンチする）「魔法師」（親中系の店舗への放火）「装修」（親中系の店舗の破壊）が行われたのである。二〇一九年十一月、デモ隊の投げたレンガが頭部に当たって、食物環境衛生署の清掃作業者が死亡した。しかし、この事件は、陳梓楽の死とは対照的に、香港の中立系や政府批判的なメディアでとりあげられることは少なかった。

2 「見えない」暴力

二〇二〇年になると、年初からの新型ウイルス感染拡大の中で、香港では集会禁止条例が出たこともあり、二〇一九年のような大規模な抗議活動は激減した。さらに、二〇二〇年六月三〇日に香港で施行された国家安全維持法はまさに「法や制度を介したシステム的な権力」で、二〇一九年に香港を席巻した大規模抗議活動を強制的に鎮静化させている。その強制力を、本稿では「見えない」暴力として取り扱う。

(1) 香港版国家安全維持法の概要

二〇二〇年五月二一日、全国人民代表大会（中国の国会に相当）の開催前夜、香港マカオ地区政治協商会議代表に香港版国家安全維持法が翌日から審議に付されることが唐突に告げられた。五月二八日、全人代は香港版国家安全維持法を制定することを賛成二八七八票、反対一票、棄権六票の圧倒的多数で採択して閉幕した。六月一八日には、全人代常務委員会（全人代閉幕時に同職務を代行）が「香港国家安全維持法」（以下「国家安全法」）の制定作業を始め、六月三〇日全会一致で可決された。習近平国家主席が公布し、同日の夜一一時に香港特別行政区政府は同法を施行した。

二〇一九年五月二二日の王晨・全人代常務委員会副委員長は同法の立法趣旨を次のように説明している。それは「一国二制度」が新たな問題に直面し、二〇一九年の大規模抗議活動の中で「香港独立」「自決」「住民投票」などの主張が国家の統一に挑戦し、国家分裂の活動を行っている、このため、国のレベルで、香港特別行政区に国家安全の法制度と執行メカニズムを導入する必要がある、というものであった。

この説明からわかるように、国安法は二〇一九年の香港の大規模抗議活動への中央政府の対処であった。二〇一九年立法会（香港の議会）に提案された、中国本土への容疑者移送を可能とする「逃亡犯条例」修正は、大規模抗議活動を招来し、九月四日に正式撤回されても、抗議活動はおさまらなかった。一〇月末の中国共産党第一九期中央委員会第四回全体会議で、中央政府は香港に「国家の安全を守るための法と執行制度を確立」し「止暴制乱（「暴力と混乱の収拾の意」）」と強調したが、国安法の制定はそれが実行されたことになる。

その内容は第一章が総則、第二章が香港特別行政区の国家安全維持の職責と機構、第三章が犯罪行為と処罰、第四章が管轄権と適用する法律およびその手順、第五章が中央人民政府の国家安全維持機関、第六章が附則であり、全部で第六章第六六条から構成された[5]。

同法では国家安全を脅かす行為として①国家分裂、②国家政権転覆、③テロ活動、④外国・域外の勢力と結託して国家の安全に危害を加える行為、があげられている。香港では死刑が廃止されており、これらの四つの行為への処罰は一律に最高刑が無期懲役と規定されている。日本では刑法第七七条で内乱罪を定めており、首謀者は死刑又は無期禁錮に処せられる。また第八一条は外患誘致罪を定め、「外国と通謀して日本国に対し武力を行使させた者は、死刑に処する」と定めている。革命やクーデター未遂を想定しているが、戦前・戦後を通じてこのふたつの罪状で判決が下された事例はないという。

国安法の施行に際して、香港特別行政区政府では「国家安全維持委員会」が発足した。同委員会の主席は香港特別行政長官であり、その他に三大長官（政務長官、財政長官、法務長官）と、規律部門から保安長官と警察・入管・税関のトップが参加し、中央政府から同委員会に国家安全事務顧問が派遣される。初代顧問には、駱恵寧・中央政府駐香港連絡弁公室主任（青海省で省長や省党委員会副書記、書記を歴任）が任命された。

実際の取り締まりには中央政府から「国家安全維持公署」が出先機関として設置され、職務を履行する。初代国家安全維持公署署長には、二〇一一年広東省の汕尾市烏坎事件（烏坎村の土地売却をめぐる対立）を処理した鄭雁雄が任命された。国家安全に関する裁判では、裁判官は香港行政長官が、国家安全維持委員会と香港終審法院（最高裁に相当）の首席裁判官の意見を踏まえて任命する。また、「外国または域外勢力の介入という複雑な状況が関り、香港特別行政区による管轄が困難」「香港特別行政区政府が国安法を有効に執行できない重大な状況」「国家の安全が現実の重大な脅威に直面する状況」の三つのいずれかに該当する場合は、管轄権は中国大陸に移る（第五五条と第五六条）とされた。法律の解釈権は全人代の常務委員会に属する（第六五条）。香港特別行政区の現地法の規定と国安法が一致しないときには、国安法の規定が優先する（第六二条）。

複雑なのは、国安法は法律ではなく「政策」のようにも読めることである。香港版国安法は、中国大陸の国安法と同様に、政治だけではなく、学校、社会団体、メディア、インターネットを視野に入れた、より総体的なものである。

いったい何が「国家安全を脅かす行為」に当たるのか、それは同法の文言だけでは判断できない。香港で「香港独立」を唱えることは同法に抵触するが、二〇一九年の香港の大規模抗議活動のスローガンとなった「光復香港（香港を取り戻せ）、時代革命」も取り締まりの対象となることが予測された。アメリカなどの諸外国や国連で香港の窮状を訴える遊説活動は外国勢力との結託と見なされ、地下鉄・道路の走行妨害、親政府系の店舗の破壊や放火はテロ活動と見なされる可能性があった。

以上より、国安法がらみの制度設計は、香港特別行政区における中央政府の存在を可視化していった。一国二制度の下、香港政治の中国国内政治化が進んだようにも見える。行政長官は省長で、国家安全事務顧問は北京から派遣された中国共産党省委員会書記のように見える。

（2）国安法施行状況

二〇一九年六月の立法前、国安法はごく限られた範囲で適用されると中央政府と香港政府は説明した。しかし、国安法施行後の初日の二〇二一年七月一日から、同法違反による逮捕者が出た。唐英傑（二三）ら一〇人は「光復香港、時代革命」の旗を掲げた容疑で逮捕された。二〇一九年の大規模抗議活動では、香港警察は催涙弾など武器の使用を警告する黒い旗を掲げたが、国安法については紫の旗を掲げた。紫の旗は「現在使用している旗やバナー、スローガンおよびその他の行為が、国家分裂あるいは国家政権を転覆させる意図」があり、「香港国安法」違反の可能性があることを告げ、当該者には逮捕もしくは刑事訴追を受ける可能性があることが警告された。

上述の国安法初日の逮捕に始まり、香港国安法が定めた四つの犯罪について、すべて逮捕され起訴された者が出た。たとえば、国家分裂については、上述の「光復香港、時代革命」の旗を掲揚する他、Facebookで「香港共和国」の設立を目指した「学生動源」（Studentlocalism）元代表ら四人が逮捕された。外国との結託については、羅冠聡（ネイサン・ロー、二〇二〇年七月二日に渡英）、鄭文傑（元在香港イギリス総領事館勤務）、朱牧民（在米）などが問われた。日本でも知名度の高い民主活動家の周庭（アグネス・チョウ）や黄之鋒（ジョシュア・ウォン）、林朗彦（アイバン・ラム）らは、違法集会の罪状で最終公判後、即時収監された。

筆者は、中央政府の国安法施行の実践は次のように見える。まず、国安法の施行そのもので、汎民主派や「香港第一」を掲げる（香港）本土派の活動を大きく制約した。諸外国で遊説活動を行った「香港衆志」の中心メンバーである羅冠聡、黄之鋒、周庭は脱退を表明し、中心的存在を失った衆志も解散した。『香港城邦論』を著して香港の自治を主張し、本土派（「香港第一」を掲げる）の理論的指導者である陳雲も政治からの引退を表明した。かつて政務長官をつとめ、政府から退職後に汎民主派陣営に参加した陳方安生（アンソン・チャン）も公的活動からの引退を宣言した。羅冠聡は二〇二〇年七月二日には香港を離れ、イギリスに亡命した。

その上で、民主化支持の論陣を張ってきた『蘋果（りんご）日報』は、廃刊へと追い込まれた。国安法にとって一番の取り締まりの対象は同紙の創業者である黎智英（ジミー・ライ）であり、「指導、監督、管理」すべきメディアは、黎が創業した『蘋果日報』であった。二〇〇三年の五〇万人デモ以来、同紙は香港の社会運動を積極的に報道し、毎回の大きなイベントごとに強いメッセージを第一面で発した。同時に、黎は汎民主派に多額の献金をした。

黎が厄介な存在とされたのは、彼が政治家やジャーナリストではなく、起業家であったからだ。黎は一九四八年に中国広州で生まれ、一二歳で香港に密入境し、七五年に起業。八一年にユニクロのビジネスモデルとも言えるブランド「ジョルダーノ」を立ち上げた。しかし、八九年の天安門事件の際、事件に関連したTシャツを販売したことで、中国大陸市場から閉め出された。これを契機として、九〇年にジョルダーノを売却して、『壱周刊』を創刊し、九五年に『蘋果日報』を創刊した。

黎は若者の志向を読み取るのが天才的で、「インフォテイメント」（情報と娯楽を組み合わせた造語）を香港に提供した。[6]『蘋果日報』は写真を重視し、カラー印刷を多用し、旅行やグルメ欄を充実させた。さらに、香港の財閥や芸能人の日常生活をパパラッチし、消費者を満足させた。消費者が政治に関心を持ったからこそ、『蘋果日報』も社会運動を積極的に報道したという側面もある。

かくて、黎は二〇二〇年一二月一一日に「外国・域外勢力と結託して国家の安全に危害を加えた罪」で国安法成立後初めて起訴された。二〇二一年五月一四日、黎の個人資産が凍結されると、『蘋果日報』は資金繰りが苦しくなり、台湾版を休刊した。すでに企業からの広告数は減り、黎の個人資産から赤字を補塡している状態でもあった。六月一七日、香港の同紙幹部五人が国安法違反で逮捕されると、政府保安局は銀行七社に対して同紙を発行してきた壱伝媒集団（ネクストメディア）の資産凍結を要求した。これで同紙の資金繰りは破綻し、六月二三日に同紙の主筆が同法違反で逮捕されると、同日中に休刊が発表された。翌二四日の朝刊が最後の発行となり、ネット版も二三日の深夜をもって終了した。

ほどなくして、二〇一九年の大規模抗議活動を前線で取材したネットメディアである『立場新聞』は二〇二一年五月以前のブロガー文章や転載、読者からの投稿をすべてネットから削除した。また理事会から呉靄儀や何韻詩などが辞職した。すでに公共放送の香港電台（ＲＴＨＫ）では、国安法の施行直前に看板番組の「頭條新聞」が中止となり、二〇二一年二月には中央政府の国家広播電視総局のイギリスのＢＢＣワールドニュースの配信禁止を受けて、ＲＴＨＫも同ニュースの香港配信を停止した。さらに三月になると、これまで放送局経験のない李百全（政務官出身）がトップとなり、番組制作マニュアルを作成し、政府施策に批判的な番組は制作できなくなった。また、五月には一年以上前のコンテンツが、ＲＴＨＫのネットアーカイブから削除された。

『蘋果日報』の休刊後、七月から国安法の「指導、監督、管理」の対象は社会団体へと移った。香港で「和理非」の集会とデモを組織した二つの団体が解散した。香港で一九九〇年以来毎年六月四日に天安門事件追悼集会を開催してきた支聯会に対して、二〇二一年八月二五日、香港警察国家安全部門は同会を「外国勢の代理人」であると指摘し、二週間以内に二〇一四年からの幹部や職員の名簿、外国の団体との通信記録、財政関係の記録を含む資料を提出するよう要求した。支連会幹部はこれを拒否して九月八日に逮捕され、翌九月九日には「六四記念館」（八月四日よりネット開館）の関連展示物が押収された。九月二五日に、同会は会員総会を開き、解散を決議した。

一方、七月一日デモを主催してきた民陣が二〇二一年三月にシンガポールの『聯合早報』から、アメリカの情報筋の話として、全米民主主義基金（ＮＥＤ）から資金の提供を受けていた疑いで香港当局が調査していることが報じられ、直後に会員の団体の脱退が相次いだ。八月一三日に蕭澤頤・警務処処長が『大公報』の独占インタビューで民陣が社会団体として未登録であり、その団体がデモを組織することは国安法違反の可能性があると語った。民陣はこれを受けて、八月一五日に解散を対外的に公表した。

このような動きと並行して、二〇二一年七月三一日、新華社と『人民日報』が香港の教員の労働組合である香港専業人士協会を「毒瘤」と形容し、長年にわたって「反中乱港活動」に従事していたと報道した。教協は民陣と支聯会を退会していたが、七月三一日午後、教育局が教協との協力関係を解消すると発表した。すなわち、教育局は教協といかなる会議も開催せず、政府から教協に教育政策について諮問することはせず、教協会員の各種政府委員への就任を無効化し、教協による教員の研修課程を認めないという内容であった。八月一〇日、教協幹部は組織の解散を決定し、九月一一日に代表大会で正式に認められた。

こうした動きに先立って、香港政治のアクターとなる、汎民主派や本土派の関係者が逮捕されていた。二〇二一年一月六日、二〇二〇年七月の予備選挙が国安法の国家転覆罪に抵触したとして、計画立案者六人と選挙に立候補した四七人が逮捕された。二〇二〇年九月の立法会（議会に相当）選挙で、「非建制派」（民主派と「香港第一」を掲げる香港本土派）は全議席の過半数（三六議席）以上の獲得を目指し、候補者調整のため予備選挙を実施した。

予備選挙呼びかけ人の一人として逮捕されたのが、二〇一四年の中環占拠運動を煽動したとして有罪となり、香港大学から二〇二〇年七月に解雇された元准教授の戴耀廷（ベニー・タイ）であった。戴は二〇二〇年四月、『蘋果日報』に「真攬炒（「死なばもろとも」の意）十歩」と題した今後の戦略とみられる内容を発表した。ここには、九月の立法会選挙で「非建制派」が過半数を獲得し、予算案の否決や行政長官の辞任で政府機能を停止させ、中国の全国人民代表大会（全人代、国会に相当）常務委員会による香港の緊急事態宣言を招き、これにより香港の街頭抗争が激化し、西側諸国が中国共産党への政治・経済制裁を発動するまでがストーリー仕立てで書かれている。予備選挙はその第一歩であり、予算案の否決と行政長官の退任を目指すことは、選挙前には広く共有されていた。

二〇二一年三月三〇日に全人代常務委員会は、香港の選挙制度改革を発表した。一二月の立法会選挙の全体議席数は七〇議席から九〇議席に増えたが、直接選挙枠は三五議席から二〇議席に縮小した。職業団体別選挙は区議会選出枠の五議席を減らす形で三五議席から三〇議席となり、残る四〇議席は選挙委員会選挙による選出となった。この選挙委員会選挙は、行政長官選挙の選出母体であり、一二〇〇人から一五〇〇人の委員から構成され、他選挙枠からの立候補者も選挙委員会委員二名以上の推薦を獲得し、その上で立候補資格に的確かどうかの審査を受けることになった。

以上のように、香港は中央政府の「管理、指導、監督」のもと、二〇一九年大規模抗議活動の「熱」を鎮静化させている。外部の観察者には、この一連の状況は「法や制度を介したシステム的な権力」と見えてしまう。香港中文大学で長年教鞭をとり、香港研究者の先駆け的存在である劉兆佳は、二〇二一年の国安法成立一周年に『明報』のインタビューを受けて、二〇二〇年六月の立法以前に全国香港マカオ研究会に事前に諮問はなかったと断り、「（国安法の立法に驚いたのは）時間ではない。時間的には遅かった。逆に中央政府が香港の局面に対して、徹底的に整頓し、強い姿勢で直接関与し、短期間で香港の情勢と政治的生態を正常化すると毅然と決心したことであり、わたしはその決心とその強さに驚いた」と述べている。また、「国安法が有効かどうかは、どれだけの人が罪に問われるかではなく、その他の人々があえて法に触れる行為をしないことにあり、効果はその震撼力にある[7]」。

3　和解の可能性

見える暴力と見えない暴力の応酬の中で香港社会には亀裂が

走っている。それを象徴するのが二度の選挙結果である。二〇二一年一月二七日、中国の習近平国家主席は『「一国二制度」を安定的かつ長期的に実践するには『愛国者による香港統治』を常に堅持しなければならない」と述べた。二〇二一年一二月一八日の立法会選挙の当選者はまさに「愛国者」と認定された人々であった。二〇二一年選挙を二〇一九年の状況と比較すると、この間にいかに大きな変化が起きたのかがわかる。

二〇一九年一一月二四日に投開票された香港の区議会選挙は汎民主派と本土派が圧勝した。区議会選挙は一九八二年に始まり、投票率は過去最高の七一・二%であった。四五二選挙区すべてに複数候補が立ち、無投票当選は一選挙区もなかった。事前に投票に必要な「選挙民登録」を行った有権者は四一三万二九七七人、投票者数は二九四万三八四二人で、一九八二年からの各種選挙を通じて過去最多となった。

香港の民意は強烈であった。デモ支持の「非建制派」(民主派や「香港第一」を主張する「(香港)本土派」など)は前回(二〇一五年)の一一四議席から三八六議席へと三倍以上の議席を獲得し、デモに反対した「建制派」(親中国派や財界寄り政党)は二九八議席から六二議席へと約五分の一に縮小した。世論調査機関「香港民意研究所」は、今回の選挙を「デモをめぐる実質的な住民投票であった」と指摘した。

これに対して、二〇二〇年立法会選挙の直接選挙枠は、過去最低の投票率(三〇・二〇%)で三〇%を上回ったにすぎない。反民主派や本土派からの立候補者はおらず、かろうじて若干の自称中間派や民主派が存在したにすぎない。選挙結果は直接選挙枠二〇議席中、中間派はわずかに一人であった。選挙当日、政府は公共交通機関であるMTRを無料にしたが、人々が向かったのは投票場ではなく行楽地であった。

ただし、得票数分布を考えると、二〇一九年選挙と二〇二一年選挙はそれほど変わらないのかもしれない。二〇一九年選挙では「非建制派」が約一六七万票で五六・六二%を占めたのに対して、「建制派」は約一二一万票で四一・二七%を占めた(8)。これに対して、二〇二一年選挙で減少した投票率四〇%分は、汎民主派と本土派の候補者支持分と考えられる。一見鎮静化している現状であるが、「投票に行かない」という形で香港の民意はあらわされた。

このような状況で和解はあるのであろうか。

返還前の香港では、大きな事件の際には、事件後調査委員会が作られ、その分析にしたがって、行政の改善を行ってきた。香港の一九六七年暴動では、暴力を行使した左派に対して、香港総督として赴任したマクレホースは恩赦を出した。また、一九七四年の汚職取り締まり委員会ICAC創立の時も、ICACに抗議におしかけて暴力を行使した警察官に罪を問わなかった。

しかし、米中の新しい冷戦が指摘される現状では、中央政府が二〇一九年の大規模抗議活動で要望されていた独立調査委員会を設置するとは考えにくい。前述の劉兆佳は「最初に劇薬を処方し、状況がある程度落ち着いたら、「根本を固めて(固本培元）身の丈に合わせて調整する（調理身子）」と言う。この方向性が大湾区構想であろう。香港・マカオが広東省と一体化させる同構想は、香港人が広東省で就職や就学することを想定している。香港人が深圳をはじめとする大湾区で起業することで、香港の産業を振興し、さらに長年の懸案であった住宅問題の解決の糸口を見つけようとしている。

今、香港社会からイギリスや台湾にこれまで以上に移民の流れがあるが、同時に香港から大湾区への人口の移動も起きようとしている。「留島不留人」（香港という島は留め置くが「香港人」は留め置かず）は、物理的な「中国大陸化」を示唆している。返還後香港に移住した中国大陸出身者でも「四〇歳以上で香港に連続して二〇年以上居住し外国の居住権を持たない中国公民」という条件を満たすと、香港の行政長官に立候補できる。香港返還から二四年が経過したことは、こうしたところにあらわれている。

実際に、二〇二〇年五月にはニューカマー中心による「紫荊党」（洋紫荊＝バウヒニアは香港特別行政区の公式シンボル）が創立され、二〇二〇年年末から存在を公にした。同党には金融や科学技術、教育に精通した人材がおり、シンクタンクとして政府や特別行政長官候補者に政策提言し、香港を統治する人材を推挙することを目指している。紫荊党の党員は二〇二〇年末時点で一〇〇人に満たないが、将来的には香港で二五万人の党員獲得を目指している。香港の政党でもっとも党員数が多い「民主建港協進連盟」の四万五五八二人をはるかに超える数で、「愛国者による香港統治」の意味が変容する兆しと見られる。二〇二一年立法会選挙に紫荊党からの立候補者はいなかったが、紫荊党と同じく中国大陸出身の香港居住者が組織した「香港新方向」から一名が当選した。

本稿でとりあげた『蘋果日報』の廃刊、社会団体の解散は、香港の過去の消去でもある。警察への不信感の増大は、一九七四年にＩＣＡＣが設立されて以来、「香港市民を守る警察」として成長してきた「香港警察」の過去の消去でもある。中国国内の「大局観」の中で香港は埋没していくのであろうか。

ひとつの可能性は、やはり外部の香港への関心であろう。国安法が施行されているので、国際社会が香港の状況に関心を示して「変革」を求める「和平演変」では、中国政府は内政干渉だと拒否するであろう。ここで興味深いのは『東アジア共同体憲章草案』をめぐる議論である。同書はＥＵがキリスト教圏で仲がよいから、共同体を構築しえたわけではないことを指摘している。二度の大戦を通じて、ヨーロッパ諸国では国民に多くの犠牲を強いて、交戦国への感情は決して穏やかなものではなかった。ヨーロッパもまた「歴史的課題」を東アジアと同じく抱えていたが、それにもかかわらずヨーロッパ統合が実現したのは「戦争を起こさないようにする」という政治的意思の存在であった。その際、法制度化を通じて、政治的紛争の非政治化が図られた。法は「紛争解決の根拠となり強制的に行動を規律する役割（裁判規範）」だけでなく、「当事者の行動について影響しそれを誘導する役割（行為規範）」も持つ(9)。

もし、東アジア共同体やアジア共同体が成立し、EUのように共通の憲章が立法化されたならば、その共同体に中国が参加するのであれば、中国にその憲章に反する事実があることを指摘することは可能ではないだろうか。法律はある価値観を固定化する機能がある。たとえば、『東アジア共同体憲章案』は「第一部　原則」の「第四条　構成国が共有する基本原則」で「七．構成諸国は、人権および基本的自由を、とりわけ性別、人種、民族的出自、宗教または信念による区別なく、尊重し推進するものとする」と書いている。日本のジェンダー格差は指摘されて久しいが、男女雇用機会均等法の施行により、女性の社会進出は進んできた。同様の息の長い変化を中国に期待することは不可能であろうか[10]。

（本稿脱稿後に、二〇二一年一二月二九日に『立場新聞』が廃刊に追い込まれ、二〇二二年一月四日には、ベテラン・ジャーナリストが立ち上げた『衆新聞』が、香港の環境悪化を理由に自ら運営を中止した。四月四日に林鄭月娥・行政長官が行政長官選挙への不出馬を表明し、四月九日に警察官僚出身の李家超が行政長官選挙への出馬を表明した。「第二の返還」期にある香港政治の変化はめまぐるしい）

（1）　香港中文大学伝播与民意調査中心『有関「逃犯条例修訂草案」意見調査調査結果（第四輪）』（https://video3.mingpao.com/inews/201909/20190916_mpsurvey.pdf、二〇二〇年四月三〇日最終閲覧）。

（2）　倉田徹「逃亡犯条例改正問題のいきさつ――法改正問題から体制の危機へ」『香港危機の深層――「逃亡犯条例」の改正問題と「一国二制度」のゆくえ』、東京外国語大学出版会、二〇一九年、九九―一〇〇頁。

（3）　抗議活動の香港全域での展開については銭俊華『香港と日本――記憶・表象・アイデンティティ』筑摩書房、二〇二〇年、一一三―一一四頁。

（4）　容應萸「香港現代史における色の記憶」谷垣真理子・外村大・三ッ井崇『アジアを知ろう（仮題）』二〇二二年刊行予定。

（5）　『月刊中国情勢』二〇二〇年七月五日号。

（6）　森一道『ミスターホンコン――香港の新聞人　黎智英とその時代』Amazon、二〇二一年。

（7）　『明報』二〇二一年七月二日。

（8）　『明報』二〇一九年一一月二六日。

（9）　須網隆夫「アジア共同体憲章」東京大学教養学部駒場授業、二〇二一年一一月一二日。中村民雄、須網隆夫、臼井陽一郎、佐藤義明『東アジア共同体憲章案』昭和堂、二〇〇八年、七二―七三頁。

（10）　中村他、前掲書、一六五頁。

暴力と非暴力のアメリカ

矢口祐人

（やぐち　ゆうじん）
東京大学大学院情報学環・総合文化研究科教授
専門はアメリカ研究
著書に『ハワイの歴史と文化』（中公新書）、『奇妙なアメリカ』（新潮選書）、『現代アメリカ講義』（編著、東京大学出版会）などがある。

はじめに

アメリカの歴史はイギリスからの植民者がバージニアに入った一六〇七年から論じられることが多いが、かれらが築いたジェームズタウンとその近辺は実に凄惨な状況だったと言われる。植民者は飢えに苦しみ、人肉を食するほどであった。最初の入植者一〇八名のうち、一年間生き延びることができたのは三八名だった。その後もイギリスの入植者たちは次々と命を落としていった。一六〇九年の冬は食料が底をつき、五〇〇名の人口が一気に六〇名まで落ち込んだ。一六〇七年から二四年まで、イギリスからは六〇〇〇名以上が渡ったと言われるが、一六二五年のジェームズタウンの人口は一二〇〇人にすぎなかった。

歴史家のカレン・オーダル・クーパーマンはこの異様なまでの死亡率を説明するにあたり、入植者の当時の心理状態に焦点をあて、第二次世界大戦や朝鮮戦争中に捕虜となったアメリカ人兵士と比較し、多数の死者の原因は単なる食料不足だけではなく、ひどい健康状態のなかで生きる意欲を失った「無気力」が大きかった説明している。白人植民者は近隣の先住民と激しく敵対し、ジェームズタウンという限られた空間に封じ込められ、まるで過酷な捕虜収容所にいるかのごとき状態だった。一攫千金を夢見て大西洋を渡り、「新大陸」に到達したものの、未来への展望が見えず、孤独と絶望に陥ったのだった。クーパーマンによると、それは第二次世界大戦と朝鮮戦争で多くのアメリカ人戦争捕虜が経験した心理と極めて似ており、イギリス人の命への「無気力」こそがジェームズタウンの悲惨な運命を理解する鍵である。

この分析の是非はともかくとして（クーパーマンの分析には先

住民からの視点への配慮がまったくないし、日本軍の捕虜収容所の状況はどんなに強靭な精神力を持っていても肉体的に耐え難いほど過酷なものだったと言われている)、初期アメリカ史を代表する研究者であるクーパーマンが、アメリカの出発点ともされる一七世紀のジェームズタウンの状況を論じるにあたり、二〇世紀の世界戦争とアメリカ兵の心理を持ち出しているのは興味深い。

イギリス人によるアメリカへの渡航の主目的は先住民を排除し、その土地と資源を収奪するものであったから、そもそも暴力的であった。先住民との出会いが、理解と調和にはならず、戦いと抑圧になるのは必然であった。その意味では、当時の状況を戦争の視点から理解しようとするクーパーマンの方法は理に適っているとも言えよう。文学者のリチャード・スロトキンに至っては、戦争のような暴力こそがアメリカのエネルギーの源泉であると述べている。彼はベトナム戦争のさなかに、白人と先住民の戦いが続いたフロンティアの表象を論じながら、アメリカは常に「暴力によって再生されてきた」と主張した。

本稿ではこのような前提に立ち、あらためて国民国家アメリカの奥深くに不可分に組み込まれた暴力性を考えたい。アメリカはその社会の基盤に暴力的な排除と抑圧の論理を不可避的に組み込んできた国である。先住民、アフリカ系アメリカ人(以下、「黒人」と表記する)、アジア人、女性など、アメリカ建国の中心にいたプロテスタント系白人男性以外は、常にさまざまな暴力の対象となってきた。

とはいえ、アメリカの暴力を論じるだけでは、アメリカの理解は必ずしも深まらない。アメリカがその出発点から今日まで暴力と不可分であることを示す具体的な事例は無数にあり、それらを次々と紹介したところで、取り立てて新しい理解にはつながらない。むしろ「アメリカは暴力的である」「怖い国である」という、日本のメディアで広く共有されるイメージを確認し、翻って日本社会は「安心安全」であるという二項対立の幻想を強化するにすぎない。そこで、本稿ではこの絶望的なまでに暴力的なアメリカ社会に少しでも抗うことで、平和をもたらそうと活動する人びともあわせて簡単に紹介したい。アメリカの根底にある暴力と、それに対峙しようとする人びとの真摯な努力を考えることで、近代のアメリカ社会が不可避的に持つ暴力性とその意味を探ってみたい。

1 暴力とは

暴力とはなんだろうか。一般的には物理的に他者を傷つけることと連想され、学術的には「正当性と合法性を欠いた物理的強制力」と定義されることが多い。とはいえ、「正当性」とはわかったようでわからない面が多い。暴力とは実のところ明確な合意が必ずしもない、曖昧なものである。

「AがBを突然殴った」とすれば、これは暴力と言って構わないだろう。ではそのBが身を守るためにAを殴り返したとする。これは暴力だろうか。正当な防衛であれば暴力とは言えないという指摘もあるだろう。ではBが銃でAを撃ち殺したらどうだろう。これでも正当と言う人もいれば、いくらなんでもそれはないという声もあるだろう。

それでは、「AがBの悪口を言った」は、暴力だろうか。「言葉の暴力」という表現もあるし、Bがそれでひどく傷つけば暴力だという主張もあるだろう。昨今はSNSによる言葉に傷ついた被害者が命を絶つケースすらある。そうするとそれは暴力だろうか。しかしたとえひどい言葉でも、それを規制する方が「表現の自由」を奪う暴力であるという反論もあるだろう。

このように、暴力は我々が日常で考えるより、はるかに定義の難しい概念である。法律は社会のなかで作られるものだし、何が「正当」かは普遍的な合意はない。したがって、暴力の定義と理解は時代によって、社会によって、人によって異なってくる。

それをふまえながらも、本論では他者、とりわけアメリカにおける黒人に対する物理的強制力を伴う制度的暴力を取り上げたい。たとえば、アメリカには奴隷制度があった。奴隷とされた黒人には一切の自由が認められていなかった。労働をしなければ鞭で打たれ、ときには殺される。奴隷の女性に対する白人男性によるレイプも頻繁にあった。これらは奴隷制度の名のもとに合法なものとされ、暴力とは見なされなかったが、振り返ってみれば制度そのものが非常に暴力的であったと言うべきである。

このシンポジウムが開催された二〇二一年は、一九二一年にオクラホマ州タルサ市で起きた「タルサ大虐殺」の一〇〇周年でもあった。全米でもっとも豊かと言われたタルサ市の黒人街が、白人集団に徹底的に焼き尽くされ、家を失った黒人は一万人、命を落としたのは数百人とも言われているものの、丁寧な調査はなされなかったので、今でも正確な数はわからない。当時、白人の逮捕者はひとりもおらず、その後も事件が主流のメディアや学校で語られることはなかった。タルサの白人住人にとって黒人襲撃は正当なことであり、その甚大なる被害は記憶に値しないことだったのである。しかし一〇〇年を経た今日、この事件が「大虐殺」と呼ばれることからもわかるように、それは当時の「ジム・クロウ」という明らかに暴力的な制度のもとで起きたと理解されるようになっている。

アメリカの歴史は「暴力」にまみれているものの、それらはいつもアメリカ社会で暴力と定義されてきたわけではない。特定の人種やジェンダーを排除する制度的な不正義は、長い間、とりわけ黒人に対するものは、それが社会的にも政治的にも暴力として認知されることはなかった。近代社会の究極の暴力は、個人間の暴力ではなく、むしろ特定集団に対する排除を合法化・正当化し、自然なものとする制度である。

アメリカにおける「暴力」を考える際には、個人と個人の間の物理的衝突に焦点をあてていたのでは不十分であるのみならず、極めて歪んだ理解に陥りかねない。個人による犯罪やそれを集めた殺人発生件数などの数値をことさらに取り上げてアメリカ社会の暴力を説明しようとする傾向が日本には見られるが、より重要なのは、そのような数値の背景にある歴史的、制度的背景である。アメリカを暴力の観点から理解するには、アメリカという国民国家に内在する、より深い暴力を考えるべきだ。特定の集団に対する暴力を当然のものとし、不可視化してきたこれらの制度を忘れてはならない。

2 Critical Race Theory

アメリカ社会の根底にあるこのような制度的な暴力性をこれまで鋭く指摘してきたのは、フレデリック・ダグラス、ハリエット・ジェイコブズ、W・E・B・デュボイス、ラルフ・エリソン、ゾラ・ニール・ハーストン、アイダ・B・ウェルズなどの黒人の活動家、思想家、著述家たちである。奴隷制に象徴される黒人に対するさまざまな暴力を受ける身から、演説、伝記、小説、メディアなどを通してアメリカの暴力を糾弾してきた。これらはやがて黒人の視点から考える文学、歴史、社会学などの学問分野へと受けつがれていった。その知見を基盤に、さらにアメリカ社会そのものを人種問題から理解しようとする視点へと大きく展開したのはここ四〇年ほどのことだ。そのひとつの要因にクリティカル・レイス・セオリー(Critical Race Theory＝CRT)の影響がある。

CRTはアメリカ社会そのものが常に白人男性の利権を中心に構築されてきたことを指摘する。「自由、平等、幸福の追求」という、アメリカ独立宣言で謳われる理念や、その基盤となった「正当」や「合法」の概念そのものが、極めて人種的なものであると主張する。これらは白人、とりわけ男性たちの権利を保障する一方で、人種的・ジェンダー的マイノリティを抑圧する暴力的な装置として機能してきた。

CRTは法学者のキンバリー・クレンショーが提唱した「インターセクショナリティ」の概念を用いて、人種とジェンダーなど、複数の要素が交差する地点で浮き彫りにされる力学を分析する重要性を特に説く。アメリカにおける「正当」や「合法」は、マイノリティをその対象から排除することで成立したが、その様相はとりわけ複数のマイノリティ要素が交差する立場にある人びとの生活から考察すると明らかになる。たとえば中産階級の白人男性の価値観を規範とする社会において、貧しい黒人女性はクラス、人種、ジェンダーの三つのマイノリティ要素が掛け合わされることで、一層困難な立場に追いやられる。彼女の視点から社会を捉えると、アメリカはあらゆるマイノリティの排除を許容するのみならず、それを促す構造から成立していることがわかる。アメリカが標榜する「自由」や「平等」の概念は、そのような暴力的な排除を隠蔽する言説にすぎない。

CRTはハーバード・ロー・スクールで初のテニュア(終身雇用権)付きの黒人教授となったデレック・ベルやそこで学んでいたマリ・マツダらによって論じられるようになったが、はっきりとした出発点や明確な領域の定義があるわけではないとされている。もともと法学で盛んに論じられていたことだが、今日は政治学、文学、教育学、文化研究など、多方面でその重要性が認識されるようになっている。そこに共通するのは、さまざまな属性と人種が交差することで生じる権力の不均衡を批判的に考察し、アメリカ社会のあらゆる側面が白人、とりわけ白人男性の特権を自然化してきたことを追及する姿勢である。

簡単な事例をひとつあげよう。一七八七年に制定されたアメリカ合衆国憲法の第一章、第二条、第三項には「各州の人口は（中略）自由人以外のすべての者の数の五分の三を加えたものとする」という文章があった。民主主義国家では、人口は議員選出数と関わることなので、とても大切であるが、アメリカ憲法の制定者たちは、奴隷を人口の一部に数えるかどうかという問題に直面した。結局、奴隷、すなわち「自由人以外のすべての者」は五分の三人と定義された。これは奴隷の数が多く、それを人間として認めることで人口に含めたい南部州と、南部の影響力を抑えたい奴隷の少ない北部州との妥協であった。南部の白人としては奴隷を人間扱いすることはしないが、都合の良いときは人間として数えたい。北部の白人としては、奴隷はそもそも人間ではないと結論づけて数えないようにしたい。独立の指導者たちには、奴隷を自らと同等の人間として認め、制度そのものを廃止し、奴隷とされていた黒人を国家の構成員として政治に参加させるという意識はまったくなかった。

この「三／五項」はアメリカの民主主義の出発点そのものが、黒人の人間性の否定を起点にしていることを示している。奴隷は一〇〇人いても六〇人にしか数えられず、しかもその誰にも人権は認められていなかったのである。アメリカの憲法が反映していたはずの「生命、自由、幸福の追求」という、アメリカ人にとってはもっとも「正当」で「合法」なものは、実質的には特定の人種（白人）とジェンダー（男）に限定された概念であった。

CRTはアメリカ合衆国の「生命、自由、幸福の追求」は、そもそも奴隷とされた黒人の「生命の価値の否定」、「自由の否定」、「幸福の追求の収奪」のうえに成立していたことを指摘する。独立革命の英雄とされ、初期の大統領を務めたワシントン、ジェファーソン、マディソン、モンローが軒並みバージニアの奴隷所有者であったことは決して偶然ではない。奴隷の労働こそが、白人男性に「生命、自由、幸福の追求」を高らかに要求させることを可能にする物質的余裕と特権を与えていたのである。そしてその奴隷を都合の良いときだけ「人間」と数え、州の議員数を増やし、大統領を選ぶ選出団員を増やした。奴隷がいるからこそ、奴隷州である南部ヴァージニアが大統領を輩出できた。

このことは先住民や女性についても言える。アメリカの白人男性の自由と民主主義は先住民からの土地の収奪や、白人女性の参政権や財産権の否定のうえに成立していたのである。

CRTはこのような歴史的な事実をふまえ、今日まで残るアメリカの法制度や政治体制、そしてアメリカの文化が人種・ジェンダー主義に深く根ざしていることを指摘し、その正当性や合法性に疑問を投げかける。アメリカにおける自由や平等、民主主義は黒人をはじめとするマイノリティ差別と権利略奪と表裏一体であった。教育現場における黒人差別を違憲とする連邦最高裁の「ブラウン判決」(一九五四年)のように、一見するとマイノリティのためのものと思えるようなものさえも、実際には冷戦期におけるアメリカの対外的なイメージを強く意識した結果下されたものであり、結局は白人男性の利権を優先するアメリカの政治体制の強化に利用されてきた。CRTの視点からすると、アメリカにおけるほんとうの暴力とは、白人男性統治者によるあらゆる不正義を正当化し、その権力行使を自然化してきた制度と言説である。

今日、CRTの主張は多くのアメリカ研究者に支持されており、さまざまな新しい研究の前提ともなっている。もはやそれほどラディカルな主張ともされないし、一部ではむしろ「いまさら」感もあるほどだ。国民国家というのはおしなべて排除と略奪をもとに暴力的に成立しており、それがさまざまな制度と言説によって正当化されている。CRTはその様相をアメリカ社会の底流にある人種主義から論じているのである。

しかし、近年、とりわけドナルド・トランプ以降のアメリカでは、白人保守層を中心にこのような主張をするCRTへの批判が非常に強くなっている。奴隷制があったことも、それがときに暴力的であったことも否定はしないが、白人社会の基底に人種的な暴力があったことは認めない。アメリカは世界で最初の民主主義国家で、その「生命、自由、幸福の追求」は万人に与えられるべき普遍的理念として生み出された優れた政治哲学であり、その根底に奴隷制や先住民からの収奪があったというのは誤りである。革命を指揮した「独立の父」の多くが奴隷所有者であったのは歴史の諸条件が生み出した偶然であり、しかもその多くは奴隷制に諸手をあげて賛成していたわけでもなかった。南北戦争で南のために戦った指導者と兵士たちにとって究極的に大切だったのは奴隷制ではなく、自らの土地を守ることだった。だから彼らは差別主義者として批判されるのではなく、故郷のために戦った愛国者として称えられるべきである。南軍を指揮したロバート・リー将軍らの銅像を撤去するのは誤りである。このような反論が強くなっている。

その結果、共和党が力を持つ南部諸州ではCRTを中等教育で教えてはならないという決議が議会でなされている。日本でいう「自虐史」的な歴史観を授業では導入してはいけないということだ。奴隷制をはじめ、アメリカにおける人種関係を批判的に教えないことなど不可能だという教員の声をよそに、アメリカ人、南部人としての誇りを大切にしろという主張がなされている。ただし、当然ながらこの場合の「南部人」は「白人」を意味している。

とりわけ話題を呼んだのは、ノースカロライナ大学のジャーナリズムスクールの学部長に選出されたニコル・ハナ・ジョーンズをめぐる議論である。ハナ・ジョーンズは、『ニューヨークタイムズ』紙で、アメリカの植民地期を振り返る「1619プロジェクト」を特集した黒人女性記者である。ピューリッツァーやマッカーサーグラントなど、数々の賞を得た極めて優秀な記者であるが、そのCRTを擁護する姿勢がゆえに、大学理事会にテニュアを拒否されてしまったのである。

「一六一九プロジェクト」の「一六一九」はバージニア植民地期に初めて黒人奴隷が連れてこられた年だ。これはアメリカの過去を白人が入植した場所や年代からではなく、奴隷制の歴史から理解しようとするプロジェクトで、アメリカで大きな反響を呼んだ。賛同者も多かったが、トランプ大統領をはじめ、激しい嫌悪感を示す白人も少なくなかった。

ノースカロライナ大学のジャーナリズムスクールの教授会は彼女のテニュアを強く支持したが、保守派が占める理事会がハナ・ジョーンズの仕事が「政治的過ぎる」という理由で拒否をし、大騒ぎとなったのである（アメリカではテニュアの最終決定は学部ではなく、総長・理事会にある場合が多い）。最終的には学内外からの猛烈な批判に対し、理事会は決定を覆し、テニュアは認められたものの、ハナ・ジョーンズはノース・カロライナ大学への着任を拒否し、首都ワシントンにある名門黒人大学のハワード大学で教鞭を執ることを選んだ。

ハナ・ジョーンズのように、アメリカ社会の正義、自由、民主主義の成立過程に疑問を投げかけ、その「暴力性」を考えることは、今日のアメリカにおけるさまざまな社会問題を理解するのに不可欠な姿勢である。たとえば黒人男性の収監率が他と比べて異様に高いことは繰り返し指摘されているものの、それは教育や貧困などの現代における社会問題に加え、奴隷解放後に労働力を失った白人農園主が、黒人に対する取り締まりを強化することで、囚人労働を利用するようになったという、現代のアメリカの刑務所制度と奴隷制度が同じ系譜に連なるという歴史的な問題から生まれている。つまり今日のアメリカの犯罪取り締まり、裁判、刑務所産業複合体などは黒人の人権を抑圧し、その労働を搾取するという白人の利益と不可分に展開してきた。マイノリティによる犯罪の背景には、往々にしてそれを生み出すより大きな社会的暴力の歴史がある。

しかし現代アメリカ社会が人種をはじめとするさまざまな属性に基づく排除を基盤に成立している事実を、昨今の保守派は強く否定する。CRTがアメリカの基底には人種的不正義という暴力があり、まずはそれを受け入れることから社会の改革を始めるべきだと主張するのに対し、保守派はアメリカの社会構造は基本的に健全で正しいものであり、人種問題は偉大なアメリカによってすでに解決済みか、解決に向かっているとする。過去の不正義をことさらに指摘するのは人種間の対立を煽るのみならず、アメリカの優れた側面を否定する歪んだ歴史観、社会観だとする。これに対してCRTはそのような過去をしっかりと見据えないことこそが、アメリカ社会の根本的問題から目を逸らす構造的暴力であると反論するのである。

3　非暴力による抵抗

ここまでCRTの知見がもたらす、大きく分けてふたつの問題について言及してきた。アメリカという国家がその根幹に持つ歴史的な暴力と、それを不可視化しようとする現代の暴力的言説である。アメリカ社会の基底にはこのような構造的（システミック）な暴力が組み込まれている。

とはいえ、アメリカ社会の構造の根本に暴力があると指摘することは重要であるものの、それだけではなんの解決にも至らない。むしろ上述したように、それを否定しようとする側との溝は深まるばかりだ。暴力の構造は巨大で根深いものであるものの、そこに住む社会の構成員が何もできないのであれば、構造は残存し、暴力は強化されるにすぎない。

そこで、本稿の最後に、CRTが浮き彫りにするアメリカの暴力のシステムに抗う人びとの活動に触れたい。構造の力に対して、個々の主体は無力なのかもしれない。しかしそれでも少しずつ構造を揺さぶり、変革していこうと不断の努力を続ける人がアメリカにはいる。その一例を紹介したい。

まずはBlack Lives Matter（BLM）の創設者ともされるアリシア・ガルザである。ガルザはカリフォルニア在住のオーガナイザーで、二〇一三年に、フロリダで一七歳のアフリカ系アメリカ人男性トレイボン・マーティンを殺害した白人男性が、裁判で無罪とされた際、「黒人へのラブレター」というメッセージをFacebookに投稿した。

> 私たちを殺して責任を問われないでいいわけはない。黒人の命が意味を持つような世界にするために、私たちは自分を愛し、戦わなければならない。黒人の皆さん、私は皆さんを愛してます。私は私たちを愛しています。私たちは大切です。私たちの命は大切です。（We don't deserve to be killed with impunity. We need to love ourselves and fight for a world where black lives matter. Black people, I love you. I love us. We matter. Our lives matter.）

このメッセージをもとに、ガルザの仲間のパトリース・カラーズが、Black Lives Matterというハッシュタグで発信を始めたのがBLMの始まりである。その後も全米各地で白人警官による黒人「容疑者」の殺害が続き、さらに二〇二〇年にミネアポリス市でジョージ・フロイドが白人警官に殺害される様子が拡散されたのを機にBLMは全米のみならず世界的に広がった。

当時、日本のNHKはアメリカのBLMを特集するにあたり、これを黒人の「暴動」であるかのごとく表現をして、論議を呼んだ。BLMに参加する黒人男性の暴力性をことさらに強調するイラストを放送し、筆者を含め、複数のアメリカ研究者から批判をされた。とはいえNHKの表現はとりたてて例外的ではなく、日本でもアメリカでもメディアではデモの参加者が破壊行為をしているシーンなどが映し出され、BLMがあたかも暴力的な抵抗運動であるかの印象が生み出されていた。

しかしBLMは暴力的な社会を根底から変容させることを求める要求だ。ガルザはその書でBLMを「活動（activism）であり、組織化（organizing）であり、分析（analysis）である」と説明している（Garza 2020, 102）。人を集め、連帯し、そして話し合いを持つことで、正義を生み出そうとする。ガルザは大学を卒業後、オークランドやサンフランシスコで、黒人や貧困者のための市民活動を長く続けてきた活動家である。アメリカの歴史ではこれまでまったく権力を与えられてこなかったアフリカ系の女性が、同じ力と方法で白人男性の制度に立ち向かうことはできないことを良く理解している。むしろ市民の立場から、非暴力に基づく粘り強い運動を生み出すことで、ガルザは社会のあり方を批判する。アメリカ社会には根深い人種差別があることを指摘し、それを改め、黒人の命と生活を大切にする運動を続けることでアメリカ社会を改善しようとしている（なお、Black Lives の Lives は「命」でもあり、「生活」でもある）。このガルザの活動はハリエット・ジェイコブズ、ソジョナー・トルース、ハリエット・タブマン、アイダ・B・ウェルズ、シャーリー・チショルムなどの黒人女性活動家の伝統と連なるものでもある。

ＢＬＭと共振する現代のアフリカ系アメリカ人の活動はアメリカには他にもある。たとえば弁護士のブライアン・スティーブンソンが主宰する Equal Justice Initiative は死刑囚や未成年で終身刑となった人びとの再審請求を行なっている。映画にもなったその自伝的な書『正義の慈悲』(*Just Mercy*)で知られるスティーブンソンは、ハーバード大卒の黒人弁護士で、卒業後、主にアラバマ州で活動してきた。不法逮捕で長期の懲役や死刑判決を受けた黒人は数知れない。一〇代の前半に犯した罪で終身刑になる黒人もいる。逮捕率、収監率、平均懲役年数、再犯率、死刑囚数など、黒人、特に男性は著しく高いのが現実であるが、そこには貧困や教育リソースの不足など、当事者が直面する問題に加え、白人警官、裁判官、陪審員、刑務所職員などによる根深い差別と、そのような差別を外部に不可視化することを容認してきたアメリカ社会の構造的暴力がある。スティーブンソンは逮捕から判決、収監に至るまで、社会の日の目をまったく見てこなかったこれらの囚人に手を差し伸べ、逮捕や公判の記録を辛抱強く調査し、自由を勝ち取ってきた。「正義の慈悲」を追求する彼の活動は、「正当」で「合法」とされてきた白人社会とその制度がもたらしてきた黒人に対する数々の暴力を明らかにすることで、アメリカにおける「正義」の再考を促すものだ。

スティーブンソンの活動に強く共感する白人の福音主義者ジム・ウォリスは、人種問題は「アメリカの原罪」であると言い切っている。雑誌 *Sojourner* の主筆でもあるウォリスは今日のアメリカを代表するキリスト教の社会活動家で、ＢＬＭが全国に広まる以前から黒人牧師らと連帯して、人種間にある不正義を訴えてきた。アンシア・バトラーらが指摘するように、キリスト教福音主義は白人至上主義と深い関係にあると指摘されており、さらにロナルド・レーガンからドナルド・トランプに至るまでの右翼的な保守政治に大きく貢献してきたと言われているが、ごくわずかながらもウォリスのようないわゆる「左派」も存在する。かれらは新約聖書の「もはや、ユダヤ人もギリシヤ人もなく、奴隷も自由人もなく、男も女もない。あなたがたは皆、キリスト・イエスにあってひとつだからである」（ガラテヤ人への手紙3章28節）を文字通り信じ、アメリカの教会と社会における構造的な人種間不平等を強く批判する。ウォリスはまたマーティン・ルーサー・キング・ジュニア牧師が物理的暴力（physical force）に対して魂の力（soul force）で抵抗すると呼びかけた非暴力の運動を重視している。暴力を徹底的に否定することで、白人アメリカ社会の暴力性を指摘し続けている。

最後に、同じく白人のクリスチャンであるハワード・ゼーヤとケイ・プラニスはアメリカにおける「修復的司法」のリーダーとして知られている。かれらにとっていちばんの関心は罪を犯し逮捕された黒人を含むマイノリティ、とりわけ若者の再生である。刑務所産業複合体が発達したアメリカには二〇〇万人を超える囚人がいる。民営化された刑務所では収監者が増えれば増えるほど儲かることもあり、その数は過去三〇年で倍増し、圧倒的多数がマイノリティだ。黒人はアメリカの人口の一三％なのに、刑務所人口の四〇％を占めている。犯罪防止の名目で、軽微な犯罪でも厳罰化を進めてきた政策の負の遺産でもある。

ゼーヤとプラニスはこの流れを止めるべく、若いマイノリティの収監者を減らすために従来の刑罰とは異なる修復的司法の導入を試みている。加害者が被害者と直接向き合い、被害者の言葉に耳を傾け、罪を認め、考えるという行為を通して、双方の関係の「修復」を目指す。暴力で引き裂かれた人間関係に信頼を取り戻すことで、罪を犯した者の長期の収監を避け、社会復帰を促そうとするものだ。この際、プラニスはアメリカ先住民の伝統でもあった「サークル」と呼ばれる話し合いの手法を取り入れ、徹底した話し合いで、人を傷つけることやそのような行為を生み出す社会について当事者たちが考える機会を設けている。刑罰、収監、収益を第一に罪人を排除する社会ではなく、悔い改めと許しを大切にする、相互理解に基づくコミュニティ作りを擁護している。加害者と被害者の対話を仲介することで、往々にして、犯罪から逮捕、懲役、そして釈放後にまた犯罪へと繰り返されてしまうサイクルを断ち切ろうとする。それはアメリカにはびこる暴力がどのような構造から生み出されるかを加害者、被害者、社会全体で省みようとする試みである。

おわりに

ガルザ、スティーブンソン、ウォリス、ゼーヤ、プラニスらはこれまでのアメリカ社会があたりまえのように「正統」で「合法」であるとしてきたさまざまな制度や伝統を疑問視し、そこにある歴史的暴力と、さらにそれを隠蔽する現代の制度を批判し、乗り越える活動をしている。ＣＲＴが学術的に浮き彫りにした諸問題を、実践的に解決しようとしている。

むろん、活動にはさまざまな違いもあるし、とりわけ黒人女性であるガルザは白人キリスト教主義者や黒人男性にはかなり批判的でもある。とはいえ、それは人種やジェンダーを超えた連帯を否定するものではない。ガルザはまず、ＢＬＭが主張した黒人に対する構造的差別の歴史をアメリカ社会の構成員すべてが理解し、受け入れる必要性を主張する。アメリカ社会にある暴力的な排除の構造はとりわけ黒人を対象に深く、継続的に存在してきたわけだから、「黒人の解放はすべての人の解放への鍵である」と述べる（Garza 2020, 124）。その認識を幅広い層と共有し、連帯を築き、アメリカ社会を改善していくべきだと訴えている（Ibid., 260）。

ガルザ、スティーブンソン、ウォリス、ゼーヤ、プラニスらの活動は、白人の利権を守るべく何世紀にもわたって設けられてきた、黒人をはじめとするマイノリティに対する排他的で暴力的な法制度や経済システムを批判し、アメリカの底流にある差別、憎しみ、抑圧、暴力を少しずつではあるが、解決していこうとする。いささか理想を追い求めすぎている印象もあるかもしれないが、BLMの世界的展開、スティーブンソンの再審請求によって自由になった人びと、ウォリスに感化され平和活動と人種的連帯活動に従事する白人のキリスト教徒、ゼーヤやプラニスが促す関係修復によって社会復帰した人びとの存在からもわかるように、それは決して意味のないことではない。アメリカにはこのような深い批判的考察と理想に基づく運動が活発に存在しているのである。

アメリカが暴力的であると指摘し、批判するのはとりたてて新しい議論ではない。そのような語りは日本のメディアのみならず、研究者の間でも日常的に見られる。「安心安全」な日本社会を対称軸として、アメリカのデータをいろいろと取り上げて、「危険な国」のイメージを煽ることは簡単である。しかしアメリカの暴力を理解するには、日々起こる事件のみならず、歴史的に存在する暴力の構造とそれを合理化する言説に目を向けなければならない。そしてそれを正面から見据え、解決しようと努力する活動家たちも少なからずいることも覚えておくべきだろう。

暴力は決してアメリカに限られたものではない。日本社会にも同様の構造的暴力と隠蔽言説は根深く存在している。アメリカにおける暴力の歴史と現状は決して対岸の火事ではなく、現代の日本にもあてはめて考えるべき問題だ。そして、ガルザらの活動が日本において持ち得る意味についても、真剣に考える時期がきているのではないだろうか。

参考文献

Anthea Butler, *White Evangelicalism: The Politics of Morality in America* (Chapel Hill: University of North Carolina Press, 2021).

Kimberlé Crenshaw, "Kimberlé Crenshaw On Intersectionality, More than Two Decades Later," *Columbia Law News*, June 8, 2017.

Alicia Garza, *The Purpose of Power: How to Build Movements for the 21st Century* (New York: Doubleday, 2020).

Janel George, "A Lesson in Critical Race Theory," *Human Rights Magazine* vol. 46, no. 2, January 11, 2021.

Cary Jennings, "The Love Note that Launched a Movement," *footnotes*, vol. 48, no. 8, July/August 2020.

Karen Ordahl Kupperman, "Apathy and Death in Early Jamestown," *Journal of American History*, Vol. 66, Issue 1, June 1979, 24-40.

Kay Pranis, *Little Book of Circle Processes: A New/Old Approach To Peacemaking* (Intercourse, PA: Good Books, 2005).

Richard Slotkin, *Regeneration Through Violence: The Mythology of the American Frontier, 1600-1860* (Middletown, CT: Wesleyan University Press, 1972).

Bryan Stevenson, *Just Mercy: A Story of Justice and Redemption* (New York: One World, 2014).

Jim Wallis *America's Original Sin: Racism, White Privilege, and the Bridge to a New America* (Ada, MI: Brazo Press, 2015).

Howard Zehr *Changing Lenses: Restorative Justice for Our Times* (Harrisonberg, VA: Herald Press, 2015).

矢口祐人（二〇二〇）「Black Lives Matter をどう日本語に訳すかという本質的な問い」『現代ビジネスオンライン』二〇二〇年六月一八日。

吉原真里（二〇二〇）「炎上したＮＨＫ「抗議デモ特集番組」、何が問題だったのか徹底解説する」『現代ビジネスオンライン』二〇二〇年六月一六日。

平和的な抗議活動をする権利の侵害としての法執行官による「暴力」

キハラハント愛

（きはらはんと　あい）
東京大学大学院総合文化研究科教授
専門は国際人権法　国際人道法
法の支配
著書に *Holding UNPOL to Account: Individual Criminal Accountability of United Nations Police Personnel*, Brill Nijhoff, 2017.

はじめに

本著でも別章で取り上げられているフランス「黄色いベスト運動」、香港の「雨傘運動」を含む大規模抗議活動、ミャンマーにおける軍事クーデターに反対する抗議活動のみならず、過去一〇年間を見るだけでも、パレスチナ・ガザ地区における抗議活動、二〇一一年から中東・北アフリカに広がった「アラブの春」といわれる民主化運動など、世界各地で市民による大規模な抗議活動が行われている。日本でも、二〇一五―二〇一六年の「自由と民主主義のための学生緊急行動」(Students Emergency Action for Liberal Democracy-s: SEALDs)による抗議活動など、様々な抗議活動が行われてきた。抗議活動の主体者の市民が反対していた事項や求めるものは、シリアやリビアにおける統治体制の改革や民主化、香港の雨傘運動やＳＥＡＬＤｓにおける特定の法案への反対、ガザ地区におけるパレスチナ難民の帰還と経済封鎖の解除、など多様である。抗議活動をする側に暴力的な行為があったかどうか、どれくらいの規模でそのような行為が行われたか、ということは、それぞれの抗議活動によっても異なるし、同じ抗議活動でも時期、参加した人や人数によっても異なる。

これらの種々の抗議活動に対し、公権力の対応も様々だった。一五人の若者の投獄と拷問を契機とした市民の反政府抗議活動に実弾を使用して死者を出したことから広がった、シリアの大規模な抗議活動においては、政権の治安部隊が抗議活動の参加者に頻繁に発砲して鎮圧を試みたことが報じられている(Human Rights Watch, 2011)。一〇年も続いている内戦の引き金となったこのようなきわめて暴力的な対応と、問題の性質や規模の違う、日本における抗議活動への警察・機動隊の対応とを、同じ論考でひとくくりに検証するのは難しい。

しかし、市民による抗議活動において、主にそれに対処するのは、概ねどの国においても警察をはじめとする治安部門である。これら各国の治安部門は、国家の主権の中心的な位置を占め、各機関がそれぞれの内部法を持ち、それぞれの行動綱領や交戦規定などに従って業務を行っている。国連においては「法執行官」という言葉で、警察をはじめとする、逮捕や拘留を含む警察活動を行う治安部門をひとくくりにしている。「法執行官」の中に通常軍隊は入らないが、警察権力が軍当局、または国家の治安部隊によって行使されている場合、これらの人員は「法執行官」に入る（UNGA, 1979）。

法執行官は、法に従ってコミュニティのために務め、業務に必要な高度な責任感を持って全ての人を不法行為から守る義務がある（UNGA, 1979）。法執行官が抗議活動に対処する際にどの程度の力や火器を使って良いかということについては、国際法において、細かく規定されている。

多くの国で抗議活動を行う自由が制限される中、平和的に行われる抗議活動が、集会の自由と表現の自由を中心に、国際法においてどのようにどこまで保障されているのかということを明らかにすることは、現代の世界を鑑みて、一定の価値があるのではないかと思われる。そこで、本稿では、抗議活動への対応について、国際法で万人に保障される集会と表現の自由と、その基準を守るための各国の法執行官の行動基準を中心に検証する。

1　集会の自由

抗議活動に合法的に対処するために警察など法執行官が使うことが許される力は、国際人権法に規定されている。本稿で扱うような市民の抗議活動は、集会の一種であると考えられる。集会とは、意図的かつ一時的に、特定の目的をもって公共または私有の場所に集まることを指し、デモンストレーション、会議、ストライキ、行列、集会、座り込みなどの形態を取る。目的は、不満や苦情、願望を表明することや、何かを祝う場合などがある。（UNGA, 2012）。これは、香港の雨傘運動やガザの「帰還の行進」のように抗議活動が長期的に続く場合にも、沖縄の米軍基地抗議活動のように座り込みの抗議活動の場合にも、同様である（UNGA, 2016a）[1]。集会の権利は、世界人権宣言第二〇条を引き継いだ市民的及び政治的権利に関する国際規約（B規約）第二一条に、次のように定められている。

> 第二一条　平和的な集会の権利は、認められる。この権利の行使については、法律で定める制限であって国の安全若しくは公共の安全、公の秩序、公衆の健康若しくは道徳の保護又は他の者の権利及び自由の保護のため民主的社会において必要なもの以外のいかなる制限も課することができない。

集会の自由は、国際的な他の主要な人権条約においても、経済的・社会的及び文化的権利に関する国際規約（A規約）第八条、あらゆる形態の人種差別の撤廃に関する国際条約第五条、女性に対するあらゆる形態の差別の撤廃に関する条約第七条、児童の権利に関する条約第一五条などにおいても保障されている。また、地域的な人権条約においても、ヨーロッパにおける人権及び基本的自由の保護のための条約第一一条、人及び人民の権利に関するアフリカ憲章第一一条、米州人権条約第一五条などでそれぞれ保障されている。また、欧州安全保障協力機構と欧州議会の法による民主主義のための欧州委員会（ヴェニス委員会）が作成した集会の権利に関するガイドラインには、より詳細な指針が提示されている。[2]

集会は民主主義制度に貢献し、市民参加の重要なツールとなり、広範にわたる人権の保障と推進にとって鍵となる。中でも、疎外された人々の声を公共の場に届ける上で重要である（UNGA, 2016a）。このため、集会の自由は可能な限り最大限に認められるべきであり、この権利への制限は例外的でなければならない（UNGA, 2016a; UNGA, 2016b）。この自由に対する制限には、正当性、必要性と均衡制が求められ、B規約第二一条で明示された目的のためだけに認められる（UNGA, 2016a）。正当性の条件については、集会の自由を制限する合法的で正式な根拠が法に明記されていること、自由を制限する当局が権限を持っていること、が求められる。また、法の規定が漠然としたものではなく、境界線がはっきりとしていなければならない（UNGA, 2016a）。必要性の条件については、集会の自由への制限は、民主主義社会において厳格に必要とされ、目指す結果を達成するための制限として最小限のものでなければならない（UNGA, 2016a; UNGA, 2016b）。このため、様々な対策を検討しなければならないし、たとえ特定の場所や時期、時間であっても集会の権利を全面的に否定するのは本質的に行き過ぎである。[3] また、均衡性の条件で求められるのは、他の全ての人権を考慮にいれ、制限が適切に、狭く設定されることである（UNGA, 2016a; UNGA, 2016b）。公共の場で集会を行ったからという理由だけでは、その集会を制限する十分な根拠にはならない。集会は、商業活動や車両・歩行者の移動と同等に合法的な公共の場の使い方だからである（UNGA, 2012; OSCE/ODIHR, 2010）。調整が必要な場合はあるとしても、集会によって、交通への影響、煩わしさや商業活動への障害など、通常の生活が多少乱されたとしても、集会の権利に実質的な意味を持たせるためには、それらは容認されるべきだとされている（ECtHR, 2008; IACmHR, 2009; UNGA, 2015a）。さらに、集会の権利が歴史的に差別されてきた人々や集団によって行使される場合、公権力側には、彼らの権利を確実に平等に効果的に保護するため、一層の努力が必要とされる（UNGA, 2014; UNGA, 2016a）。これは、特にリビアやシリアのように、独裁に反対する民衆による抗議活動の場合や、占領下のガザ・パレスチナにおける抗議活動の場合には、特に留意されるべき点である。

集会の自由への制限は、法・規律上の制限だけでなく、実質的な制限についても評価が必要である。集会の自由を委縮させるような手段や対策は、集会の自由を侵害する可能性がある。例えば、録画機器や閉回路テレビ（CCTV）、秘密の警察活動によって集会の参加者の個人情報を収集・分析したりすることを、過度に行ったり集会の権利に抵触するような方法で行ったりしてはならない。これはプライバシーの権利にも抵触する可能性がある[4]。集会の権利への制限を弁明する責任は公権力の側にある。公権力が国家の安全や公の秩序のために集会を制限する場合には、その集会による脅威の詳細な性質と特定のリスクを提示しなければならない（HRC, 2005）。集会に参加する権利は不可侵であるため、まず全ての集会は合法であると推定される（OSCE/ODIHR, 2010; UNGA, 2013b; UNGA, 2016a）。

　ただし、集会の権利とは、平和的に集会をする権利である。平和的でない集会はこの集会の権利によって保障されない。しかし、あらゆる集会は、平和的でないと公権力が証明しない限り、平和的な集会であると推定され、保護される範囲は広範にわたる。平和的な集会とは、特定の目的のための非暴力的な集会で、特に対外的に意見を表明するものを想定している（HRC, 2020）。この場合、集会の参加者による暴力とは、誰かに対して物理的な力で生命や身体に危害を及ぼす可能性のあるものであり、集会の最中に歩行者を押した、または車両や歩行者の移動を妨害した、というようなことだけでは暴力にあたらない（HRC, 2020）。集会の主催者が事前手続きなど法的に定められたステップを踏まなかった場合でも、それですなわち平和的な集会の権利が否定されることはない。市民の集団的な不服従や、集団で何らかのアクションをとるキャンペーンなども、この集会の権利の範囲に入る（UNGA, 2013b）。もし特定の集会が平和的かそうでないかの判断がつかない場合には、平和的であるという推定がされ（UNGA, 2016a）、集会の中に暴力的に行動する参加者がいても、集会自体は平和的な集会であると推定される（IAtCR, 2018）。暴力的な行動が集会の中に明らかに広範囲に広がっている場合のみ、集会自体が平和的でないと判断される。さらに、集会の参加者が武器や暴力に使える道具を持っているということだけでは、集会が平和的でないということにはならない。また、集会が平和的かどうかは、集会の参加者側の行動で判断され、公権力や他の市民による暴力や煽動があっても、集会自体が平和的でないということにはならない（HRC, 2020）。

　このように見てくると、香港の雨傘運動、ミャンマーの軍事クーデターに反対する抗議活動などを含む多くの抗議活動が、少なくとも抗議活動の初期においては、市民による平和的な集会の権利の行使であったと言えそうである。ある時点で平和的な抗議活動が暴力的な参加者を含むようになり、次第にそれが参加者の中に広まって、抗議活動自体の性質が明らかに暴力的に変わったとすれば、その性質が変わった時点からは、平和的な集会の権利の行使の範囲を超えたということになる。

　さらに、集会の参加者が平和的でなく、そのために集会の権利が認められない場合でも、他の全ての人権は享受できる。このように、全ての集会は国際人権法によって保障されている

（UNGA, 2016b）。

2 表現の自由

平和的に集会を開催し、参加する権利と密接に関わる人権として、表現の自由がある。抗議活動を計画したり抗議活動に参加したりすることは、表現の自由の一つの形態である。表現の自由は国際人権法の複数の条約に規定があるが、最も中心となるのが世界人権宣言一九条と、それをそのまま引き継いだ市民的及び政治的権利に関する国際規約（B規約）一九条である。

第一九条一　すべての者は、干渉されることなく意見を持つ権利を有する。

二　すべての者は、表現の自由についての権利を有する。この権利には、口頭、手書き若しくは印刷、芸術の形態又は自ら選択する他の方法により、国境とのかかわりなく、あらゆる種類の情報及び考えを求め、受け及び伝える自由を含む。

三　二の権利の行使には、特別の義務及び責任を伴う。したがって、この権利の行使については、一定の制限を課すことができる。ただし、その制限は、法律によって定められ、かつ、次の目的のために必要とされるものに限る。

（a）他の者の権利又は信用の尊重

（b）国の安全、公の秩序又は公衆の健康若しくは道徳の保護

表現の自由は、国際的には、あらゆる形態の人種差別の撤廃に関する国際条約第五条[5]、女性に対するあらゆる形態の差別の撤廃に関する条約第七条、児童の権利に関する条約第一三条などにおいて保障されている。また、地域的な人権条約においても、ヨーロッパにおける人権及び基本的自由の保護のための条約第一〇条、人及び人民の権利に関するアフリカ憲章第九条、米州人権条約第九条などでそれぞれ保障されている。

表現の自由の権利も、集会の自由と同様、民主主義の根幹となる重要な人権であるが、絶対的な権利ではない。どのような時に制限できるか、という条件は、集会の自由と非常に類似しており、正当性、必要性と均衡性が求められる。この中で必要性の条件については、表現の自由への制限は、民主主義社会において厳格に必要とされ、目指す結果を達成するための制限として最小限のものでなければならない。許容される目的は集会の権利とほぼ同じであるが、集会の権利には「公共の安全」があるのに対して、表現の自由にはこれがない。また、他の者の自由の擁護の代わりに、他の者の信用の尊重という目的がある。これは、一般に集団で物理的に集まるということを前提とした集会の権利（HRC, 2006）に対し、表現の自由には、表現の中に他の者についての報道や評価を含む（HRC, 2011）ことを考慮すれば理解に難くない。

公権力は、表現の自由を制限する際には、どのような脅威が

あるのか、その性質を個別に詳細に特定しなければならない。また、制限の必要性と個別の制限の均衡性について、特に制限する表現と脅威との直接的で即自的な関係性について、明らかに提示することが求められている（HRC, 2003; HRC, 2011）。

抗議活動に関しては、集会の参加者だけでなく、ジャーナリストや抗議活動をモニタリングしている人、例えば人権活動家などの表現の自由も保障されなければならない（UNGA, 2016a; UNGA, 2016b）。国家には彼らが集会をモニターし、観察できるよう、また、集会自体、もしくは公権力の集会への対応を記録・録画したりできるよう、彼らの表現の自由を守る義務がある（UNGA, 2016a）。記録・録画するための機器を押収したり、破壊したりするなど、彼らの活動を妨害することは、すなわち彼らの表現の自由の侵害となる(6)。

3 法執行官による力や火器の使用にまつわる規則

警察を中心とする法執行官には、公共の安全や人々の生命を守る任務が与えられており、その業務の中には抗議活動に対処するということも含まれる（UNGA, 1979）。抗議活動に対処する際に行使することが許容される力は、厳格な合法性、必要性と均衡性の条件を満たさなければならない(7)。この点について国連から出されている特に関連性の高い文書は、「法執行官のための行動綱領」（UNGA, 1979）と、「法執行官による力及び火器の使用に関する基本原則」（UNGA, 1979）である。

これらの文書によると、法執行機関は、合法性の条件から導かれる条件として、集会を分散させる際の詳細なガイドラインを人権法に則って作成し、事前に公開しなければならない。このガイドラインには、集会の分散を命令しても良い状況、集会を分散させる前に必要な全ての過程、集会の分散を命令できる権限を持った人について、それぞれ詳細に明記しなければならない。（UNGA, 2016a）。必要性の条件により、力が行使されるのは厳格にそれが必要である場合のみであること、また、法執行官が業務を遂行するために必要な程度の力を限度とすること、なども求められる（UNGA, 1979）。これにより、力の種類と程度がどちらも制限される（UNGA, 2016a）。強制的な先制措置は、差し迫った暴力の危険がその時点で明らかに実在する場合を除き、禁止されている（UNGA, 2016b）。法執行官が分散させようとする集会が、たとえ不法に行われている集会であっても、力の行使は避けなければならないが、もしそれが不可能な場合には、行使する力は最低限の力に限らなければならない（UN, 1990）。そして、均衡性の条件により、力を行使する場合でも、その力は、力を行使しようとする相手個人がもたらしている脅威に釣り合う力でなければならない。均衡性の法則は、集会全体がもたらす脅威と行使する力の均衡性ではないのである（UNGA, 2016a; UNGA, 1979）。

これらの法則を実際に運用する際の設定に適用してみると、さらに詳細な条件が導き出される。まず、警察などの法執行機関は、集会が行われているコミュニティを人口統計学的に代表する警察官や法執行官を派遣することが望ましい。また、派遣される法執行官は、様々な種類や程度の力の行使ができるよう、きちんと訓練され、適切な装備を備えていなければならない（UNGA, 2016a; UN, 1990）。力の行使をするかしないか以前に、法執行官は、力の行使が必要な状況になるのを可能な限り防がなければならない（UNGA, 2016a）。それには、十分な計画を立て、集会の主催者、参加者やモニタリングをしている人たちとコミュニケーションをとるべく、継続的に真摯に試みなければならない（UNGA, 2016b; UNGA, 2016a）。力の行使がどうしても避けられない場合には、力の種類、程度の両面において、危害が最も少なくすむ力の行使の手段を選択する義務がある（UNGA, 2016a; UN OHCHR, 2002）。これはすなわち、力を行使する場合には、暴力的な行為を行っている個人に対してのみ行使する、ということが義務づけられているということである（UNGA, 2016a）。集会を分散させるのは、どうしても不可避な場合の例外的な措置でなければならない（UNGA, 2016a）。集会を分散させるのが許容されるのは、例えば暴力が深刻で広範囲にわたっており、身体的な安全や財産に差し迫った脅威をもたらし、その状況に対し法執行官が既に集会を促進し、参加者を危害から守るために合理的な措置を全て講じた場合などである（UNGA, 2016a）[8]。集会の分散を承認する前に、暴力的な行為を行っている個人を特定し、集会から引き離すべきである（UNGA, 2016a）。他の誰かに不都合が生じる（IACmHR, 2009）、または一時的に車両や歩行者の交通を妨げるというだけでは、集会を分散させる理由として十分ではない（UNGA, 2016a）。ただし、集会が病院の緊急入口を遮断するなど、重要なサービスへのアクセスを妨害する場合や、何日間も主要な高速道路を封鎖するなど、交通や経済に深刻で持続的な妨害をする場合には、集会を分散させることが許容される（UNGA, 2016a）。集会することを事前に当局に通知しなかったことだけをもって集会の分散を命令することは許容されない（UNGA, 2016a）。集会を分散させる場合、参加者にはっきりとその旨を伝え、参加者が自発的に解散するために必要な合理的な時間を与えることが求められる（OSCE/ODIHR, 2010）。自発的な散会がうまくいかなかった場合に限り、法執行官が他の手段をもって介入することができる（UNGA, 2016a）。

また、集会の分散だけでなく、法執行官による他の行動も集会の権利や表現の自由に影響を与え得る。例えば、抗議活動の参加者を虚偽、不合理・不均衡な容疑で逮捕することは、権利の行使を妨げたり処罰したりすることになり、これらの権利を侵害する可能性がある（UNGA, 2016a; UNGA, 2016b）。何人も、平和的な抗議活動を組織したり、それに参加したりしたことだけをもって、刑事的、民事的または行政的に処罰されない（UNGA, 2016b）。集会の参加者の大量逮捕は、多くの場合無差別かつ恣意的である（UNGA, 2016a）。逮捕は常に、プライバシーの権利、身体の自由と、適正な手続きの権利を含む人権基準に則って行われなければならないし（UNGA, 2016b）、抗議活動参加者を逮捕する場合、拘禁条件は、国際的な最低基準を満たさなければならない[9]。平和的な集会の参加者を威嚇したり嫌がらせをするような状況と方法で録画したり記録したりすることも、許されない干渉となる（UNGA, 2016a）。

4 実際の抗議活動

前記のように、平和的な抗議活動が保障される範囲は広きにわたり、公権力がそれに対して力を行使するには国際人権法の下で厳しい条件が課されている。本稿で触れた抗議活動においても様々な侵害が見受けられる。

まず、実質的に平和的な抗議活動を行う権利そのものを規制しているような法は、人権基準に抵触する。例えば香港に二〇二〇年六月に導入された国家安全維持法については、平和的な抗議活動を計画したり、それに参加したりする人々を、破壊的・分離主義的行為、または外国軍との共謀などの罪状で取り締まり、最高終身刑までを課せるようにしたとして、国連人権理事会の複数の専門家が詳細に分析し、人権基準に反すると注意を喚起してきた（UNGA, 2020）。実際にその法が適用されて曖昧な罪状で活動家が逮捕・拘留されると、表現の自由や集会の自由の侵害となるような法の適用をやめ、彼らを釈放するよう、国連人権高等弁務官を含む多くの専門家が要請を繰り返している（UN News, 2020; UN News, 2021a; UN News, 2021b）。

抗議活動が集会の自由を享受できる平和的な集会かどうかという判断は、前述の通り、暴力的な行為が明らかに広範に広がっていない限り、一時的な交通妨害や一部の参加者による暴力行為があっても抗議活動自体は平和的であるとされるため、本稿で触れた多くの抗議活動は平和的であると判断される。そうすると、香港において傘を持った参加者が公道を歩いて抗議した段階の雨傘運動自体や（UNGA, 2017）、二〇二一年二月の軍部によるクーデターに続くミャンマーにおける市民の抗議活動についても、少なくとも当初は平和的な抗議活動であったことは間違いない（UN OHCHR, 2021a; UN OHCHR, 2021b）。二〇一八年一一月に始まったフランスのイエローベスト運動に関しても、次第に暴力的になる抗議活動もあったが、国連の人権特別報告官たちは、少なくとも開始当初は暴力が広範にわたることなく、平和的な抗議活動の範囲内であったとしている（UN OHCHR, 2019）。

治安部隊による抗議活動への介入という点では、力の行使が合法性、必要性や均衡性を保っていたかという点で判断されるが、例えば二〇一一年二月一五日から始まったリビアにおける当初平和的な抗議活動については、政府側の治安部隊が過剰な力を行使し、多くの死傷者を出した。これは集会の自由・表現の自由を含む複数の人権の明らかな侵害であったと、国連の調査委員会が報告している（UN HRC, 2011a）。また、二〇一一年三月中旬からシリアで行われた抗議活動に関しても、平和的な抗議活動への参加者に対する実弾の使用、抗議活動が行われている場所へのスナイパーの広範な展開と、それによる多数の死傷者について、国連理事会を含む多くの機関や専門家が大規模な人権侵害であると非難してきた（UN OHCHR, 2011a; UN OHCHR, 2011b）。

　また、抗議活動の関係者や参加者に対する治安部門による暴力行為だけでなく、不随して、例えば関係者や参加者を逮捕・拘禁したり、強制失踪させたり（UN HRC, 2011b）、広範囲にわたる漠然とした罪状で訴追して過剰な刑罰を与えたり、抗議活動を行うのに正式な手続きを取らなかったということをもって逮捕・拘禁したり（UN OHCHR, 2020）、拘留者を拷問したり（UN HRC, 2011b）、ジャーナリストを逮捕・拘禁したり（UN OHCHR, 2021c）、抗議活動への参加者を録画したり（Kihara-Hunt, 2019）、というようなことが集会の権利や表現の権利だけでなく、生命の権利、自由及び身体の安全に対する権利、公正な裁判を受ける権利、適正手続きの権利、プライバシーの権利など、複数の人権の侵害にあたり、それが本稿で扱った多くの抗議活動において行われたということがわかる。

　人権侵害とは、全体的なパターンとともに、それぞれの状況を考慮して個別に判断されるものである。個別の詳細な検証は本稿の域を超えるが、国際人権法における、法執行官が平和的な抗議活動に対処する際の基準の詳細な提示により、ここ一〇年ほどの全体的なパターンの分析として、市民の概ね平和的な抗議活動に対して公権力がどのような、またどの程度の人権侵害を行ってきたのかが、ある程度明らかになったのではないかと考える。また、個々の抗議活動に対する法執行官の対応が人権基準に則ったものであったか、という検証にも有益なのではないかと思う。

（1）集会は主に一時的なものとされるが、長期間にわたる抗議活動や、座り込みや「占領」形式の活動などを含む。

（2）同条約の第四条では、人種差別を煽動するような表現や集会、結社を禁止している。

（3）これは、各集会の状況についての考察を排除するものだからである（UNGA, 2013; UNGA, 2016a）。

（4）制限が課された場合、主催者には、迅速、適切で独立した、公平な司法による審査、また、適当な場合には行政的な審査を求められる（UNGA, 2016b）。

（5）同条約の第四条では、人種差別を煽動するような表現や集会、結社を禁止している。

（6）これは裁判所からの令状に基づき証拠を確保するための場合を除く（UNGA, 2016a）。

（7）特別報告官は、これに予防措置を付け足した。予防措置の原則は、計画や業務執行の段階で力の行使を避けるための全ての取り得る措置を取り、また、もし力の行使が避けられない場合でも、それによる害を最小限に抑えることを要求する原則である（UNGA, 2016b）。

（8）もう一つの例は、集会が差別や敵意、暴力を煽動する場合である（UNGA, 2016a）。

（9）被拘禁者は人道的な扱いを受け、尊厳を守られる権利を有しており、拷問または残酷な、非人道的または品位を傷つける扱いまたは罰を与えてはならない（UNGA, 2016b）。

参考文献

ECtHR［European Court of Human Rights］: 2008, Kuznetsov v. Russia, application No. 10877/04, 23 October 2008.

HRC［Human Rights Committee］: 1999, General Comment No. 27: Article 12 (Freedom of Movement), 2 November 1999, CCPR/C/21/Rev. 1/Add. 9.

HRC: 2003, Bodrozic vSerbia and Montenegro, Communication No. 1180/2003, Views adopted on 31 October 2005.

HRC: 2005, Lee v. the Republic of Korea, Communication No. 1119/2002,

Views adopted on 20 July 2005.

HRC: 2006, Coleman vAustralia, Communication No. 1157/2003, Views adopted on 10 August 2006.

HRC: 2011, General comment No. 34: Article 19 [Freedoms of opinion and expression], 22 September 2011, CCPR/C/GC/34.

HRC: 2020, General Comment No.37: Article 21 [Freedom of assembly]. 17 Sept. 2020, CCPR_C_GC_37-EN.

Human Rights Watch: 2011, 'We've Never Seen Such Horror', 1 June 2011.

IACmHR [Inter-American Commission on Human Rights]: 2009, Report on Citizen Security and Human Rights, 31 December 2009, OEA/Ser. L/V/II.

IACtHR [Inter-American Court of Human Rights]: 2018, Women Victims of Sexual Torture in Atenco v. Mexico, judgment of 28 November 2018, series C, No. 371.

Kihara-Hunt, Ai: 2019, 'An examination of the force used by Kidoutai (riot police) and Japan Coast Guard', in Saul Takahashi ed. *Civil and Political Rights in Japan - A Tribute to Sir Nigel Rodley*. Routledge.

OSCE/ODIHR [Organization for Security and Cooperation in Europe/Office for Democratic Institutions and Human Rights]: 2010, Guidelines on Freedom of Peaceful Assembly, 2nd edn.

UN [United Nations]: 1990, Basic Principles on the Use of Force and Firearms by Law Enforcement Officials, adopted by the Eighth United Nations Congress on the Prevention of Crime and the Treatment of Offenders, Havana, Cuba, 27 August to 7 September 1990.

UNGA [United Nations General Assembly]: 1979, Code of Conduct for Law Enforcement Officials, adopted by United Nations General Assembly Resolution 34/169 of 17 December 1979.

UNGA: 2012, Report of the Special Rapporteur on the Rights to Freedom of Peaceful Assembly and of Association, Maina Kiai, UN Doc. A/ HRC/20/27, 21 May 2012.

UNGA: 2013a, Concluding observations on the initial report of Macao, China, adopted by the Committee at its 107th session (11-28 March 2013), 29 April 2013, CCPR/C/CHN-MAC/CO/1.

UNGA: 2013b, Report of the Special Rapporteur on the Rights to Freedom of Peaceful Assembly and of Association, Maina Kiai, UN Doc. A/HRC/23/39, 24 April 2013.

UNGA: 2014, Report of the Special Rapporteur on the Rights to Freedom of Peaceful Assembly and of Association, Maina Kiai, UN Doc. A/HRC/26/29, 14 April 2014

UNGA: 2016a, Joint report of the Special Rapporteur on the Rights to Freedom of Peaceful Assembly and of Association and the Special Rapporteur on Extrajudicial, Summary or Arbitrary Executions on the Proper Management of Assemblies, 4 February 2016, UN Doc. A/HRC/31/66.

UNGA: 2016b, 10 Principles for the Proper Management of Assemblies - Implementation Checklist, September 2016,

UNGA: 2017, Letter sent by the Special Rapporteur on the promotion and protection of the right to freedom of opinion and expression; the Special Rapporteur on the rights to freedom of peaceful assembly and of association and the Special Rapporteur on the situation of human rights defenders, Ref: AL CHN 9/2017, 24 October 2017.

UNGA: 2019a, 'Code of Conduct for Law Enforcement Officials', adopted by General Assembly resolution 34/169 of 17 December 1979.

UNGA: 2020, Letter sent by the Special Rapporteur on the promotion and protection of human rights and fundamental freedoms while countering terrorism; the Working Group on Arbitrary Detention; the Special Rapporteur on extrajudicial, summary or arbitrary executions; the Special Rapporteur on the promotion and protection of the right to freedom of opinion and expression; the Special Rapporteur on the rights to freedom of peaceful assembly and of association; the Special Rapporteur on the situation of human rights defenders; and the Special Rapporteur on minority issues, 1 September 2020, Ref. OL CHN 17/2020.

UN HRC [Human Rights Council]: 2011a, Report of the International Commission of Inquiry to investigate all alleged violations of international human rights law in the Libyan Arab Jamahiriya, 1 June 2011, UN Doc. A/HRC/17/44.

UN HRC: 2011b, Report of the Fact-Finding Mission on Syria pursuant to Human Rights Council resolution S-16/1, 18 August 2011.

UN News, UN rights office expresses alarm at Hong Kong arrests under new security law, 3 July 2020.

UN News: 2021a, Hong Kong: Arrests under Security Law, a serious concern, 12 October 2021.

UN News: 2021b, Hong Kong: UN human rights office urges immediate release of arrested activists, 7 January 2021.

UN OHCHR〔United Nations Office of the High Commissioner for Human Rights〕: 2002, Professional Training Series No. 5/Add. 2, Human Rights and Law Enforcement - A Trainer's Guide on Human Rights for the Police, HR/P/PT/5/Add. 2.

UN OHCHR: 2011a, Human Rights Council: Stop human rights violations in Syria, 5 May 2011.

UN OHCHR: 2011b, Syria in turmoil - the UN Human Rights Council acts again, 5 September 2011.

UN OHCHR: 2019, France: UN experts denounce severe rights restrictions on "gilets jaunes" protesters, 14 February 2019.

UN OHCHR: 2020, Hong Kong urged not to silence peaceful protest with criminal charges', 13 May 2020.

UN OHCHR: 2021a, Comment by UN Human Rights Office Spokesperson Ravina Shamdasani on Myanmar, 28 February 2021.

UN OHCHR: 2021b, Myanmar: Top UN officials condemn "systematic" attacks on peaceful protesters, and flag international responsibility to protect the people from atrocity crimes, 28 March 2021.

UN OHCHR: 2021c, Myanmar: Human rights defenders under siege, say UN experts, 19 July 2021.

「人間の安全保障」からみた「暴力」と「難民」

――冷戦後の「アジア」と「日本」

佐藤安信

（さとう　やすのぶ）
東京大学教授、弁護士
専門は人間の安全保障、平和構築、開発法学
著書に佐藤安信編著『アジアからの「ビジネスと人権」の主体的な取組を促す企業における「人間の安全保障」インデックス（CHSI）プロジェクト報告書』（持続的平和研究センター）、佐藤安信「難民に関するグローバル・コンパクト」のためのネットワーク・ガバナンス：難民の国際保護に関するアジア・ネットワークの可能性『国際関係と国際法』小和田恒国際司法裁判所裁判官退官記念（信山社、二〇一一―一二五頁）などがある。

はじめに

一九八七年二月八日、日本がタイ国境のカオイダン・キャンプから受け入れたカンボジア難民が、定住のストレスから被害妄想となり、神奈川県秦野市でその妻子四人を殺害、入国後二年目の惨劇だった。筆者は、当時、若き弁護士として彼の弁護団の一員としてこの事件に関わった。クメール・ルージュによる虐殺から逃れ、平和な日本に迎えられたはずの彼らが、なぜこのような結末を迎えなければならなかったのか。その答えを私は未だに見出せてはいない（佐藤［二〇一〇］）。

インドシナ難民問題が終焉してから久しい。しかし、難民問題はこのアジアでもおよそ終わる気配はなく、グローバル化の進展によってますます複雑化、深刻化している。第二次世界大戦の反省を踏まえ、冷戦によるイデオロギー対立を背景として成立した、いわゆる一九五一年難民条約（難民の地位に関する条約と一九六七年の難民の地位に関する議定書の両方併せての略称）は既に時代遅れとなり[1]、現代の難民問題に対処するにはこのような伝統的な国際法では不十分である。二〇二〇年末時点で、UNHCRが保護の対象とする移動を余儀なくされた人々は、八二四〇万人となり、再び、年間一〇〇〇万人以上の急激な増加で記録を塗り替えた[2]。

シリア難民の大量発生による欧州の危機を契機に、二〇一六年九月に「難民と移民に関する国連サミット」が開催され、その成果文書として「難民と移民に関するニューヨーク宣言」（A/RES/71/1）が採択された。二〇一八年一二月、これに基づいた「難民に関するグローバル・コンパクト」（A/73/12（Part II））（GCR）が、「安全で秩序ある正規移住のためのグローバル・コンパクト」（A/73/L. 66）（GCM）とほぼ同時に国連総会

で承認された。これらはいずれも条約のような法的拘束力のない文書に過ぎないが、難民保護のレジームは、ハード・ローからソフト・ローへのパラダイム転換ともいうべき様相を示している（佐藤〔二〇二一〕）。

この転換に至る過程において、一九九四年に国連開発計画によって打ち出された「人間の安全保障」概念の果たした役割は大きい。つまり、それまでは主権国家体制の中において、難民問題はいわばその隙間に落ち込んだ人間を「難民」として概念化し、これを条約という同体制内の法規範で掬い取ろうとしていた。しかしその反面、冷戦の終了で期待された「熱い戦争」の回避は、反面、国内紛争である内戦を国際化させてしてしまった。皮肉にもその国際化を押し進めたのは、まさに難民の大量発生であった。つまり、内戦の原因である国内の貧困、格差などの社会的不正義を背景とした紛争と、これを抑圧しようとする権力側の迫害といった暴力の悪循環が国境を越え、難民の保護を通じて隣国のみならず、第三国定住という人道支援を介して、世界中での分断を生み、暴力の悪循環をもたらす。これを断ち切るため、国連の開発援助専門機関が、安全保障を開発課題として再構成して提起したのが、「人間の安全保障」に他ならない。「欠乏からの自由」と「恐怖からの自由」という不可分の自由に着目し、さらに近年は、「尊厳をもって生きる自由」という、開発、平和、人権の相互補完の観点から、人間一人ひとりの安全を保障しようとする理念として打ち出された。しかし、国家のみを主体とした支援は、各国内部の構造的暴力を炙り出した上に、越境して共鳴し、各国内の不満のスケープゴートとなった難民は、庇護国や庇護国への移動中でも差別や搾取という苦難に直面している。

しかし、SNSなどのITCの発展で、難民排出国からの脱出圧力はさらに高まり、この構造的暴力は、「排除」と「テロ」という直接的暴力の悪循環としても表出している。そのためのアクターは、もはや国家のみでなく、非国家主体である、市民社会や民間セクターであり、問われているのは、まさに私たち一人ひとりの他者への理解と、その尊重による共存の可能性である。

日本政府は、「人間の安全保障」概念を国連改革の鍵として、その発展と促進に貢献してきた。しかし、反面、日本国内では、未だに外国人に対する差別意識は根強く、最近のスリランカ人女性の入管の収容施設での死亡事件に象徴される通り、久しく言われてきた多文化共生の理念の浸透は未だに不十分と言わざるを得ない。このギャップの中で、難民申請者はとりわけ、国籍と国家の安全保障という主権国家体制そのもののもつ構造的暴力の犠牲者として、日本社会から「居なかった」者として排除され、逆らう者は合法的に闇に葬られているようである。

今一度問いたい。日本における最も深刻な「暴力」の存在を、「日本人」というアンデンティティを守るために今後も容認し続けるのか。インドシナ難民の第三国定住以降、日本はミャンマー難民の受け入れを進めてきた。今、ミャンマーの軍事クーデターを受けて、人道的配慮から一定の期間の滞在延長も認められ、かつ、難民認定も増加するなど、様々なチャンネルで民主活動家や不服従運動（CDM）参加者の保護が期待されている。筆者は、これを推進しようとする者であるが、同時に、一抹の不安を隠せない。日本は本当に彼らを保護し、支援し、そしてそのエンパワーメントに貢献できるのであろうか。

1　構造的暴力としての主権国家体制

難民問題は、おそらく、太古の昔から、人類が狩猟採集のために移動するというごく当たり前の生き方から、定住生活を始めるようになって生じてきた、縄張り争いという「種の保存」の本能に淵源する。その真偽は定かではないが、「出エジプト」として知られるユダヤ人のアイデンティティに関わる神話に、その萌芽を見ることができるかもしれない。

難民が世界秩序の構造的な問題となった、人類史上の決定的な事件は、一六四八年のウエストファリア条約に遡る主権国家体制の成立だと思われる。すなわち、近代国家の誕生により、国家間の紛争を収めるために主権国家は平等であり、したがって、互いにその領土内の内政問題には干渉しないという内政不干渉原則と、同時に成立し発展してきた国際法の原理原則こそが、現代まで続く難民問題の胚胎なのである。つまり、人々は、国籍を紐帯としてその運命共同体としての各国家に所属し、その国家の安全保障で自らの安全を確保する。しかし、この欧州を発祥とした近代国家は、帝国主義における植民地争奪戦の中で、植民地とされた地域の民族らをその宗主国によって勝手決められた国境に押し込め、あるいは分断した。独立運動と共にその矛盾は顕在化し、独立後の旧植民地はその負の遺産を背負い、未だに紛争が絶えないということになる。

平和学の父と言われた、ヨハン・ガルトゥングの構造的暴力論を借りれば[3]、この支配者による抑圧的な国家と国籍自体が、いわば「正当化された差別」として本来暴力性を帯びているとも言える。つまり、主権国家体制という国際の平和と安全のための制度的保障によって正当化された力の行使であり、各国内の正当化された力こそ、国家権力である。しかし、当然、権力に抗う勢力にしてみれば、これらは、人権の核ともなった抵抗権を行使する構造的暴力に他ならない。皮肉にも一七八九年のフランス革命によって発せられた人権宣言によって、この国家権力は常に脅かされ、挑戦を受け続けることになる。この反体制勢力を守るべき者として正当化しようとする政治的な試みこそが難民概念の生成である。このように、難民問題は、主権国家体制の影の部分としてその成立時からある種運命づけられた、いわば、人類の宿命ともいえるのである。千葉（二〇一六：一九三頁）もハンナ・アーレントの議論として同様の主張をしている。

この体制によって、多くの国民は、その国の政府などによりその安全を確保されてきたと同時に、国家の安全を脅かすとされた人々、すなわち反体制派、あるいは独立を目指す少数民族は迫害の対象とされてきた。その後の帝国主義による欧米と、これに抵抗し自衛と称して便乗しようとしてきた日本も、植民地争奪戦を経て、世界に拡大した普遍的な秩序と見做されるものこそ、現在の国際法である。戦争という直接的暴力を抑止するための国家間の法は、国連をはじめとする様々な国際機関を構築し、多国間、二国間の様々な制度を形成し主権国家体制を強化し、国を単位とする国際社会のガバナンスを駆動している。戦後に展開された植民地独立運動とこれに触発された共産主義イデオロギーの反動的な拡大こそが東西冷戦構造を生む。東西両陣営による陣取り合戦を背景に、先進国と途上国という二項対立の不可逆的な支配従属関係の世界的な拡大こそが南北問題に他ならない。冷戦崩壊後の市場経済の拡大によるグローバル化は、新自由主義によるさらなる世界的な貧富の格差を助長し、途上国の反グローバリズムや先進国内部の格差拡大と分断という新たな課題を人類に突きつけている。難民は、まさにその世界的な矛盾を映し出す鏡として、人類の持続可能性を問うている。

難民条約は、冷戦の落とし子ともいえる。第二次世界大戦の契機となったユダヤ人迫害のホロコースト黙認の反省を踏まえた、平和の礎である人権擁護という美名とは裏腹に、共産主義封じ込めという政治的な背景があることは無視できない。言論の自由を抑圧する共産主義から逃れてくる人々を保護する枠組みとして欧州地域とその歴史の上に成立したものに他ならない。しかし、冷戦は終結し、国家間の紛争である戦争は少なくはなったものの、国内紛争はむしろこれを封じ込めていた二大勢力による箍が外れて噴出し、国境を越え、新たな種類の難民を生むことになる。植民地主義と冷戦の負の遺産を背景とした南北問題は先進国内部にも波及し、世界的な格差拡大とその固定化による社会的不正義を生んだ。このグローバルな構造的暴力こそ現代の難民問題の本質的歴史的課題である。

主権国家体制を再構築し、戦後世界の秩序を発展させてきた国連は、欧米発祥の国際法の拡大とガバナンスによってその正当性が付与されてきた。しかし、現在の止まることを知らない世界的な難民の急増は、この体制自体が既に、不正義、つまり既存の国際法やガバナンスがむしろ構造的暴力と意識され始めたのだともいえよう。難民条約が時代遅れとなって、生き残るために移動を強制され、あるいは国外に守備よく脱出できた多くの者たちも、この条約の定義する難民と認定されない限り、日本を含むこれを批准した国々からの強制送還という権力の行使を受ける。彼らにとって、これは直接的な暴力であり、国家にとっては、国際法上正当化された権力の行使である。ガルトゥングは、この直接的暴力・構造的暴力を正当で合法だとする文化を、「文化的暴力」とも呼ぶ。[4]

2　「人間の安全保障」を推進する日本の二重基準

このような国際法に基づく主権国家体制そのものを、暴力とも見做す考え方を背景として、噴出する地球規模の課題に人類が正面から取り組むために提唱された概念が、「人間の安全保障」である。一九九四年のＵＮＤＰの人間開発報告書で提起されたこの概念は、内戦の根本的原因である貧困と紛争から人々が免れること、そのための構造的暴力を解消することを目指すための国際協力を求める。つまり主権国家体制の狭間に落ち、むしろこれによって安全を脅かされている人々の安全を保障するために、国連という戦後の集団安全保障の枠組みを補完することが目指された。軍事力の行使をコントロールしようとする既存の国連の任務から、そもそも軍事力を必要としない社会の実現のために、開発援助を応用し、南北問題の根にある貧困と紛争という相互不可分な課題を国連の新たな任務として加盟国に呼びかけたのである。

当時、安全保障理事会の常任理事国入りを目指した日本は、これを国連改革の目玉として取り上げた。国連外交を戦後の外交戦略の建前としてきた日本にとっては、好都合な理念であった。このfreedom from fearとfreedom from wantという概念は、戦後の非軍事化と民主化のために米軍が日本国憲法に埋め込んだ、フランクリン・ルーズベルト米国大統領が一般教書演説で掲げた四つの自由のうちの二つであった（前文第二段落）。それはまた、第二次世界大戦後の世界秩序として米国が英国と共に宣言したAtlantic Charterに盛り込まれた理念でもあった。戦後の冷戦下で憲法九条による戦争放棄を国際公約までしてその独立を認められた日本は、軍事的にも経済的、政治的にも庇護されてきた米国の理念を背景に、その外交の柱ともしたわけである。

日本政府は、この概念を精緻化するために、当時のアナン国連事務総長による、元UNHCRの緒方貞子とノーベル経済学賞受賞者のアマルティア・センを共同議長とする「人間の安全保障」委員会のホストとして、この概念の普及と実効化を目指してきた。「人間の安全保障」基金という新たな無償資金を国連に設置し、また平和構築委員会など、紛争後の平和構築を支援する新たな国連の枠組みを作ることに貢献し、また、UNHCRなどを通じて、世界の難民支援のためにも多額の資金提供をしてきた。

この理念を促進するために国連文書の作成で指導的な役割を果たしたばかりではなく、緒方貞子理事長の下、JICAを通じたODAによる途上国や紛争経験国への開発援助や平和構築でも多大な貢献をしてきた。とりわけ、アフガニスタンやミャンマー難民などのアジアの難民支援やそのための復興支援で日本はその存在感を示してきた。アフリカでの紛争難民やIDP支援や、南スーダンへの国連PKO部隊としての自衛隊の派遣など、惜しまない努力をしてきたといえる。

ところが、日本が難民条約に基づく難民として認定して保護する者の数は増加するどころか、その認定率は下落の一途であり、七〇～八〇年代のインドシナ難民の第三国定住以来、難民の受け入れには消極的であった。ちなみに、インドシナ難民の受け入れのために日本は難民条約に加入し、またベトナム戦争の結果として大量に発生したベトナム人を中心とする、カンボジア、ラオスなどからのいわゆるインドシナ難民を第三国定住として受け入れるに至ったのは、同盟国である米国や、同じくこの戦争に直接関わったオーストラリアや、フランスなどの国々との国際協力という圧力があったからであり、日本国民の内発的なものではなかった。

Sato, *et al* (2009) によると、日本は総計で、一万一〇〇〇人あまりのインドシナ難民を受け入れたものの、その多くは、米国などへ出国しており、日本に定住できた者の数はさらに少ないものと推察される。とりわけ、冒頭のカンボジア難民一家殺害事件のような悲惨な結末に象徴されるように、その定住は決して容易なものではなかった。そもそも、日本は単一民族信仰が未だに通用するような根強い同族意識を持ち、外国人に対する偏見や、これに基づく法的、あるいは社会的差別は深刻である。政府も当時は、主に同化政策によって彼らを日本の文化に馴染ませることで、日本社会の不安を除去しようとしていたのである。

つまり、彼らのような難民は日本社会の治安やあるいは労働者の職を奪うような負担やリスクを象徴する者として、一般の日本人からは周到に隠され、隔離されてきたものともいえる。ここに、日本社会のもつ閉鎖性や同質性を背景として、異なった者を排除しようとする圧力による社会的差別や搾取という社会的不正義、すなわち直接・間接的（構造的）暴力を見出すことができるのである。

このように、「人間の安全保障」理念は日本の海外での基準にすぎず、外務省は国外向けに盛んにアピールする一方で、他省庁は最近まで一切これに言及すらしてこなかった。日本国内の、日本社会の人々には関係のない、いわば事実上の二重基準としてしか機能してこなかったといわざるを得ない。

3 ミャンマー難民などへの日本の対応

民主党政権になった二〇一〇年度以来、日本はタイ国境の難民キャンプからカレン難民の日本への第三国定住のパイロット事業を数年行った後に、タイ以外にいるカレン族以外のロヒンギャも含めたミャンマー難民を年間三〇名の定員で受け入れ、二〇二一年度から定員を六〇名に増加した[5]。これは、海外の圧力に応じたというよりも自発的な取り組みとして評価できるものの、その数は、欧米での受け入れとは比べものにならないほど桁違いに少ない。にもかかわらず、実際にはその少ない定員ですら埋まらないほど不評でもあった。

実際、筆者の研究プロジェクトで、千葉の東金市に受け入れられたカレン難民家族に聞き取り調査したところ、同じ農民とはいえ、受け入れられた農村はミャンマーとはかなり異なり、また子供の保育園への送り迎えなどにもかなり不便でもあり、タイの難民キャンプに帰りたいとの意向も示されていた[6]。また筆者は、千葉県千葉市稲毛区に受け入れられた小学生の息子を持つロヒンギャの夫婦に自宅で聞き取りをしたところ、モスクが近くにないこともあり、孤立していて寂しいとのことであった。その後間もなくして、受け入れ支援団体に無断で、群馬県のロヒンギャ・コミュニティに転居してしまった。このように、日本に受け入れられてからの日本側の支援体制にはまだまだ改善の余地があるといわざるを得ない。

　また筆者は、マレーシアのペナンとクアラルンプールで、ロヒンギャ難民のコミュニティを訪ね、個別に聞き取り調査を行った。マレーシアは、難民条約を批准していないが、UNHCRからIDを受けていると強制送還を免れ、労働も黙認されていて、低賃金労働者として都市部に集住して助け合っていた。クアラルンプールでは、コミュニティで子供たちに私塾を開いていたり、NGOを立ち上げて支援活動をしている者もいた。ただし、女性の地位向上のためのNGO活動をしているロヒンギャ女性は、何度となくロヒンギャの男性から殺害予告の脅迫状をもらうなど、ロヒンギャ・コミュニティのムスリム保守派からの嫌がらせを受けているとのことであった。日本はマレーシアのNGOを通じて、社会保障のないロヒンギャへの医療や保健の提供に資金援助をするなどをしている。また、日本でロヒンギャ難民を雇用しているファーストリテイリング（ユニクロ）では、研修や委託契約で、ロヒンギャ難民の手芸品を仕入れ、これを販売促進のアイテムとして活用するなどの企業努力をしていた（HSF〔二〇一七〕）。

　ミャンマーで無国籍とされて迫害されてきたロヒンギャ難民や移民は、二〇一五年にアンダマン海を漂流している船から救出されて当時話題となっていた。国外脱出を希望する彼らから金をとってタイやマレーシアに不法入国を手配する密航業者の国際シンジケートの存在が暴かれ、その証拠隠滅のため、船に取り残されたのである。さらに、先発の難民らは、タイとマレーシアの国境付近で集団殺害の上、埋められたことが明らかになり、タイ軍の幹部が多数、業者との癒着による汚職で起訴され有罪判決を受けている（鈴木〔二〇一九〕）。

　もっとも、それ以前から、タイなどでは、出稼ぎのミャンマー人が漁業労働者として搾取され、強制労働の被害者となっていることがNGOなどから告発されてきた。ILOによると、ミャンマーからは毎年三〇〇万人以上が出稼ぎのために海外で働き家族に仕送りをするという状況であり、難民や庇護申請者ばかりでなく、このような出稼ぎ労働者がしばしば入国資格、滞在資格もなく、悪質なブローカーによって不法滞在の弱みに付け込まれて搾取されてきた（藤田外〔二〇一二〕など）。二〇一一年国連の「ビジネスと人権」に関する指導原則（指導原則）などのソフト・ローの進展によって徐々にそのような悪質な業者や企業はビジネスのサプライチェーンから排除されつつあるとはいえ、その取り締まりや被害者の救済は容易ではない。

　タイやマレーシアに限らず、フィリピンや香港、韓国を除くアジア諸国では未だに難民条約すら批准されていない。中国は批准しながらも、その実態は、北朝鮮からの脱北者を難民として保護するどころか、北朝鮮との特殊な関係から拘束後はそのまま北朝鮮に強制送還しているのが実態である。この実態は、二〇〇二年に瀋陽の日本領事館に駆け込んだ脱北者の家族に対する中国政府の姿勢と日本のぎこちない対応で明らかになった。日本領事館への同意のない中国の武装警察隊による脱北者の拘束ばかりでなく、当時の日本領事が脱北者は追い返すよう事前に指示していたことなどが発覚し、結局はUNHCRの仲介で韓国に亡命できたとはいえ、中国の国際法違反ばかりでなく、日本政府の難民保護への消極的な姿勢が明らかになった（『共同通信』二〇〇二年五月一四日）。

二〇一一年以降の軍事政権の民主化への動きを契機に、日本は、タイ国境のキャンプに長期滞在する難民の安全な自主帰還を促進するために、ミャンマーの民主化と経済・社会の発展に貢献すべく、それまでは人道支援に限っていたODAを民主化支援として日本企業の誘致などを促進してきた。筆者は、何度か日本が開発する経済特区（SEZ）を現地調査し、ヤンゴン近郊のティラワSEZを開発する公団の社長やJICAの現地事務所の所長とも面談をして、その狙いや、現地農民の土地収奪などに関係するNGOからの批判などへの対応について質した。彼によると、軍事政権によって老朽化したインフラや経済の困窮という難民の帰還や民主化を妨げる根本要因を取り除くために日本企業を誘致しているとのことであった。

しかし、二〇二一年二月の軍による突然のクーデターによって、前年の総選挙の結果によるさらなる民主化の進展は打ち砕かれた。二〇二一年九月末時点で一一〇〇名を超える市民が軍による発砲などで殺害され、選挙で大勝したNLDの党首であるアウンサンスーチーを含む数千名が政治犯として拘束され、少なからず拷問により命を落とした者もいる。このような想定外の事態に対して、日本政府は、軍とのパイプがあると称して調停を示唆しながら、実際には軍に対して有効な影響力を行使できているかは疑わしく、打開策も示せてはいない。軍事政権を支えていたといわれる経済利権の多くを提供してきた日本企業は、指導原則による市民社会からの圧力を受けて、表立って操業は継続できず、さりとて撤退すれば投下資本の回収もできないどころか、現地の労働者の雇用も守れないというジレンマに陥っている。日本政府の方針も見えないまま、やはり様子見という状況で、在日ミャンマー人などの日本政府や日本企業への失望の声も拡大しつつある。

4 日本における外国人差別の暴力と多文化共生の可能性

アフガニスタンにおいても、二〇二一年八月一五日タリバンが首都カブールを制圧し、政府は崩壊した。予定されていた米軍の撤退も急がれ、多くの先進国が現地の協力者を含めて脱出した。しかし、日本は自衛隊機を派遣しながら、五〇〇名限定としていた現地の大使館やJICA職員などですら日本に避難させることに失敗した。にもかかわらず、首相は、九月一日の会見で、「今回のオペレーションの最大の目標は邦人保護だった。そういう意味では良かった。」と答えたという（日本経済新聞二〇二一年九月二日）。そもそも自衛隊法上は邦人以外の救出に自衛隊機は使えないこともあろうが、当初から現地の人々を避難させることについて想定していなかったのではないかとも思われる。外国人に対する日本社会の冷たさ、日本人の根深い差別意識の裏返しといえよう。

このようにアジアにおける新たな難民の発生が危惧されている事態であるが、日本国内では、それ以前から、途上国などから受け入れる技能実習生制度が強制労働を許す構造的問題を含むと何度も指摘されている（米国国務省二〇二一年人身取引報告書では、前年に引き続き、日本を下から二番目の「要注意国」と評価し、改善を求めている）。新型コロナウィルスの感染により社会経済的弱者への悪影響が拡大する中で、このような外国人は最も脆弱な人々となっている。派遣先企業とのトラブルなどから、失踪し、そのため滞在資格を失う実習生も少なからずおり、日本国内に在留資格のない不法滞在者として検挙の対象ともなっている。ワクチン接種など様々な公共サービスからも排除され、失業し、犯罪に走る者もいる。

とりわけ、日本の出入国管理に関する人権侵害は、国連の人権理事会などでも毎年取り上げられてきた問題である。これは、構造的暴力の氷山の一角ともいえる。二〇二一年三月に、難民認定申請が不認定となり強制送還のために入管施設に収容されていたスリランカ女性のウィシュマ・サンダマリさんが適切な医療を受けられず死亡した事件は日本社会にも大きな衝撃を与えている（『朝日新聞』二〇二一年一〇月五日）。しかし、これは全くの例外的な事件というよりは、これまでも、強制送還中の拘束で死亡したり、またハンガーストライキ中の収容者が死亡したりするという事件が相次いでおり、むしろ象徴的な事件といわざるを得ない。この事件を受けて、法務省／入国管理在留庁が提出していた入国管理及び難民認定法の改正案は廃案となった。この改正案は、かえって難民条約上の最も重要な、難民の本国への強制送還を禁じたノン・ルフールマン原則に反するなど指摘され、国連の特別報告者と国連人権理事会の恣意的拘禁作業部会が共同で日本政府に「国際法違反」とする書簡を送付するなど、国際的批判も根強かった（Ｙａｈｏｏニュース　志葉玲二〇二一年四月七日）。

他方、二〇二一年九月二二日、東京高等裁判所は、出入国在留管理庁が難民不認定告知を意図的に遅らせて、スリランカ国籍の男性二名の難民不認定取消訴訟提起を回避するために強制送還をしたことは司法審査の機会を奪い、裁判を受ける権利を侵害したとしてその対応を違憲として損害賠償を認めた。政府は上告を断念している（『朝日新聞』二〇二一年一〇月五日）。当然外国人にも人権がある。日本国憲法では、国民の権利としてしか規定されてはいないものの、これが性質上日本国籍を前提とするものではなく、外国人にも当然適用されるというのが通説でもある。

しかしながら、外国人の人権保障について日本の最高裁は、いわゆるマクリーン事件判決として有名な事件において、外国人の言論の自由を認めながらも、その言動を日本政府が問題視して日本の在留期間更新不許可処分とすることは、自由裁量の範囲内と判示している（昭五〇〔行ツ〕一二〇）。外国人は、そもそも日本に入国する自由はない。外国人には他国に入る自由があることは国際法上認められていない。移動の自由という人権もその限りで制限され、言動が日本の国益を損なうと判断されれば、在留資格を認めないという裁量には合理性があるという理屈であった。しかし、政府に不都合な言動をすれば、政府の裁量で追い返されるということは、事実上、政府を批判することを困難にするということに他ならない。主権国家としての裁量はあるとしても、言論の自由を制約する以上、一定の合理的な理由がなければならないであろう。この合理性の判断基準こそ、外国人に対する構造的暴力になりうるかどうかの重要なメルクマールである。

グローバル化が日本にも及び、好むと好まざるにかかわらず、外国人との共存が求められている今日、この判例は見直されて然るべきかとは思うが、なお、主権国家体制のもつ安全保障の制度的保障という面での考慮は必要であろう。つまり、人権と国益が相剋するような事態の場合、そのバランスを図るという裁量は一次的には、やはり政府の専権事項であることに間違いはない。しかしながら、民主国家の政府である以上、日本国民の意識の変化に無頓着ではいられまい。

これは翻って、日本の難民や移民受け入れに対する世論の動向とも関係する。二〇〇九年の民主党政権下で難民認定制度の運用において、六ヶ月以上も結論が出ない場合には、申請者が事実上労働できるようにしたことが仇となり、難民認定制度を濫用する外国人が急増した。これを是正すべく、技能実習生制度を補完する形で、特定技能という在留資格による未熟練の外国人労働者の雇用を認める制度が導入され、同時に、難民認定制度の運用を変えることで、難民申請者数はようやく減じ、本来難民として保護すべき人をより迅速に認定することが可能となった。すなわち、日本の労働市場では、明らかに外国人の未熟練労働者の需要が高まっているにもかかわらず、これを合法化する制度設計が追いつかないことと、未だに労働基準法の最低賃金などの労働者保護を回避した低賃金労働力として外国人を搾取しようとする企業体質やビジネス慣行があることで、この制度を隠れ蓑にした強制労働という構造的暴力がはびこっている。

あくまで、「鶏と卵」ではあるが、持続可能な成長での経済発展のためには、少子高齢化で待ったなしの日本は、早急に外国人労働者の受け入れのための環境整備が必要である。そのためには、日本国民の意識として、日本社会に不可欠な構成員を異質であるからと同化させたり、排除するのではなく、むしろ日本社会に必要な多様性をもたらす「人財」として尊重することが必要である。つまり多文化共生の実践が求められているのだ。しかし、そのことの重要性は理解できるとしても、やはり長く島国として外国人をお客様としてしか見てこなかった多くの日本国民、とりわけ多数派を占める熟年から高齢層にとっては心理的な抵抗もあるのかもしれない。戦前・戦後を通じた在日韓国・朝鮮人への差別など、インドシナ難民の受け入れ以前の日本社会における外国人に対するイメージは、日本の戦争責任や戦時賠償問題などとも相まって、怨念にも似た負の遺産として刻み込まれているように思えてならない。

しかし今は、「人間の安全保障」を経て、ＳＤＧｓの時代である。誰一人取り残さないという、脆弱な人々への眼差しを「持続可能性」の根幹に据えた目標は、非国家主体、すなわち、市民社会や企業の取り組みなくしては達成できない。とりわけ、地球の持続可能性に疑問符を付ける難民や移民の急増と、これに対する有効なガバナンスの欠如に鑑み、SDGsを補完するために二〇一八年一二月のGCRとGCMが採択されたのである。日本は、その大本となった「人間の安全保障」のプロモーターとして、今度は国内における外国人との共生を通じて、日本社会の構造的暴力や文化的暴力を除去する努力を重ねていく必要がある。それこそが世界への貢献であり、それはとりも直さず、日本再生への道であろう。

おわりに

そもそも日本社会が難民の受け入れ自体に消極的なのは、長年の鎖国の歴史を背景とした外国人へのアレルギーともいえる、心理的な拒否反応が関係していることは否定できないであろう。このため、まずは小規模ながらも難民を含む外国人を少しずつでも日本社会に迎え入れるいわば社会実験が必要であると思われる。GCRの基となった二〇一六年のニューヨーク宣言に際して、時の安倍晋三首相のイニシアティブで、シリア難民を二〇一七年から五年間で一五〇名留学生として受け入れることになった。また、JICAの人材育成プログラムとして年間二〇名を五年間（二〇二一年まで）で計一〇〇名、そして文部科学省の国費留学として年間一〇名を五年（二〇二一年まで）で五〇名の定員でそれぞれ日本の提携大学院の修士課程で受け入れている。

また日本におけるUNHCRの活動を支援する窓口であるNPO法人UNHCR協会は、難民高等教育プログラムという国内の難民が大学で学ぶための奨学金を給付してきている。これは、近時、学部だけでなく、大学院での勉学にも使えるようになった。この奨学金を国内に定住する難民だけでなく、上記のシリア難民を留学生として受け入れるプロジェクトと連動させて広く海外から第三国定住として受け入れる難民にも提供できるようにすることも検討されている。

また、技能実習生や特定技能の在留資格で海外から受け入れる中に、難民枠のようなものを設けることで、硬直している難民認定手続を経ないで、柔軟な「代替的な」受け入れルートを開拓することも期待されている。それは、日本の多文化共生を加速させる教育と日本の経済・社会への積極的な貢献となるはずだ。これは、「負担から投資へ」、「難民の『保護』から『エンパワーメント』へ」という、新たなコンセプトの転換にも合致する。GCRの四三段落では、Global Academic Network on Refugees の形成が求められている。

43. A global academic network on refugee, other forced displacement, and statelessness issues will be established, involving universities, academic alliances, and research institutions, together with UNHCR and other relevant stakeholders, to facilitate research, training and scholarship opportunities which result in specific deliverables in support of the objectives of the global compact. Efforts will be made to ensure regional diversity and expertise from a broad range of relevant subject areas.

日本の大学や研究者らもこのネットワークに率先して入り、とりわけ歴史的にも地政学的にも身近なアジアの難民の保護、受け入れ、エンパワーメントと難民などの発生予防に貢献するイノベーティブなイニシアティブを取ることが望まれる。市民社会の一員としても、政府、企業などに呼びかけて、難民支援のための民官産学連携を推進していくことが期待されている。そのような未来志向の取り組みこそが持続可能な社会をもたらす希望であり、あらゆる暴力に立ち向かう非暴力の活動といえよう。

（1）　条約上難民とされて保護の対象となるのは、「人種、宗教、国籍もしくは特定の社会的集団の構成員であることまたは政治的意見を理由に迫害を受けるおそれがあるという十分に理由のある恐怖を有するために、国籍国の外にいる者であって、その国籍国の保護を受けられない者またはそのような恐怖を有するためにその国籍国の保護を受けることを望まない者」である。本稿での「難民」は、それ以外にもＵＮＨＣＲが保護の対象としている、生存のために移動を強いられた人々も含む包括的な意味で用いている。

（2）　UNHCR Figure at a Glance: https://www.unhcr.org/figures-at-a-glance.html（二〇二一年一〇月一六日閲覧）。最近は毎年一〇〇〇万人以上の急増で記録を更新している。

（3）　ガルトゥング（高柳外訳）（一九九一）一一—一四頁では、行為の主体が存在しない暴力であり、暴力が「構造の中に組み込まれており、不平等な力関係として、それゆえに生活の機会の不平等としてあらわれている。」とされる。また、「構造的暴力が存在する状態を社会的不正義」と呼んでいる。

（4）　ガルトゥング＝藤田（二〇〇三）七頁およびガルトゥング（二〇〇六）八三頁。

（5）　ロヒンギャは、ミャンマー政府からはミャンマーの少数民族ではなく、ベンガル系ムスリムの不法移民とされてきたため、無国籍者でもあるが、国際社会では一般にミャンマー難民として括られている。

（6）　詳細は、CDR Research Team (Nov. 2011) 及び Miura (Feb. 2011) 参照。

参照文献

ガルトゥング、ヨハン（二〇〇六）『カルトゥングの平和理論——グローバル化と平和創造』木戸衛一、藤田明史、小林公司訳、法律文化社。

ガルトゥング、ヨハン（二〇〇六）『ガルトゥング平和学入門』藤田明司編著、法律文化社。

ガルトゥング、ヨハン（一九九一）『構造的暴力と平和』高柳他訳、中央大学出版部。

佐藤安信（二〇二一）「「難民に関するグローバル・コンパクト」のためのネットワーク・ガバナンス——難民の国際保護に関するアジア・ネットワークの可能性」岩沢雄司、岡野正敬編集代表『国際関係と法の支配』（小和田恒国際司法裁判所裁判官退官記念）信山社、一〇一一—一二五頁。

佐藤安信（二〇一〇）「ブイ・ムアン事件」渡邊彰悟外編『日本における難民訴訟の発展と現在』現代人文社、二六—三七頁。

鈴木佑記（二〇一九）「タイにおけるロヒンギャ人身売買問題」三〇—一國士舘大學政經論叢四—一、六七—八九頁。

特定非営利法人人間の安全フォーラム（ＨＳＦ）（二〇一七）「マレーシアまなび旅報告書：ミャンマーの民主化、平和プロセス支援のためのネットワークの可能性：マレーシアにおけるロヒンギャ難民調査とアジアプロボノ会議参加のための研修を終えて」(http://cdr.c.u-tokyo.ac.jp/RCSP/rcsp_admin/

wp-content/uploads/修正済マレーシアまなび旅報告書.pdf)。
千葉眞（一九九六）『アーレントと現代――自由の政治とその展望』岩波書店。
藤田幸一（二〇一三）「タイにおけるミャンマー人移民労働者の実態と問題の構図――南タイ・ラノーンの事例から」『東南アジア研究』（50巻2号）、一五七―二二〇頁。
CDR Research Team (Myo Myint Swe, Junko Miura and Shikiko Matsumori) (Nov. 2011) "Resettled Refugees in Japan: Relocation," CDRQ Vol. 3, pp. 91-114.
Miura, Junko and Shikiko Matsumori (Feb. 2011) "Third Country Resettlement Program in Japan," CDRQ Vol. 2, pp. 92-110.
Sato, Yasunobu *el al* (2009) *A Report on the Local Integration of Indo-Chinese Refugees and Displaced Persons in Japan*, UNHCR, Japan.

在日朝鮮人への暴力
——その歴史から考える

外村　大

（とのむら　まさる）
東京大学大学院総合文化研究科教授
専門は日本近現代史
著書に『在日朝鮮人社会の歴史学的研究』（緑蔭書房）、『朝鮮人強制連行』（岩波書店）などがある。

1　意識されない深刻性

日本人に「現代社会における人種・民族にかかわる暴力の問題で思い浮かべることは何か」という問いを発した時に、どのような回答が返ってくるだろうか。おそらくは、米国での黒人に対する警官の暴行などを挙げる人が多いのではないだろうか。あるいは、「歴史上で起こった特定の人種・民族への虐殺、迫害で知っている史実は何か」と聞いた場合はどうであろうか。これについては、ナチスドイツによるユダヤ人に対するジェノサイドという答えが一番多いだろう。近現代の世界史に詳しい人であれば、一九世紀末から二〇世紀初頭のロシアなどでのユダヤ人への迫害＝ポグロムや第一次世界大戦下のトルコでのアルメニア人虐殺について述べる人もいるかもしれない。

そうした答えは、誤りでもなければ不適切でもない。米国での黒人に対する暴力は看過できない問題であり、ナチスドイツのユダヤ人虐殺を人類史上最悪の蛮行と見なすことに異議をとなえる人はいない。ポグロムやアルメニア人虐殺も人類の共通の歴史として反省すべきである。

ただ、そこで日本で起きた日本人による過去や現在の暴力を想起する人がもし、現代日本で少ないとすれば、問題であろう。在日朝鮮人（在日コリアン、在日韓国人とも言いうるが、本稿ではこの語を用いる。つまり国籍が朝鮮、朝鮮民主主義人民共和国＝北朝鮮の人びとに限定しない）へのヘイトスピーチは深刻な被害をもたらしている。物理的な暴力を加えられていなくても、精神的に多大なダメージを受けている人は相当に多い。また、過去の事件としては、一九二三年九月の関東大震災後に多数の朝鮮人が虐殺されている。これは二〇世紀の近代国家で起こった異民族への迫害の事例としても、稀な規模で深刻な問題を持つ事件である。

しかし、米国の黒人問題等に比べると在日朝鮮人への抑圧が報道されたり、日本社会で語られたりすることは少ないように思われる。関東大震災時の朝鮮人虐殺については、歴史教科書などでも取り上げられているものの、日本社会において、その歴史を反省し伝えていくべきだとする意識が確立しているとは言い難い。

なぜそのように、日本人の間では、マイノリティ、特に在日朝鮮人への暴力の実在、その深刻性が意識されないのであろうか。予想される答えとしては、関東大震災時の虐殺のようなことはあったにせよ、現在の日本では深刻な在日朝鮮人への暴力は見当たらない、少なくとも他国のマイノリティへの迫害ほど酷くはない、というものかもしれない。確かに、現代日本ではまだ目に見えやすい暴力の行使、具体的には物理的な危害を加え、殺害に至るような事件が頻発して大きな社会問題となっているとまでは言えない。また、在日朝鮮人に対しては様々な法制度上の差別があったもののそれが撤廃されていったという歴史もある。なお、付言すれば、日本人の間では、寛容な民族であるというような自己認識が語られることがある（後述）。これらが影響していると考えられる。

もちろん、他国における民族的なマジョリティとマイノリティとの関係と比べて、日本人と在日朝鮮人の関係がそれほど酷くないものかどうかは、結論を出せるわけではない。ただ、多くの日本人が認識している以上に、在日朝鮮人に対する暴力は深刻な問題であり続けていることは、おそらく指摘できる。そもそも暴力事件は、差別が解消されつつあると考えられていた時期にも起こっていた。

では、それを生み出していた要因は何であろうか。また、過去における在日朝鮮人への暴力と、ヘイトスピーチの横行などに見られる今日の状況はどのようにつながっているのか、あるいは新たな条件が関係しているのだろうか。以下ではその点を検証し、論じていく。

2 日本帝国期の虐殺事件

在日朝鮮人の歴史はすでに一〇〇年以上にも及ぶ。そこではもちろん、日本のなかでの法的地位や政治的処遇、在日朝鮮人の意識や活動も変化している。暴力の問題を考える際もその点を考慮して論じるべきであろう。以下ではまず二〇世紀について、日本が朝鮮を植民地支配していた日本帝国期、戦後混乱期、戦後秩序の確立以後の三つに区分して、論じることとする。

まず、日本帝国期について見れば、為政者たちは、日本人（＝内地人）の民衆に対して、朝鮮人もまた帝国臣民であり、彼らを差別してはならないと説いていた。しかし、実際には差別はあったし、日本人による朝鮮人の迫害はしばしば起こった。そして、日本人民衆による虐殺事件すら起こっている。そのうち最も大規模で有名なものとしては、関東大震災時の虐殺がある。

これについては、次のような事実が明らかにされている。一九二三年九月一日に関東大震災が起こり、情報流通が断ち切られ、警察による通常の治安維持が困難になった状況のなかで、その翌日から虐殺が関東地方一円で起こった。これは朝鮮人が混乱に乗じて井戸に毒を入れている、暴動を起こしているといったデマが発生し、それを信じて結成された日本人の自警団によって行われた。治安秩序が回復する数日後までの間に、殺害された朝鮮人の数については諸説あるが、数百というレベルではなく[1]、相当に大規模な虐殺と言っていいだろう。直接、殺害に関与した日本人、その現場にいて殺害を幇助するなど、様々な形で迫害に加担した者も相当多数であり、また、ある程度近代的教育が普及し法治主義が確立した国家で、何の罪もない者が大量に殺されたという点でも特異な事件であった。

日本帝国の為政者にもこの事件は、繰り返してはならない不祥事と捉えられた。そのことから、行政当局は「内鮮融和」の宣伝を進めた。しかし、それによって日本人と朝鮮人との民族関係が劇的に好転したわけではなかった。そして、規模は小さいが虐殺事件やあるいはそれを誘発しかねない動きが、しばしば起こっていた。一九二六年には三重県木本町（現在の熊野市）でトンネル工事に従事していた朝鮮人労働者二名が近隣の日本人住民の襲撃によって殺害され、一九三二年には、岩手県矢作村（現在の陸前高田市）でも、線路工事に従事する日本人労働者が朝鮮人労働者の飯場を襲い、三名を死亡させている。そして、日中間の全面戦争が本格化していた一九三七年九月には、大阪堺市の工場主が「朝鮮人に対する自警団」を組織し、竹槍一〇〇〇を備え付けることを計画していた。これは、日中戦争で日本人壮年男子男子が出征している非常時に朝鮮人の「不穏行動」への対応が必要との判断によるものであったとされる（『特高月報』一九三七年九月分）。虐殺事件につながりかねないこの行為を探知した地元の警察当局は関係者を諭旨し計画を止めさせたものの、日本人の間での朝鮮人に対する警戒自体はその後も続いた。特に空襲時には、日本人の間では朝鮮人が犯罪を働いている、敵と内通しているといった流言飛語が増加していた（内務省警保局「在留朝鮮人運動の状況昭和一〇年」、朴慶植編『在日朝鮮人関係資料集成 第五巻』三一書房、一九七六年、に所収）。そして、身近な空間での戦闘が迫る中で、疑心暗鬼となっていた日本人の民間人や官憲による朝鮮人虐殺が発生している。ポツダム宣言受諾が発表された後のソ連軍侵攻の中で樺太においては三五名の朝鮮人が犠牲になっている（林 一九九二）。

3 戦後混乱期の治安問題

次に、日本の敗戦から一九五〇年代前半の戦後混乱期について見ておこう。この時期は、経済的には戦後の復興過程であり、政治的には保守勢力を中心とする安定が築かれる以前の時期となる。そしてこの時期、日本人の間では、在日朝鮮人は暴力を加えられる社会的弱者として認識されず、逆に在日朝鮮人が行使する暴力、法的逸脱行為が問題として意識されていた。

これは他の時期には見られない特徴である。実際には、在日朝鮮人（あるいは在日台湾人を加えた、旧植民地出身者、これを「第三国人」と当時称した）のみがことさら暴力的であったとか法を守らなかったと見たり、語ったりすることは大きな問題がある。それを確認したうえで、この時期の在日朝鮮人と暴力を考える際に重要な点を述べれば次のようである。

まず、敗戦から一、二年の間は、闇市が都市生活者にとっては重要な存在となり、そこでの商売を非合法的に取り仕切るグループが生まれた。そのなかには在日朝鮮人で構成されるものもあり、これが日本人で構成されるほかのグループとの間での抗争や、警察と激しい衝突を繰り広げた。その際にはピストルなど武器が使用され死傷者が出るような激しいものとなることもあった。この点は、行政刊行物の警察史の戦後直後についての記述に詳しい。

その後、一九四八年には朝鮮人学校の閉鎖、翌年には多くの在日朝鮮人を組織していた在日本朝鮮人連盟の解散が、関係者の激しい反対運動を引き起こした。前者に関しては米軍軍政部が非常事態宣言を発したほどである。さらに一九五〇年の朝鮮戦争勃発後には、左派系在日朝鮮人が、日本共産党系の日本人とともに反米・反基地・反吉田政権の闘争を展開した。そこでは、投石や火炎瓶投擲などでの警察施設の襲撃、軍用列車の運行の妨害などが行われた。

こうした活動で、闇市を取り仕切る日本人や、警備に当たった警察官らが死傷したことも事実であるが、同時に朝鮮人の死傷者ももちろんいる。特に朝鮮人学校閉鎖反対のデモに向けられた警官の発砲で亡くなったのは一六歳の少年であり、過剰警備の被害者である。また、闇市で活動していたのは「第三国人」だけではないし、左派系の反米・反基地闘争などの大衆運動も日本人の共産党員らが多数参加している。こうした戦後の在日朝鮮人運動については、多くの論著が今日までにまとめられ、歴史的意義も論じられている。その中では、冷戦という大きな構造のなかで起った朝鮮人学校閉鎖反対や民族団体解散反対の活動が、在日朝鮮人の権利の防衛のための活動であったとの評価がある。同時に朝鮮戦争下の活動も、自分たちの祖国の国家としての存立とそこに住む同胞の生命と生活を守ろうとした要素が注目されている。

しかし、同時代には、在日朝鮮人による暴力こそが問題であるかのような認識が影響力を持っていた。一九五二年七月に行われた世論調査では「騒乱事件」の原因として「不穏な朝鮮人がいるから」とした者は三九・八％、その対策として在日朝鮮人を国外に追放すべきだとした者も一五・九％にのぼっていた（『毎日新聞』一九五二年八月一日）。こうした在日朝鮮人への厳しい態度が表面から消えていったのは、一九五〇年代後半以降である。これは、朝鮮戦争の停戦と国際社会における平和共存の動き、左派系在日朝鮮人団体が路線転換を図り、「内政不干渉」を掲げた在日本朝鮮人総連合会（朝鮮総連）が発足したことなどを背景にしていた。

4 戦後秩序確立後の暴行事件等

一九五〇年代後半以降は、保守勢力主導の政治と経済成長によって日本社会は相対的な安定を保つことになる。国際社会では冷戦が続いていたものの、日本人の多くは安保上の深刻な脅威を感じずに日常生活を送ることになる。国内でも凶悪犯罪は減少し法秩序を前提に暮らす庶民が暴力行為を目にしたり、その危険を意識したりする機会は稀となった。

そうしたなかで、在日朝鮮人に関係する暴力として注目された事例がある。まず、一九六〇～七〇年代には、朝鮮総連系の朝鮮学校の男子生徒と日本人男子高校生・大学生らとの暴力的衝突がしばしば起こっている。これは東京都内の多人数が利用する駅での乱闘となり、重傷者が出るケースもあって、新聞報道がなされたり、国会でも取り上げられたりもした（『朝日新聞』一九六三年一〇月二六日、『朝日新聞』一九七三年六月一四日、『朝日新聞』一九七六年五月二五日ほか）。そしてこれは、単に「不良学生」の間での喧嘩として片付けられない問題を含んでいた。というのは、新聞報道等によれば、被害を受けたのは主として在日朝鮮人の側であり（もちろん、常に朝鮮人のみ一方的な被害者であったわけでもないが）、日本人学生は彼らに対して「ニンニクくさい」「国に帰れ」といった言葉を浴びせていたのである（『朝日新聞』一九七五年六月二日）。また、朝鮮人襲撃事件を起こした日本人が通う学校では、当時、反共主義、日本人の優越性、日本帝国賛美の右翼思想が教育されていることも指摘されていた（『朝日新聞』一九七三年六月一六日）。つまりは、北朝鮮と関係を持つ者への敵視、排外主義イデオロギーをもとにした暴力という要素が確認できる。

次に二〇世紀末にしばしば発生した事件として、朝鮮学校に通う女子生徒らへの制服切り裂き等のいやがらせがある。当時、朝鮮学校に通う女子生徒の制服はチマチョゴリ風のものであり、「チマチョゴリ切り裂き事件」などと呼ばれることが多い。これは、在日朝鮮人団体が関係する政治家への不正献金疑惑や北朝鮮による核兵器開発などの報道が増加した時期に集中して起こった。加害者は、様々な年齢層で男性ばかりではなく女性もいたとされ、なにか共通した特徴があるのか不明である。ただ、「朝鮮人は帰れ」といった言葉を浴びせられたことがあったことなどから、北朝鮮・朝鮮人に対する反感が背景にあったことは間違いない。

5 暴力への支持・容認と批判

マイノリティへの暴力を考える際に、重要となるのはその社会における民衆意識である。多くの場合、マイノリティへの暴力には、それ以前からあるマジョリティの意識が関係している。つまり、彼らが酷いことをされるのは当然というような認識があれば、実際の暴力が生起し拡大することになる。在日朝鮮人についてもそれは当てはまる。

前節で述べてきた各時期の状況について見れば、日本帝国の時期においては、日本人民衆の間に、在日朝鮮人に対する差別や敵対的な認識があった。関東大震災直後の暴力発動とその容認、拡大には、日本人とは異なる存在であり、自分たちに歯向かう可能性があるとの認識が関係している。もちろん、朝鮮人虐殺を問題視した日本人もいたわけであるが、朝鮮人を殺害した日本人の責任追及はなく、処罰も軽かった事実を見れば、同時代において、朝鮮人への暴力はほとんど容認されていた状況があったとすら言えよう。これが、前述のようなその後の小規模な虐殺や自警団の結成にも影響を与えたと考えらえる。

戦後混乱期も、在日朝鮮人の活動が日本人民衆の間で問題視される一方で、官憲による過剰警備への批判は見られない。逆に取り締まり強化や朝鮮人追放の主張は一定の支持を得ていた。また、戦後直後の経済混乱に関連してことさら在日朝鮮人の活動を批判する日本人の発言は同時代からあり、日本人のやくざが彼らと暴力で対抗したことが民衆からの支持を受けていたことを記述する文献もある。田岡(一九八二)は、戦後直後に無法者としてふるまっていた在日朝鮮人との抗争、制圧を語り、そのことで「わたしの名は市民や警察の間できわめて好意的に迎えられた」と記している(2)。戦後混乱期の在日朝鮮人への暴力は、日本人民衆からの一定の容認、支持があったと言えよう。

これに対して、戦後社会が安定した一九六〇年代以降には、在日朝鮮人への暴力が少なくとも公然と支持されることはなくなっている。朝鮮学校の生徒が(喧嘩で日本人学生を逆に痛めつけることはあったとしても)、組織的に社会秩序の破壊を企図するとか、無差別的に日本人を攻撃するようなことは考えらなかった。特に、単に通学中の電車に乗っていただけの女子生徒はそうである。そうした人びとが被害を受けた一九八〇年代末以降のチマチョゴリ切り裂き事件等については、新聞報道などでもその行為の卑劣さが指摘され、加害者への批判が述べられた(『朝日新聞』一九九四年五月二六日付「天声人語」)。

ただし、チマチョゴリ切り裂き事件等が起こった当時、日本人の間では北朝鮮国家への否定的なイメージはすでに一般的であった。そうしたなかで、事件を問題するものの、北朝鮮とつながっているらしい在日朝鮮人への嫌悪を抱いていた者も一定数いたであろう。

6 秩序意識と自他認識

これまで見てきたような暴力は、何が起因となって生じるのであろうか。日本帝国期の虐殺事件や戦後混乱期の暴力の背景には、多くの日本人が在日朝鮮人を自分たちと異質な外部者として考えていたこと、そうした彼らが自分たちの社会秩序を脅かしつつあるという認識があった。

日本帝国期の虐殺事件は、日本人の民衆が在日朝鮮人をそのような危険なよそ者として考えた時に引き起こされている。こうした朝鮮人への危険視は、同時代の民族解放運動の展開が関係している。その活動は、日本帝国の秩序を脅かし、日本人に危害を加えるものとして伝えられていた。また、戦中には、在日朝鮮人が敵と内通する可能性を持つ存在と考えられていた。

戦後にはもはや、朝鮮は独立することとなり日本帝国期の秩序は前提とならない。しかし、そのことで日本人の多くが朝鮮人のことを自分たちと対等な存在と見なすようになったわけではない。本来、日本社会では日本人が優位な位置を占めるという意識は変わらなかった。そして在日朝鮮人がよそ者であるという認識は、日本帝国の崩壊によって、ますます強まった。これが、戦後直後の〝朝鮮人が闇市で勢力を誇示している〟という反感を生み出した。また、在日朝鮮人団体の激しい大衆運動は、戦後の民主国家建設に対する妨害と捉えられた（『読売新聞』一九四九年九月九日「社説　朝鮮人連盟の解散」）。さらに冷戦の深刻化と日本が自由主義陣営の一員として位置付けられ反共主義が強化されていったなかでは、左派系在日朝鮮人の活動は、共産主義勢力による秩序破壊や間接侵略と見なされたのである。

そして、帝国主義支配や自己の優位と朝鮮人の従属、在日朝鮮人の権利喪失や民族教育の不在といったことを疑問視した日本人は少なかった。また、日本人は自分たちを暴力的・抑圧的な存在とは考えていなかった。日本帝国期においては、他民族を感化する包容力のある民族、[3] 戦後は平和と自由を愛好する民主的文化国家を建設しようとしている国民（『読売新聞』一九四九年九月九日）、というのが、日本人の自己認識である。逆に、日本人はしばしば朝鮮人を非理性的で暴力的な人びとであるかのように捉えていた。たとえば三・一運動は、外国人宣教師や迷信で社会を惑わす土着宗教の指導者に扇動された無知な民衆の妄動として報じられ、崇高な理念を掲げた宣言文などについて伝えられることはなかった。戦後混乱期の在日朝鮮人の大衆運動についても、新聞記事等では、「朝鮮人騒乱」「朝鮮人騒ぐ」といった見出しで、そうした大衆運動がなぜ起こっているのかの説明はなされない傾向があった。

しかし一九五〇年代半ば以降、朝鮮人共産主義者による直接・間接の侵略の脅威は日本社会においてあまり意識されない状況が生まれる。国際社会では平和共存が打ち出され、国内にいる左派系の在日朝鮮人も内政不干渉を堅持するようになったためである。ただし、冷戦のもとで日本にとって共産圏諸国に属する北朝鮮は友好国ではなかった。加えて、保守系政治勢力は朝鮮学校では「反日教育」を行っているといった宣伝を展開していた。一九六〇～七〇年代の朝鮮学校生徒の襲撃は、反共主義・復古的ナショナリズム教育が盛んな学校に通う日本人によって行われており、彼らの認識では、共産主義からの防衛、日本人中心の秩序の維持という目的があったと考えられる。ただし、前述のようにそれは大衆的な基盤は持たなかった。むしろ、戦後民主主義のなかにあっては、復古的ナショナリズムや極端な反共主義を前面に掲げる集団こそが異様と見られたためである。

一九八〇年代末以降のチマチョゴリ切り裂き事件等も、当然のことながらその行為が問題視されていた。ただ、この時期には、日本社会での北朝鮮に対するイメージは以前に比して悪化していた。極端な個人崇拝と集団主義、人権抑圧が行われている国家であるというだけでなく、日本人拉致疑惑や国際的テロや謀略への関与、核開発などもマスコミで大きく取り上げられるようになっていたためである。そうしたなかで、北朝鮮と結びついている朝鮮学校への警戒や反感は日本人の間で次第に高まっていたと言えるだろう。同時に、奇妙な独裁者が支配する国家という要素が強調されるなかで、北朝鮮を支持する在日朝鮮人についても、自分たちとは異質で理解不可能な存在という認識が日本人の間で広がる可能性が高まっていた。そうしたなかでも、チマチョゴリ切り裂き等を行う加害者に批判があったのは、その行為があまりにも卑劣であったことと、人権尊重を掲げる戦後民主主義が一応の社会的規範となっていたことによるものであろう。

ただし、戦後民主主義が秩序となっている日本という自己認識は、非民主主義な国家とその国民に対する優越意識を生み出す可能性も持つ。また、戦後民主主義は、平和主義や人権尊重を重視しているが、しかし、植民地支配の反省や外国人の人権の尊重を明確に認めていたわけではない。

内政不干渉を掲げる朝鮮総連傘下の在日朝鮮人は、そうした問題を声高に提起することはなく、在日外国人の参政権付与要求については明確に否定していた。そうしたなかで朝鮮人が日本社会の新たな秩序を目指しているとは日本人は考えてもいなかった。朝鮮学校生徒への暴力の問題も安定した秩序の中の例外的暴力事件と見られていたであろう。しかし、二一世紀になると状況は変化していく。

7 現代日本の暴力拡大の危険性

二一世紀に入って以降、日本社会では、在日朝鮮人あるいは韓国人への敵意の表明や差別扇動が大きな問題となっている。保守系の総合雑誌では、韓国・朝鮮における「反日」の主張や施策を問題にする論考が掲載されるようになり、二〇〇五年には「嫌韓」を書名に入れた書籍が出版され、ベストセラーとなる。さらに、同じ時期には在日朝鮮人の排斥、差別を扇動する市民団体の活動が活性化していった。こうした動きはヘイトスピーチとして問題視され、それに対する市民の対抗的な活動や行政施策、法律、自治体の条例制定などによる一定の抑止はあるものの、根絶しているわけではない。

また、ヘイトスピーチ自体には多くの日本人が嫌悪感を示しているとは言え、その主張が完全に支持されていないというわけではない。ヘイトスピーチで著名になった活動家が選挙に立候補して一定の得票を得ていることなどからもそれは裏付けられる。また、行動様式や言動は過激であるにせよ、韓国や北朝鮮への批判、在日朝鮮人の権利についての問題提起は同意できるという日本人市民は少なくないようである。

そうしたなかで、深刻な精神的被害を受けている在日朝鮮人は少なくない。医師やカウンセラーに相談するというというレベルではなくとも、毎日、利用している通勤電車の釣り広告で、自分の母国への攻撃的な言辞を目にしたり、不当に特権があるといった虚偽情報がインターネットなどで流布していることを知ったりするだけで、心理的なダメージを受けることは容易に想像しうる。そうした状況があるだけでも、十分に深刻な暴力が加えられていると言わなければならない。と同時に、差別扇動を行う活動家らが朝鮮学校に押しかけて暴言を浴びせたり、多文化共生のための活動を行う施設に脅迫状が届いたりするといったこともあり、今日、すでに在日朝鮮人を狙って物理的危害を加えるような暴力が発動を懸念しなければならない状況にあると言えよう。

このような状況は、これまでに見られなかった。特に一九五〇年代後半以降は、戦後社会の相対的安定のなかで、在日朝鮮人への暴力がここまで大きく注目されることはなく、前述のようにそうした事件に対しても、世論も批判的であったことを考えれば、これは憂慮すべき変化と言える。同時に、北朝鮮とつながる（より正確にはそうであると見なされる人びと）以外の在日朝鮮人も含めて攻撃の対象となっている点でもかつてとは異なる様相を示していた。

こうした変化は何によってもたらされたのであろうか。二一世紀に入って生じた、あるいは明確になった国内外の条件が、そこには関係していると見るべきだろう。具体的にはまず、北朝鮮は日本人拉致の事実を認め核兵器保有を宣言し、ミサイル発射等などを繰り返し行うようになった。日韓関係では、歴史問題をめぐる葛藤が長期化している。日本国内では在日外国人の多文化共生が語られるようになり、権利問題では参政権付与が注目を集めた。そして、この間、日本は経済的低迷が続き、もはやアジアのなかでの卓越した位置を誇る存在ではなくなった。

こうしたなかで日本人の間では、北朝鮮を安全保障上の脅威と捉え、韓国もまた、友好的な国家ではないと認識が生まれた。そして、日本の国力への自信は失われ、自分たちの居住空間のなかでも外国人が存在感を増し、彼らの権利拡大が自分たちの生活に否定的な影響を与える可能性があると考える人びとが増えた。そのことが、在日朝鮮人への反感をむき出しにしたヘイトスピーチやそれへの一定の支持を生み出していると考えられる。

そして、そうした新たな国内外の状況の影響のもとで生まれた意識のあり方は、実はこれまで在日朝鮮人への暴力行使、それを容認、支持してきた日本人の間で見られたものでもある。つまり、アジア近隣諸国との関係や日本国内でも日本人の優位性が崩れかねないという、自分たちが自明視してきた秩序についての危機意識がそこに存在する。また、自他認識についても、自身には問題がなく、他者が理解不能な存在であるかのように見ている。北朝鮮は奇妙な独裁者が支配する国であり、韓国についても国民の情緒によって司法判断が左右され国際法の常識を知らないといったことが語られている。これに対して、日本の戦後民主主義の内実、特に植民地支配の反省や外国人の権利といった問題の不十分性が日本人の間で厳しく問われることは少ない。付け加えれば、在日朝鮮人はいまやほとんど二世世代以降の人びととなり、日本社会の様々な分野で活躍する者も増えている。にもかかわらず、韓国系の民族団体の参政権獲得運動への反対が見られることは、なお日本人のなかに、在日朝鮮人を自分たちの共同体の一員として認めようとしない意識が存在することを示すだろう。

ヘイトスピーチに見られる近年の在日朝鮮人に向けられた暴力（物理的な危害は少ないと言ってもやはりそれは暴力である）は、極めて深刻で新しい様相を持つ。ただし、以上述べて来た点を踏まえるならば、日本帝国期、戦後混乱期以来の問題が影響を与えていると見ることが可能である。自分たちが優位の秩序を前提とし、異質な他者である在日朝鮮人がそれを脅かそうとしていると見る時に、日本人の在日朝鮮人への暴力が発動されるのである。それは、戦後社会の「相対的安定」のなかでは目立たなかったが、国内外の状況の変化のなかで露呈してきたと言える。

おわりに

本稿では、在日朝鮮人に対する暴力について、歴史を概観するとともにその背景にある日本人の意識がどのようなものであったかを論じてきた。すでに見てきたように、在日朝鮮人に対する暴力は、関東大震災後の虐殺事件がもっとも大規模なものとして知られているが、それだけではなく、戦後も含めて断続的に看過できない暴行事件等が発生していた。また、現在もヘイトスピーチが深刻化している。そこには、日本人優位の既存の秩序が脅かされることへの危機感、在日朝鮮人を異質な他者と見る認識が一貫して関係している。その秩序は、日本社会の民主主義の内実や歴史認識への問い直しの上で設定されたものではない。

したがって、在日朝鮮人へのヘイトスピーチ、暴力行使の懸念を根絶していくためには、日本人の意識の自己点検と変革が伴われるべきである。つまり、国籍や民族で差別することのない人権の尊重や植民地支配の反省の確立が必要となる。

なお、本稿ではいわゆるニューカマー外国人と日本人との関係は論じてこなかったが、在日朝鮮人と暴力をめぐる問題と共通する点がある。まず、ニューカマー外国人もすでに今日、長く定住を続け、二世以降の世代も少なくなっているにもかかわらず、地域社会での一員と見なされることは少ない。また、日本帝国が過去に侵略した地域とつながるニューカマー外国人については、歴史認識の問題での葛藤が生じる可能性があるだろう。また、日本人の間では、ニューカマー外国人の管理、権利等をめぐる法制度が様々な問題を持っていることの認識は少ない。その一方で、日本の文化や日本人の精神性を根拠に、外国人受入れ拡大は問題ないとする言説もある。たとえば、坂中（二〇一二）は、「日本社会には『人の和』や『寛容の心』を重んじる」文化や精神基盤があるとして、「日本には一〇〇〇万人の移民を受け入れられる」ことを主張している。

しかし、本稿で見てきたように、日本では、自分たちが朝鮮人を包容しうる優れた民族であるという言説が語られていた同じ時期に朝鮮人への差別、危険視、虐待も存在していた歴史がある。そのことを想起する際、安易に日本人の寛容さや和の精神が語られるのは、むしろ危険であり、ニューカマー外国人に対する日本人の暴力の予防にはならないと考えるべきだろう。マジョリティたる日本人の意識、現存の法制度や政策のあり方の自己点検こそが求められていることを強調しておきたい。

（1）代表的な歴史辞典である国史大辞典編纂委員会編『國史大辭典』（吉川弘文館、一九七九～一九九七年）の「朝鮮人虐殺事件」の項の記述は「被害者数は不明だが、二千から六千にかけての朝鮮人が殺されたことは疑えない」となっている。

（2）この資料では、田岡らのグループの抗争での相手として、在日朝鮮人という語は使われておらず、「戦勝国民」といった表現となっている。ただし、それが在日朝鮮人であることは、抗争相手と交渉をするために訪れるのが、朝鮮人の民族団体の事務所であることなどから明白である。なお、そこには、日本人顧問もいて、多民族の「国際ギャング団」が作られていたことも、この著書からも確認できる。その意味でも、日本人対在日朝鮮人の抗争として、戦後直後の闇市の勢力争いを描くことは、適切ではない。

（3）一九四四年二月一日の帝国議会で、朝鮮人労働者の増加を問題にしたある議員は、しかし自分は朝鮮人を排斥するわけではないとして次のように述べていた。すなわち「何トカ之ヲ日本ガ包容シテ同化シナクチヤナラヌ、ソコガ日本人ノ偉イ所デアル、日本ノ国家ト云フモノハ各民族ガ集マツテ、天孫民族ガ中心トナルノデアリマスケレドモ、色々ナ民族ヲ包容シ融合シテ、今日ノ日本国家ヲ完成シテ居ル、是ガ日本人ノ人種トシテモ強イ所デアリ、又文化ニ於テモ優ツテ居ル点デアルト思フ、総テノ方面ニ於テ包容力ヲ持ツト云フコトガ日本国家ノ特色デアル」（『第八十四帝国議会衆議院戦時特殊損害保険法案委員会議録（速記）第九回』一九四四年二月一日）。

参考文献

金静美（一九八八）「三重県木本における朝鮮人襲撃・虐殺について（一九二六年一月）」『在日朝鮮人史研究』第一八号。

在日朝鮮人人権擁護委員会（一九九六）『在日朝鮮人人権白書』朝鮮青年社。

坂中英徳（二〇一一）『日本型移民国家への道　増補版』東信堂。

田岡一雄（一九八二）『山口組三代目田岡一雄自伝　電撃篇』徳間書店。

林えいだい（一九九二）『証言・樺太朝鮮人虐殺事件（増補版）』風媒社。

朴慶植（一九八九）『解放後在日朝鮮人運動史』三一書房。

樋口直人（二〇一四）『日本型排外主義――在特会・外国人参政権・東アジア地政学』名古屋大学出版会。

藤野裕子（二〇一九）「裁判記録にみる一九三二年矢作事件――包括的再検証にむけた基礎的考察」佐藤健太郎ほか『公正から問う近代日本史』吉田書店。

山田昭次（二〇〇四）『関東大震災時の朝鮮人虐殺――その国家責任と民衆責任』創史社。

安田浩一（二〇一二）『ネットと愛国――在特会の「闇」を追いかけて』講談社。

和田春樹（二〇一〇）『これだけは知っておきたい　日本と朝鮮の１００年史』平凡社。

II

「暴力」の乱反射

「暴力」の乱反射

伊達聖伸

「暴力」の現代的特徴を、地域的特性を踏まえて描き出すこと。その際、目につきやすい暴力だけでなく、日につきにくい暴力も考慮に入れること。時事的な報道だけでは理解できない部分、あるいはそうした報道がともすると帯びているバイアスや見落としがちな点に留意し、当該地域の専門家の観点から問題を批判的に掘り下げて論じること。これらの問題意識は本書全体に通底するものであって、その点では第I部に収められた諸論考と、以下に読まれる第II部の諸論考のあいだに本質的な違いがあるわけではない。

その意味では第I部と第II部は連続しており、そこに区別を設けてみたのは、一冊の本を構成するには多少なりともメリハリをつけておく必要があるという編集上の都合にすぎないとも言える。ただ、第I部の諸論考においては、暴力の主体として想定されている国家――アメリカ合衆国、中国、日本、フランス――がGDPランキングの上位を占めている「先進国」であるのに対し、第II部の諸論考が扱う地域や国々――ミャンマー、旧ユーゴスラビアとウクライナ、レバノン、マリ、メキシコ――は、旧植民地であったり、大国の陰にあってさまざまな皺寄せを受けてきた歴史的経緯などがあったりする。経済的な豊かさの観点からは通常「途上国」に分類され、民主化に課題を残すともしばしば指摘される。

また、第I部で取り上げた国々や地域そして国際的な取り決めは、現代日本から見て比較的「近い」位置にあって、日頃から意識せざるをえないことが多い。米中二大国のはざまでどう振る舞うかが現代日本の大きな課題になっているし、香港の抗議活動は日本の民主主義の現在地を探り当てるための重要な参照項である。フランスは、現代日本にとっては少し距離を感じさせる国になっているかもしれないが、米中露英とともに国連安保理の常任理事国のひとつとして「国際の平和と安全の維持」について主要な責任を有しており、それは暴力の行使とも密接にかかわるものである。

これに対して、いささか語弊のある言い方にはなるが、第II部で取りあげる国々や地域は、現代日本から見ると比較的「遠い」位置にある印象を与えるのではないだろうか。ここでもあえて「可視的な暴力」と「不可視的な暴力」の区別を用いるならば、現地にいれば明らかに「見える暴力」であるはずなのに、日本に身を置いていると「見えにくい暴力」として、あたかも遠い世界の出来事としてやり過ごす振る舞いも可能であるがごとく感じられてしまう場所と言ってもよいかもしれない（もっとも、ロシア軍がウクライナに侵攻した二〇二二年二月二四日以来、とりわけウクライナにおいて繰り広げられている暴力は世界中の人びとの大きな注目を集め、日本でも「遠い世界の出来事」としてやり過ごすことはできなくなっている）。それでよいというのではもちろんない。だが、暴力という対象は適度な距離を保ちながら論じることがそもそも難しいものである。その渦中にある当事者にとってはあまりに生々しく、「暴力を対象化して理性的に考えるといったことは不可能」に近い一方、「暴力から遠く離れてしまっても考えなくなってしまうものだ」（西村、二〇〇四：二八〇）。それでも、一見遠い世界の地域の暴力も、私たちとも関係のある暴力として受け止め、理解しようとする努力は欠かせないだろう。

たしかにセンセーショナルな事件が起きれば報道されて一定の関心は集めても、現代日本の政治や世論の反応がともすると鈍く、問題に継続的な関心を抱き、深く掘り下げて理解する機会には必ずしも恵まれてはいない地域や国々における暴力。そうした暴力を、当該地域の専門家の見地からそれぞれのディシプリンを生かして論じたものを集めたのがこの第II部である。

＊

スティーブン・ピンカーは『暴力の人類史』において、人類の歴史において暴力は減少傾向にあると指摘し、現代の私たちは実は人類史上最も平和な時代に暮らしているかもしれないと主張する（ピンカー、二〇一五）。にわかには信じがたいテーゼながら、多くの裏づけと一定の説得力を備えてはいるのだが、それでもなお問われるべきは、量の増減では測定できない暴力があるのではないかということである。むしろ現代において、より露骨な形で噴出するようになった暴力、より巧妙な形で行使されている暴力の性質と理由を考えなければならない。

ヨーロッパでは宗教戦争を終結させる過程で近代的な主権国家が成立し、国家が正当とされる暴力を行使できる唯一の主体として立ちあがってきた。あえて最も単純なモデルを提示するならば、民主化を志向する近代国民国家においては国家権力による暴力とそれに抵抗する民衆側の暴力という対決構図が最も基本的な図式で、国家間においては主権国家間の戦争が最も典型的な暴力の発現ということになるだろう。本書第Ⅰ部でも佐藤論文が主権国家体制を構造的暴力としてとらえ、その内政不干渉原則を現在まで続く難民問題の発生源として重要な要素と見ている。

一国内の暴力としては、国家と民衆のあいだだけでなく、資本家と労働者のあいだ、支配的文化に属するマジョリティとマイノリティのあいだにも緊張関係がある。そこには帝国主義や植民地化や脱植民地化にともなう人・モノ・金の移動も絡んでいるため、問題は国際的な側面ともつながっていて、実質的な戦争に相当する紛争や武力衝突やテロ行為は、典型的な近代主権国家とは異なる集団がアクターとなることも珍しくない。そこかしこにある暴力の火種は、大きく燃えあがることも、沈静化することも、燻り続けることもある。闘争が必ずしも暴力ではなく、非暴力の形を取ることもある。

こうした動向は、早ければ一九世紀以前から、少なくとも二〇世紀にはすでに明確に認められるものだが、二一世紀における「暴力の現在地」とその特徴を、それぞれの地域の特性に留意しつつ見定めてみたい。第Ⅱ部で取りあげる地域は、いわゆる典型的な西洋近代国民国家の「外部」に位置していると言えるが、そこに見られる暴力は、いわば西洋近代国民国家の歴史的役割に付随して生じてきた暴力の乱反射というモチーフで、大枠を押さえることができるのではないだろうか。

そうした諸地域をそれぞれ専門とする研究者が、現代における暴力とそれにまつわる諸問題を、固有の歴史的経緯や必ずしも人びとが意識化できていない構造などから多角的に解明しようとしている。読者はそのような諸論考を以下に読まれるだろう。

＊

第七章（藏本龍介）は、第I部でも部分的に言及されているミャンマー現代史の文脈に位置づけて分析を加える。二〇二一年のクーデターによって政権を掌握した国軍は、それに抗議する市民に容赦のない暴力を加えているが、一八八六年にイギリスの植民地となり、一九四八年の独立後も「内戦」状態が続き、一九六二年にクーデターを起こした国軍が現在に至るまで政治の中心に居座り続けているミャンマーでは、そうした暴力の行使は一貫しているという。二〇〇七年に起きた仏教僧侶を中心とする反政府デモでは、日本人ジャーナリストの長井健司さんが取材中に軍に銃撃されて亡くなっている。二〇二一年の軍事クーデターとそれにともなう暴力も、このような歴史の流れのなかにあるが、「国家的暴力」はデモに参加する市民たちがスマートフォンで録画しSNSで拡散することにより、世界的に可視化されていると著者は指摘する。

冷戦後のミャンマーの政治状況は、「イデオロギーなき暴力による支配」を続ける国軍と、民主化運動のリーダーとなったアウンサンスーチーの国民民主連盟（NLD）との対決構図によって基本的に特徴づけられてきたが、ここへきて変化の兆しが見られる。ミャンマー仏教を専門とする藏本によれば、上座部仏教圏で発展してきた「仏法王」の概念とイメージを、軍事政権は冷戦後の世界的な宗教復興の潮流のなかで盛んに利用してきたが、多くの市民の目に仏教はもはや政治権力の正統化の機能を果たしていないと映る。スーチー側も有権者の多数派であるビルマ族仏教徒から「王」の姿を求められていると意識していたが、そのことが国軍によるムスリム系住民ロヒンギャ虐殺の黙認にもつながった。そうしたなかで、従来は見られなかった連帯が仏教徒と非仏教徒のあいだに生まれ、「市民による革命的暴力」が可視化されている。

第八章（黛秋津）は、冷戦終結直後に噴出した凄惨な民族紛争である旧ユーゴスラヴィア内戦と、現在――冷戦終結によって米国一極支配の時代が到来するかに思われていた時期から国際情勢がさらに一段階動いているととらえるなら「ポスト冷戦」後――戦火に見舞われているウクライナ情勢を、焦点の深い歴史学のレンズでとらえようとしている。旧ユーゴスラヴィアもソ連も多民族国家で、当時は問題化していなかったナショナリズムの問題が、冷戦構造の箍が外れたことによって、暴力をともなう形で露出するようになった。

旧ユーゴスラヴィア紛争の背景には、カリスマ的指導者であったティトーの死後、社会主義の連邦国家であった同国内における民族主義の台頭がある。連邦維持を目指すセルビアと、独立を宣言したスロヴェニア、クロアチア、ボスニア・ヘルツェゴヴィナのあいだに紛争が勃発し、特に一九九五年にはボスニアのスレブレニツァで大量虐殺が起きた。一九九八年にはセルビア内のコソヴォで紛争が勃発した。これらは「民族紛争」として語られるが、著者は「民族」概念の出現は近代の出来事で、西欧起源の領域主権国家は比較的同質的な「民族」を想定しているが、これが純粋に当てはまる地域がバルカンにはほとんど存在しないことに注意を促す。そして、バルカンの問題にイギリス・ロシア・フランスなどの大国が現地における利害関係を有しながら干渉してくる「伝統」が、今日まで続いていることを指摘する。

二〇一四年のウクライナ危機および二〇二二年二月二四日以来のロシア軍によるウクライナ侵攻の背景には、ウクライナ国内における親ロシア派と親西欧派の対立があった。ロシアの圧力を受けたヤヌコーヴィチ政権がEUとの経済協定交渉を打ち切ると、反対派は首都キエフの独立広場で抗議活動を行ない、治安部隊との衝突を繰り広げた。ヤヌコーヴィチ大統領の亡命により政権が崩壊すると、ロシアはウクライナ領のクリミアを独立させて併合した。また、ロシア系住民の多い東部二州も親西欧の新政権に対してウクライナからの独立を宣言し、暴力をともなう紛争が長期化している。そして現在のウクライナ情勢とその行方は世界が固唾を呑んで見守っている。黛論文は、なぜウクライナの人びとは親西欧派と親ロシア派に分かれるのか、そしてなぜそうした異なる志向を持つ人びとが一つの国家を形成しえたのかを数百年以上の歴史を遡って解明しようとしている。

第九章（早川英明）は、中東と言えば現在ではイスラームのジハード主義者による暴力が関心を引きがちだが、レバノン内戦（一九七〇―一九九〇）の文脈においては、イスラエルに対する抵抗としての暴力と宗派のアイデンティティに基づく暴力とが交差していたことに注意を向ける。レバノン共産党のマルクス主義思想家マフディー・アーミルは、西洋の帝国主義と資本主義がレバノンを宗派主義に基づく政治体制に仕立てあげた経緯が、労働者階級による統一的な政治勢力の形成を妨げていると告発する。アーミルに言わせれば、レバノン内戦が宗教間の争いに見えるのは虚像であり、実現すべきは宗派の違いで分断されてきた人びとの連帯である。イスラエルのレバノン侵攻に対する暴力的抵抗を呼びかけたアーミルは、反帝国主義的な民族闘争であるとともに反資本主義的な階級闘争でもある革命のための暴力を肯定した。

一方、ワッダーフ・シャラーラは、マルクス主義から出発しつつも、レバノン内戦における暴力の現実を前にして、この内戦は民族解放の階級闘争という観点だけでは理解できず、宗派の違いも暴力を発動させる要因として重要であることを認める。内戦時には共産党の軍事部門の責任者だったズィヤード・サアブは、やがて暴力による社会変革という考えを改め、反暴力を唱えるようになった。早川論文はこのような思想家たちの分岐の様子も視野に収めている。暴力の要因としての「宗教」は西洋の帝国主義的な支配において構成されたものである事実をアーミールの議論を紹介しながら浮き彫りにする著者は、そうした経緯を批判するのにマルクス主義やポスト植民地主義的な観点が有効であること、それでも暴力を実際に無効化することはきわめて困難であることにも気づかせてくれる。

第一〇章(園部裕子)は、アフリカのマリでなされている女性器切除(FGM)を中心に、この地域における女性に対する暴力を主題にする。近年サハラ以南アフリカにおいて、非人道的で残虐極まる暴力を女性にも振るうことで人びとの耳目を集めた組織と言えば、ナイジェリアのボコ・ハラムを想起しないわけにはいかない。女子生徒集団拉致事件や、少女に自爆ベルトを巻いて人混みのなかに行かせ、遠隔操作の起爆装置で爆破したことなどで知られている。マリでも、イスラーム・マグレブ諸国のアル=カーイダ(AQIM)が展開している。園部論文はこうしたテロ組織を直接的に扱うものではないが、政治・経済・治安が脆弱な社会で起きる紛争では、女性に対する性暴力が政府軍も反政府勢力側も用いる「戦争兵器」になるという。二〇一八年のノーベル平和賞受賞者であるコンゴの医師デニ・ムクウェゲも、「民兵や一時的に形成される小規模な武装勢力が、レイプという武器を使う」こと、「それによって生み出されるダメージは通常の戦闘によるものに劣らない」と指摘している(ムクウェゲ、二〇一九:一五八)。園部はまた、コロナ禍のような感染症や疫病の流行下でも女性に対する性暴力のリスクは増大することから、「シャドー・パンデミック」の視点も重要と強調する。

FGMは文化や宗教の名において正当化できるか、それとも廃絶すべきかという問いはなかなか微妙な面もはらむ。人類学者の大塚和夫は、自分自身も女子割礼を受けた経験のあるソマリ人女性が「これは私たちの文化であり、宗教であって、他の国の人たちが他の国の文化を取りあげることなどできないはずだ」から他の国の基準を「押しつけてはほしくない」と述べる発言を取りあげている。そして、「FGMという捉え方からすれば、これは伝統的慣行などではなく、女性と子供の基本的人権を侵害する、許容できないむき出しの「暴力」」にほかならないと述べる一方、「人道的」な「介入」も「暴力であることに変わりはない」という視点を持つことの重要性を指摘する。大塚は、このソマリ人女性が「もしソマリアの女たちが変わるとしたら、それはわたしたちの手によって、内部から変わっていかなければならない」と主張していることにも耳を傾けている（大塚、一九九八：二八八―二八九）。FGMを廃絶すべきものと主張する園部もまた、社会変動に主体的に関与してきたマリの女性たちの存在や、声をあげる女性や男性が増えてきたことに注目することで、いくつかの暴力のせめぎあいのなかで、FGM廃絶がいわゆる西洋流の「人道的」な「介入」とは別の形でなされることに期待をかけているように思われる。著者は、物心がまだつかない幼少期に施術を受ける者が大半であること、家父長制社会であるマリでは「FGMの決定を下すのは多くの場合子どもの父方の祖母で、母親にとっては義母であり逆らえない」こと、フランスやヨーロッパに庇護を求める理由にFGMが含まれることに注意を向けている。

第一一章（和田毅）は、見えない暴力である構造的暴力が、見える暴力である行為者暴力として発現するあり方を、現代メキシコの事例に即して論じている。メキシコでは一九八〇年代から九〇年代にかけて、政治面での民主化および経済面での自由化と経済成長が見られたが、それでも治安状態は悪化し暴力が蔓延している。著者は、軍事政権やゲリラと結びついた二〇世紀型の暴力から、麻薬組織に関連した二一世紀型の暴力へと暴力の質が変化したことを踏まえ、政治的・経済的・文化的な構造的暴力の変化に連動して、行為者暴力の様態も変化しているのかどうかを見極めようとしている。

政治的・経済的・文化的な著しい不平等の状態としての構造的暴力が、いかに行為者暴力を誘発するのか、あるいは抑制されることになるのか、という著者の問題設定は興味深い。そこには、闘争手段としての暴力の行き過ぎは、民主化を後退させてしまうのではとの危惧が窺える。論文は、現代メキシコでは、経済面や文化面での構造的暴力を是正するための戦いはさほど行為者暴力としては発現しないことを確認し、政治面での不平等や不正を是正すれば近年の深刻な暴力は減少に向かうかもしれないことを提言的結論として引き出している。

＊

構造的暴力が行為者暴力となって発現するかしないかという和田論文が立てた問いは重要である。むき出しの物理的暴力が吹き荒れると、あるいは凄惨な死を、あるいは癒えることの困難な傷をもたらす。それは通常、当該地域のなかで培われてきた構造的暴力を前史として持ち、ある文脈において発現し、将来にわたって禍根を残す。他方で、見える暴力が抑制されていれば問題なしというものでもない。酒井隆史は、「「暴力はいけません」という漠然とした「正しい」モラルこそが、暴力の蔓延を促進させ、暴力の圧倒的な非対称性を容認させ、暴力への無感覚を肥大化させている」と述べている（酒井、二〇一六：一六）。行為者暴力のアプリオリな否定は、むしろ構造的暴力を肥え太らせる結果を招きかねない。そうした構造的暴力と闘うには、非暴力的な闘争が効果を発揮する場合もあるが、暴力的な闘争を取らざるをえないこともある。ところで、小倉充夫が指摘するように、「構造的暴力は見えにくい暴力であり、加害者に暴力をふるったという自覚さえないことが多い」。構造的暴力に対する抵抗が、物理的暴力に訴えるのであれ、非暴力的な手段を用いるのであれ、それが構造的暴力の責任の所在を突き止めることは容易ではない。「被害者による加害者の特定の難しさが構造的暴力の特徴なのである。そのため、責任の少ないものを、さらには見当違いの相手を加害者として糾弾することも起こりうる」（小倉、二〇二一：二三四―二三五）。

　相手の取り違えは、暴力を複雑な連鎖の回路で拡大させ蔓延させることにもなりかねない。そのような悪循環を断ち切るものとして、愛や赦しは極めて貴重であるし、教育などを通じて「敵とはもう一人の自分自身である」（コネサ、二〇一六：三三）というメカニズムの自覚化を広く促すことにも一定の有効性が期待できる。だが、ここでは十分に議論するだけの紙幅がないし、この方向性は残念ながら到底万人向きとは思えない。

　以下に読まれる第Ⅱ部の諸論考は、各地域の複雑な暴力の力学と争点を解きほぐしてみたものである。国家の政治的暴力と民衆の抵抗的暴力（ミャンマー）。「私たち」と「他者」の違いが歴史的文脈のなかで再度強調される形で浮かびあがり、「味方」と「敵」の違いとして意識化されることによって発現する暴力（バルカンとウクライナ）。反帝国主義的な民族闘争と階級闘争としての革命的暴力と、宗派の要素が強調される暴力（レバノン）。不安定な社会においていっそう深刻度を増す性暴力（マリ）。構造的暴力と行為者的暴力の関係と諸相（メキシコ）。各論文において提示される暴力の起伏に富む稜線をたどれば、それぞれの「地域」と「現代」の刻印が押された形の暴力が具体的な姿で立ち現れてくる様子を目にすることができるだろう。

引用文献

コネサ、ピエール（二〇一六）『敵をつくる――〈良心にしたがって殺す〉ことを可能にするもの』嶋崎正樹訳、風行社（原書二〇一一）。
ムクウェゲ、デニ（二〇一九）『すべては救済のために――デニ・ムクウェゲ自伝』加藤かおり訳、あすなろ書房（原書二〇一六）。
小倉充夫（二〇二一）『自由のための暴力――植民地支配・革命・民主主義』東京大学出版会。
大塚和夫（一九九八）「女子割礼および／または女性性器切除（ＦＧＭ）――一人類学者の所感」江原由美子編『性・暴力・ネーション』（フェ

ミニズムの主張四）勁草書房、二五七―二九三頁。

ピンカー、スティーブン（二〇一五）『暴力の人類史』上・下、幾島幸子・塩原通緒訳、青土社（原書二〇一一）。

酒井隆史（二〇一六）『暴力の哲学』河出文庫。

西村明「暴力のかたわらで」（二〇〇四）池上良正・小田淑子・島薗進・末木文美士・関一敏・鶴岡賀雄編『岩波講座宗教（第八巻）暴力――破壊と秩序』岩波書店、二八〇―二九九頁。

ミャンマーにおける国家的暴力／革命的暴力の可視化

藏本龍介

（くらもと　りょうすけ）
東京大学東洋文化研究所准教授
専門は文化人類学
著書に『世俗を生きる出家者たち――上座仏教徒社会ミャンマーにおける出家生活の民族誌』（法藏館）、『転換期のミャンマーを生きる――「統制」と公共性の人類学』（共著、風響社）、『ミャンマーを知るための60章』（共著、明石書店）などがある。

はじめに

二〇二一年二月一日、国軍はクーデターによって政権を掌握し、二〇二〇年一一月の総選挙で圧勝した国民民主連盟（NLD）を追放し、アウンサンスーチー（以下スーチー）を始めとするNLDの要人を多数、逮捕勾留した。これに反発する市民は、都市部／農村部、ビルマ族地域／少数民族地域を問わず、抗議活動や民主主義を支持するデモ、市民的不服従運動やその他の組織的不参加（医療従事者、銀行員、政府官僚など）といった手段で抵抗を始めた。現在（二〇二一年九月時点）まで続いているこの抵抗運動は、「春の革命」と呼ばれている。

それに対し国軍（およびその支配下にある警察）は、国家に「秩序」を取り戻すという名目で、拉致、拷問、超法規的殺人、公共の場での暴力行為、病院・学校・慈善団体の襲撃など、無差別的な暴力を講じている。ミャンマーの人権団体「政治犯支援協会（AAPP）」によると、弾圧による死者は現時点（二〇二一年九月半ば）で一一〇〇人以上、拘束者八〇〇〇人以上に上っている。また少数民族地域では戦闘が広がり、二〇万人以上もの国内避難民が生じている。さらにこの混乱の中で医療が崩壊しており、新型コロナウイルスの感染爆発が止まらない。

本論集の趣旨に絡めるならば、これらの状況はミャンマーの人々自身によってスマートフォンで録画され、Facebookを中心とするSNSを通じてリアルタイムで世界中に拡散されることによって、「可視化」されている。一方で、国軍による市民の弾圧は目新しいものではない。一九八八年、二〇〇七年にも民主化デモが弾圧され、多数の死傷者が出ている。また、多数派のビルマ族から少数民族へと目を転じてみれば、ミャンマーは一九四八年の独立以来、七〇年以上にわたって常に「内

表　ミャンマー近現代史年表

1886〜1948	イギリス植民地期
1948〜1962	議会制民主主義期（ウー・ヌ）
1962〜1988	ビルマ式社会主義期（ネ・ウィン）
1988〜2011	軍事政権期（タン・シュエ）
2011〜2016	連邦団結発展党（USDP）政権期（テインセイン）
2016〜2021	国民民主連盟（NLD）政権期（アウンサンスーチー）
2021. 2. 1	国軍によるクーデター（ミンアウンフライン）

（注）網掛け部分は国軍が政治を支配していた時期

戦」状態にあった。さらに二〇一〇年代には、ロヒンギャと呼ばれるイスラム系住民に対する弾圧が激化し、大量の難民が発生している。つまりどこに注目するかによって違いはあれども、国軍は国民に対して一貫して暴力的であるといえる。

それではなぜミャンマーでは、「国を守る」はずの国軍が国民に暴力を振るうのか。あるいは、なぜ国民に暴力を振るう国軍が、権力を握り続けられるのか。本稿ではクーデターに至る歴史的背景（2〜3節）と、国軍の支配のロジック（4〜6節）を確認することによって、この問題について検討してみたい。その上で、最後に今後の展望について考えてみる（7節）。なお、筆者自身はミャンマー仏教を研究している人類学者であり、政治分析を専門としているわけではない。今回のクーデターをめぐっては既に国内外の研究者やジャーナリストによって、多数の研究・報告がなされている。特に断りのない限り、本稿の議論はこれらの先行研究を相互に関連づけながら整理したものであり、より詳細な分析を知りたい方は原典を参照されたい[1]。

1　国軍による政治支配の確立

ミャンマーでは一九六二年から現在に至るまで、国軍が形を変えながらも常に政治の中心にいる。二〇一一年までは実質的な軍事政権であり、二〇一一年の民政移管以降も議会の四分の一を軍人議員が占める。それではなぜこのような状況が生まれ、そして続いてきたのか。まず、その歴史的経緯を確認しておこう。

ミャンマーは一八八六年にイギリスによって全土が植民地化された。それ以前はビルマ族、シャン族、モン族、ヤカイン族など幾多の王国が興亡していたが、王権は廃位され、近代国家建設が始まる。イギリスが民族ごとの分断統治政策をとったこともあり、植民地期を通じて各民族の民族意識が高まっていく。やがて最大民族のビルマ族を中心として反英ナショナリズム運動が勃興し、日本占領期を経て一九四八年に独立を果たす。

しかし独立後の文民政府は最初から困難な船出となった。独立運動を指導し、諸民族の連帯に尽力したアウンサン将軍が、独立前年に暗殺されたからである。アウンサンに代わって初代首相に就任したウー・ヌは、連邦制と議会制民主主義を土台に、段階的に社会主義経済化することを目指した。しかし、ビルマ共産党や少数民族の武装組織による内乱、仏教国教化政策に伴う議会の混乱などによって政治は不安定化する。こうした状況の中で、国軍は自分たちが国家をまとめられる唯一の力であると考えるようになった。

そして一九六二年、国軍はクーデターを起こし、国軍最高司令官ネ・ウィン率いる革命評議会が政権を握ることとなった。ネ・ウィンは議会制民主主義を否定し、既成政党をすべて解散する。そして仏教とマルクス主義を混ぜ合わせた「ビルマ式社会主義」と呼ばれる新しいイデオロギーを標榜し、これを実現する組織としてビルマ社会主義計画党（ＢＳＰＰ）を結成した（一九七四年以降は革命評議会から形式上の民政移管が行われ、ＢＳＰＰの一党独裁体制となる）。そしてビルマ式社会主義のもと、国軍は外国資本の排除、経済の国有化、農産物の強制買取を推進した。しかし経済状況は悪化し、それに対する不満から一九八八年に学生を中心とした大規模な民主化運動が起こり、アウンサン将軍の娘であるスーチーが運動の指導者として国民の支持を集めるようになる。

その結果、ネ・ウィンは退陣を余儀なくされるが、国軍は国家法秩序回復評議会（ＳＬＯＲＣ、後に国家平和発展評議会〔ＳＰＤＣ〕に改称）を結成し、再度クーデターによって実権を掌握した。そして総選挙の実施を約束する一方、暴力によって民主化運動を鎮圧した（一週間で一〇〇〇人以上の学生・市民を殺害）。一九九〇年に実施された総選挙では、民主化運動のリーダーとなったスーチーが結成した国民民主連盟（ＮＬＤ）が大勝するが、国軍は政権委譲を拒否し、その後、国軍最高司令官タン・シュエを中心として直接的な軍政を敷くことになる。それはイデオロギーなき暴力による支配であり、軍政下でスーチーはおよそ一五年にわたって自宅軟禁に置かれ、ＮＬＤ幹部や学生活動家の多くは投獄されることとなった。また二〇〇七年には仏教僧侶を中心に「サフラン革命」とも呼ばれる反軍政デモが生じたが、これも一ヶ月程度で鎮圧された。

一方で、欧米からの経済制裁を受けるなど国際的に孤立した軍政は、二〇〇〇年代以降、国際社会への復帰を一つの目的として、自作自演の民主化を進めていく。二〇〇三年に発表された「民主化への七段階ロードマップ」がその具体例であり、二〇〇八年にはロードマップに従って新憲法を制定した。この憲法は、議会の四分の一の議席を軍人に割り当てるなど、国軍が政治に強い影響力をもつことを保証するものであった。また夫が外国人であるスーチーが大統領に就任できないように狙い撃ちにした条項も盛り込まれていた。憲法改正には、議会の四分の三を超える賛成が必要なため、実質的に国軍が憲法改正への拒否権を握っている。そのためスーチー率いるＮＬＤは新憲法を認めないという立場をとり、二〇一〇年に二〇年ぶりに実施された総選挙をボイコットする。その結果、国軍の外郭団体である連邦団結発展党（ＵＳＤＰ）が政権を担うことになり、新大統領に元軍人で軍政時代のＮｏ．４であったテインセインが就任し、形式上の民政移管が実現する。

このように独立以来、国軍が政治を支配し、「下から」の民主化の動きが出てくるとこれを暴力によって弾圧し、逆に「上から」の民主化を主導することで、見せかけの民主体制を実現した。二〇〇八年憲法は民政移管後も国軍の支配が続くように綿密に設計されたものであり、その意味でUSDP政権の誕生は、国軍のシナリオどおりに事が運んだといえる。しかし形式上であれ民主主義的な政治システムが導入されたことが、国軍の意図せぬ結果を招くことになる。次に二〇一一年から二〇二一年クーデターに至るまでの一〇年間の経緯をみていこう。

2 国軍による政治支配の揺らぎ

二〇一一年に始まったテインセイン政権の大きな特徴は、それまでの国軍の方針とは異なり、スーチーとの協調路線をとったことにある。軍政時代に首相を務めた経験もあるテインセインは、ミャンマーに対する国際社会の厳しい姿勢を熟知していた。つまりミャンマーの発展のためにはスーチーの協力が不可欠であると分かっていた。この方針転換を受けてスーチーおよびNLD側も、二〇一二年の補欠選挙で国政に復帰し、国軍贔屓の新憲法を一旦は受け入れて、その枠組みの中で憲法改正を目指していくという方針をとることになる。このようにテインセイン政権が政治的には民主化、経済的には対外開放を進めていった結果、経済制裁を解かれたミャンマーには外国投資が流入し、日本を含む国際社会からの経済協力も得て、アジア最後のフロンティアと呼ばれるようになる。

こうした状況の中で、二〇一五年の総選挙を迎える。これは一九九〇年以来の自由で公正な選挙となり、そこでスーチー率いるNLDが八割以上の議席を獲得し圧勝する。国軍系のUSDPはテインセイン政権で着実な実績を積み重ねたが、スーチーのカリスマ的人気の前に屈した形となった。とはいえ、上述したように二〇〇八年憲法のもとでは議会の四分の一の議席が軍人に割り当てられている。その結果、国家の権力構造を俯瞰的にみると、スーチー率いるNLDと、国軍最高司令官ミンアウンフラインが率いる国軍とが権力を分有するという、二重権力体制が誕生した。しかしその後のスーチー側の施策は、徐々に国軍の権力を侵食し、二重権力体制を揺るがしていく。

国軍にとって想定外だったのは、第一に、NLDが二〇〇八年憲法の一部条項を利用して「国家顧問」なる役職を新設し、二〇〇八年憲法によって大統領になることを禁じられているスーチーがそこに就任することによって、事実上の国家元首となったことである。第二に、そのスーチーが二〇〇八年憲法改正に着手し始めたことである。上述したように憲法改正は国軍が実質的な拒否権を握っているため、改正が実現する見込みはゼロに等しい。それにもかかわらずスーチーは自らの公約・党是を全うするため、あるいは全うしようとしている姿勢を国民にみせるために、憲法改正のプロセスを半ば強引に進めていく。そして次の総選挙が近づいた二〇二〇年三月、憲法改正案を議会に提出する。これは軍人議員やUSDPの反対で否決されたものの、両者の間には禍根が残った。

こうしたスーチーの施策は、必然的に国軍の経済利権にとっての脅威にもなる。国軍は一九六二〜八八年のネ・ウィン社会主義体制のもとで経済の国有化を果たし、広大な事業用地や都市部の不動産も数多く保有している。さらに一九八八年以降は二つの持株会社、Myanmar Economic Holdings Limited（ＭＥＨＬ）とMyanmar Economic Corporation（ＭＥＣ）を軸に、ガス、森林、宝石など手広くビジネスを展開しており、近年は外資との合弁で急成長を遂げた。これらの企業はミンアウンフラインを中心とした国軍上層部によって管理されており、莫大な金額を国軍に流しているとみられている。このように国軍上層部とその家族は、その政治力を利用し、市民を犠牲にして自分たちを豊かにしてきた。それに対しスーチーは、徴税や土地の管理を担当する総務局の人事を変更し、この禁断の領域に手を付けようとした。

そして迎えた二〇二〇年一一月の総選挙において、スーチー率いるＮＬＤは再び「真に民主的な国家の実現」を掲げ、圧勝する。二〇一一年に国軍が民政移管を認めたのは、自分たちが権力の中心に居続けるという条件を設定したと信じていたからである。しかしその後の一〇年間で、その条件が反故にされつつあることに気づくことになった。二〇〇八年憲法を基礎にして成立している以上、いかなる政党も憲法改正を目論んだり、国軍の意向や利権を無視したりしてはならない。二〇二一年二月のクーデターは、自分からは離れていく権力を確保するための手段であったといえる。

3　支配の正統性という問題

国軍は二〇二一年二月一日にクーデターによって権力を奪取した後、最高統治機関としてミンアウンフラインを議長とする「国家行政評議会」を組織するなど統治の既成事実化を推し進めている。国軍はこのクーデターを二〇〇八年憲法と二〇二〇年総選挙不正を理由に正当化している。そして総選挙を再度実施し、そこで勝利した政党に政権を委譲するとしている。しかし国軍統制下で実施される次の総選挙は、全く自由でも公正でもないものになる可能性が高い。そこには政敵であるＮＬＤを排除しようという明確な意図が読み取れる。

これまでみてきたように、国軍は革命評議会（一九六二～）、ビルマ社会主義計画党（一九七四～）、国家法秩序回復評議会（一九八八～）、国家平和発展評議会（一九九七～）、ＵＳＤＰ政権（二〇一一～）というように、装いを様々に変えながらも常に政治の中心に居続けてきた。そこに今回、国家行政評議会が加わることになった。そして次に予定されている総選挙によって、国軍系政党に権力を委譲し、真の民主化が実現したと主張するつもりだろう。このように独立以降のミャンマー政治史は同じパターンの繰り返しによって特徴づけられる。その動きは緩慢で、国軍はそれを好んでいる。

またクーデターに伴う権力掌握のプロセスにおいても、あたかもマニュアルがあるかのような杓子定規な方法がとられている。つまり、①クーデター後に「評議会」を結成する、②行政・司法・立法を掌握した上で民主化派に対して暴力を行使する、③デモ活動を違法とする法律（夜間外出禁止令、五人集会禁止令など）を制定する、④メディアを統制し国軍の正統性を主張するといった方法である。このほかにも、受刑者に恩赦を与えて釈放したり（社会不安を高める）、デモ側にスパイを送り込み内部分裂を図ったりするといった狡猾な方法も常套手段である。

このように国軍による実効性のある支配の背景には、突き詰めると暴力による強制力がある。しかし安定した支配を確立するためには、暴力以外の手段によって支配を正統化する必要がある。この問題を考えるために、ウェーバー（M. Weber）の分類――①伝統的支配（世襲相続など、歴史上の連続性を根拠とする）、②カリスマ的支配（カリスマ的人物の権威を根拠とする）、③合法的支配（選挙など人々が合法的だと信じる方法を根拠とする）を参照してみよう（ウェーバー 一九七〇）。

この分類に依拠するならば、国軍はまず、自分たちに都合のいい憲法や法律を制定することによって、合法的支配を確立しようとしているといえる。現在の国軍が総選挙という手続きにこだわっているのも同じ理由からである。しかしこうした自作自演的な方法は、当然のことながら人々の積極的な「服従」を引き出すことができない。そこで重要になってくるのが、伝統的・カリスマ的支配である。

第一に、国軍がよく用いるモチーフとして「国軍は国民の親」というものがある。たとえば軍政時代の一九九〇年代には、国中に看板を立てて以下のようなスローガンを盛んに喧伝した。「国軍だけが母、国軍だけが父。まわりの言うことを信じるな、血縁の言うことだけを信じよ。誰が分裂を企てても、我々は分裂しない」。そこには自分たちだけが、国家を正しい方向に導くことができるという強い自負がみえる。その背景には、ミャンマーという国家の歪な構造がある。ミャンマーは独立に際し、イギリス植民地政府が引いた国境線を引き継いだ結果、中央平原部に居住するビルマ族（約七〇％）と、周辺山岳地帯に居住する公称一三五の少数民族（約三〇％）からなる多民族国家となった。そしてこれらの少数民族においては約二〇もの武装勢力が存在し、それぞれが独自の財源と行政組織と軍隊をもっており、ＫＮＵ（カレン族）、ＫＩＡ（カチン族）など強力なものは自律性の高い疑似国家的な領域を形づくっている。このようにすぐにでも瓦解しかねない国家の統一性を維持できるのは国軍しかいない、というのが多数派ビルマ族に対する国軍の主張となってきた。

第二に、「国軍＝王」というモチーフがある。そしてこのモチーフは「仏法王」と「絶対君主」という相反するイメージの重なりとして現れている。以下、それぞれについてみてみよう。

4 「仏法王」というモチーフ[2]

ミャンマーを始めとする上座部仏教圏において王朝期を通じて発展した概念に、「仏法王（ダンマラージャ）」という理想的な統治者像がある。ここでいう仏法王とは、仏教を守護する王であり、具体的には仏教の担い手であるサンガ（出家者集団）を経済的に支援すると同時に、サンガが仏教を正しく実践・継承できるように管理統制するという特徴をもつ。その一方でサンガの助言に基づいて仏法に適った統治を行うことが、さらには仏教を護持するサンガの存在自体が、王権の支配の正統性を保証する（石井 一九七五など）。こうした王権とサンガの共生関係を基礎とした国家体制は「上座部仏教国家」と評されている（奥平 一九九四）。ミャンマーにおいても歴代の王たちは理想の「仏法王」たらんとし、サンガや一般の仏教徒たちもまた、理想の「仏法王」を望んできた。そして王権は植民地化によって失われたが、国民の八〇％以上を仏教徒が占めるミャンマーにおいて、「仏法王」の理想は一つの強力なモデルとして、独立後の政治世界においても大きな影響力を及ぼしている。

国軍はビルマ式社会主義期（一九六〇～八〇年代）においては、政教分離的施策をとり、仏教（サンガ）支援からは距離をとっていた。むしろサンガの政治力を牽制するためにもっぱらサンガの管理統制に尽力し、その成果として一九八〇年に中央集権的な国家サンガ組織を成立させた。一方で、民主化運動を弾圧し総選挙の結果を無視して成立した軍事政権期（一九九〇～二〇〇〇年代）においては、支配の正統性を確立するために「仏法王」のイメージが盛んに喧伝されるようになる。つまり歴代王の功績をたたえるモニュメント・博物館の建設、王宮の復元によって「仏法王」のイメージを喚起しつつ、パゴダ（仏塔）の建設・修復事業、高僧への称号授与といった仏教支援事業を推進することによって、そうした「仏法王」の系譜に自らを位置づけようとした。また、政府高官がパゴダ建設を視察したり、各種の布施儀礼に出席したりする様子は、国営テレビ・新聞・ラジオ・雑誌などの各種メディアによって、毎日のように伝えられていた。

同様の状況は、クーデター後の現在においてもみられる。ミンアウンフラインはクーデター後の国民向け演説で、国家行政評議会の最初の施策として、「全国のパゴダ（仏塔）を公共のために再開する」ことを発表した。また国営メディアは役人がパゴダを清掃している様子や、国軍の要人たちが国軍お抱えの僧院に多額の布施をしている様子を定期的に放送している。ここにも国軍の「マニュアル」を見出すことができるだろう。

一方で、こうした「仏法王」モデルは国軍の支配の正統化に十分に寄与しているとは言い難い。多くの市民は、国軍による仏教支援は政治的パフォーマンスに過ぎないとみている。また国軍による仏教の政治利用に対し、出家者たちはしばしば「覆鉢」と呼ばれる宗教的ボイコットによって対抗している。これは国軍関係者からの布施を拒否すること、つまり「国軍不支持」を表明することであり、国軍の支配の正統性を大きく揺るがすものである。それゆえに国軍は、国家サンガ組織を通じてこうした反国軍的出家者に「異端僧」や「堕落僧」の烙印を押し取り締まってきた。しかし今回のクーデター後、その国家サンガ組織ですら国軍を非難する声明を出している。また三月には高僧たちが国軍に対して、仏典に記された「王の十大義務」を遵守するように求める声明を出した。つまり「仏法王」としては失格という判断を下されている。

5 「絶対君主」というモチーフ

では国軍は支配の正統化に失敗しているのか。もしかすると国軍はそもそも支配を正統化しようとしていないのかもしれない。「国軍＝王」というモチーフのもう一つの面は、「絶対君主」というイメージである。ミャンマーの政治学者であるマウンマウンジーは、ビルマ式社会主義期を事例として国軍の態度は絶対的・全知全能的権力者としての王権の特徴——①恣意的な行動、②権力の独占、③王の命令に従わせるための暴力と恐怖の使用——を引き継いでおり、その結果、一般市民は国軍に対する無力感と諦めを抱くようになったと指摘している（Maung Maung Gyi 1983）。

またオーストラリア国立大学の政治学者のチーズマン[3]は、クーデター後に国軍が国民に対して行使している暴力の特徴を「超致死的暴力（extra-lethal violence）」と表現した上で、これを絶対的権力者としてのパフォーマンスとして捉えている（Cheesman 2021a）。超致死的暴力とは、単に殺すことを超えた暴力、殺すために必要となる以上に行われる暴力を意味する。こうした超致死的暴力を前にして、我々は「この暴力は何のためのものなのか」「国軍は何を根拠に、自国民に対する異常な暴力行為を正当化しているのか」と問いたくなる。そしてこれらの暴力が、落ち着きのない大衆を鎮めるため、内部の敵を封じ込めたり排除したりするためなのではないかと推察する。しかしチーズマンによれば、国軍の超致死的暴力は、このように手段と目的を軸にした西洋的発想では理解できない。それは一言でいえば「壮大な見世物」である。

> 兵士や警察が死体を引きずり回し、待機中のトラックに捨て、切り刻まれた死体を家族に返すとき、彼らは死体を何かをするために使う手段として扱っているのではない。……演劇的な比喩で言えば、小道具として使っているのである。これらの身体は、ありふれた虚構、すなわち軍事的秩序の虚構を再現するために集められ、並べられ、引きずり回され、蹴られ、投げられ、捨てられる。身体に加えられる暴力は自己言及的である。それが何のためかを問うことは無意味である。まさにそこがポイントなのだ。これがミャンマーにおける国軍的秩序の永続的な論理なのである（Cheesman 2021a）。

超致死的暴力は、国軍こそが排他的に国家の現在および将来の状況を決定できる立場にあるということ、国民はただじっとそれを黙認する存在であるということを表明している。それは対話の拒絶であり、それゆえに本質的に反政治的なものである。

こうしたチーズマンの分析は、「仏法王」と並ぶ東南アジアのもう一つの王権論である、ギアツの「劇場国家論」（ギアツ一九九〇）を思い起こさせる。ギアツによれば、古典期バリという劇場国家においては、誰よりも華麗で盛大な儀礼を主催することこそが、王権という地位の本質であった。つまり儀礼は王権の力を誇張したり、搾取を隠蔽したり、権威を称揚したりするための手段ではなく、それ自体が、現実がいかに秩序づけられているかを表現するものなのである。国軍支配下のミャンマーもまた、一つの「劇場国家」であるといえるかもしれない。ただしそこで中心となっているのは、華美な儀礼ではなく、超致死的な暴力である。それは支配の正統化を確立するための手段ではなく、支配そのものの表現なのかもしれない。

6　革命的暴力の可視化

これまでみてきたように、国軍は長期にわたる政治支配の中で培われてきた権力掌握のパターンをもっている。それは民主化運動を弾圧するためのある種の「マニュアル」や、「親」や「王」をモチーフとした支配の正統化あるいは誇示といった例にみてとれる。今回の「春の革命」への対応もその延長上にある。つまり国軍は変わらないし、変わろうとしていない。一方で、市民の側は大きく変化しつつある。国軍にとっての最大の誤算は、こうした市民の変化にある。

第一に、市民はもはや「王」を求めていない。二〇一六年から政権を担い、また二〇二一年から第二期の政権を担う予定だったＮＬＤは、スーチーというカリスマによって象徴される組織であった。つまりミンアウンフラインとスーチーの対立は、ある種の王権争いの様相を呈していた。多くの市民もまた、スーチーという「王」を求めていたともいえる。しかし今回の「春の革命」は、単にスーチーおよびＮＬＤの復権を目指すだけでなく、異なる種類の政治的未来を想像するものである。つまりミャンマーが今後、「王」を中心とした主権と、民意に基づく主権のどちらの政治体制をとるのかという、政治的仕組みそのものに関わるものになっている。

第二に、これと密接に関わる動きとして、ビルマ族仏教徒ナショナリズムが揺らぎつつある。上述したような「仏法王」という理想とそれを中心としたビルマ族仏教徒ナショナリズムは、多数派のビルマ族仏教徒の結束力を高める一方で、非ビルマ族・非仏教徒の反発をもたらしてきた。歴史を振り返れば、最初の国軍クーデターを呼び込んだ一因も、ウー・ヌによる仏教国教化法案をめぐる国政の混乱だった。そして二〇一六年に成立したＮＬＤ政権も同種の問題を抱えていた。つまり二〇一〇年代における仏教ナショナリズム運動＝反ムスリム運動の全国的な盛り上がりの中で、スーチーは二〇二〇年の総選挙を見据え、多数派の仏教徒に配慮して国軍によるムスリム系住民であるロヒンギャの民族浄化・虐殺を黙認するという、国際社会が注目するような妥協をすることになった。

それに対し「春の革命」とその後に続いた国軍の弾圧は、多数派のビルマ族にとっても国家から疎外されるという強烈な感覚をもたらすことになり、従来から疎外されてきたマイノリティへの共感や、国軍を共通の敵としてみなすという意識が広がっている。各種の抗議運動で注目すべきは、非仏教徒の人々が、宗教的な衣装を身にまとい、宗教的なアイデンティティを主張しながら行進やデモを行っていることである。さらにこうした非仏教徒の明確な宗教的表現は、仏教徒の参加者から、運動の多様性とそのビジョンを反映したものとして賞賛されている。反国軍という連帯感は、宗教的・民族的ナショナリズムよりも強くなっているといえる。それは同時に、新たな形態の政治の可能性を示唆するものでもある。

第三に、こうした意識の変化や連帯を促すものとして、情報技術の利用が挙げられる。ミャンマーでは二〇一一年の民政移管以降、インターネット、スマートフォンが普及したことによって、FacebookをはじめとするSNSの利用者が急速に増加した。クーデター後、国軍は民間メディアの免許剥奪や記者の拘束といった常套手段でメディアを統制し、国営メディアを通じたプロパガンダと行動監視の徹底で市民の不満を抑え込もうとした。しかし「ジェネレーションZ（Z世代）」と総称される若者たちを中心に、国軍の規制を掻い潜って活発な情報交換が行われており、それが既存の地理的・社会的境界を超えた連帯を形成する重要な契機となっている。クーデター後に国軍に対抗すべく、総選挙で当選したNLD議員や少数民族の代表によって結成された「国民統一政府（NUG）」は、対外的には諸外国が反軍勢力にアクセスするための窓口、対内的には抵抗運動を組織化する役割を担っているが、その活動はインターネット上での声明の発表を中心としている。

そして二〇二一年九月七日、NUGは、国軍が残酷な殺害や拘束を続けているとして市民に蜂起を呼びかけ、九月半ば現在、市民や少数民族武装勢力による攻撃が相次いでいる。当初は非暴力を掲げていた国軍への抵抗運動だったが、国軍の度重なる暴力、国際社会の支援の限界から、自衛のための戦争に踏み切るしかなかったといえる。既に一一〇〇人以上の犠牲を出したことで、国軍と市民の対立は決定的なものになった。こうした状況は、確かに国軍にとっては誤算だっただろう。しかし、国軍は従来どおりのパターンを踏襲するしか方法がない。このまま強硬姿勢を崩さず、約束している総選挙へと持ち込み、自らの望む形で再度の民政移管を実現しようとするだろう。

一方で、市民の抵抗運動は新たな局面に入った。暴力の可視化という本論集のテーマに引きつけていえば、「春の革命」にみられる市民による革命的暴力こそが、ミャンマーの歴史上、初めて「可視化」された暴力であるといえよう。それは過去の政治の「回復」ではなく、これまでなかった形態の政治の「創造」を目指すという点で、ミャンマーという国家のあり方を根本から変えうる可能性を秘めている。長年にわたって繰り返されてきた国家的暴力と、新たに登場した革命的暴力の争い。戦争状態が長期化すれば、市民生活は悲惨な状態になっていく可能性が高い。しかし人々はリスクを承知で、新しい政治的未来のために命がけの「一票」を投じようとしている。

（1）今回のクーデターに関しては、長田（二〇二一a、二〇二一b）、北川（二〇二一）、工藤（二〇二一）、永杉（二〇二一）、国軍に関しては中西（二〇〇九）、ロヒンギャ問題に関しては日下部・石川編（二〇一九）、中西（二〇二一）、ミャンマーの近現代史に関しては根本（二〇一四、二〇一五）に詳しい。

（2）今回のクーデターと宗教（仏教）の関係を分析した記事として、Artinger & Rowand（2021）、Hayward（2021）、Jordt（2021）がある。本節の記述はこれらの記事も参照している。

（3）チーズマンは今回のクーデターについて、インターネット上でいくつか論考を発表している。本節では特にCheesman（2021a；2021b；2021c）を参照している。

参考文献

石井米雄（一九七五）『上座部仏教の政治社会学』創文社。

ウェーバー、マックス（一九七〇）『支配の諸類型』（世良晃志郎訳）創文社。

奥平龍二（一九九四）「上座仏教国家」池端雪浦編『変わる東南アジア史像』山川出版社、九〇―一〇八頁。

長田紀之（二〇二一a）「クーデター後、国軍は何をしようとしているのか？」『IDEスクエア：世界を見る眼』日本貿易振興機構アジア経済研究所、一―九頁。

――（二〇二一b）「未完のクーデター、兆す「革命」――ミャンマー政変を考える」『アジア時報』五六七：二〇―三一頁。

ギアツ、クリフォード（一九九〇）『ヌガラ――一九世紀バリの劇場国家』小泉潤二訳、みすず書房。

北川成史（二〇二一）『ミャンマー政変――クーデターの深層を探る』筑摩書房。

日下部尚徳・石川和雅編著（二〇一九）『ロヒンギャ問題とは何か――難民になれない難民』明石書店。

工藤年博（二〇二一）「クーデターの背景――誤算の連鎖」『IDEスクエア：世界を見る眼』日本貿易振興機構アジア経済研究所、一―七頁。

永杉豊（二〇二一）『ミャンマー危機――選択を迫られる日本』扶桑社。

中西嘉宏（二〇〇九）『軍政ビルマの権力構造――ネー・ウィン体制下の国家と軍隊１９６２―１９８８』京都大学学術出版会。

――（二〇二一）『ロヒンギャ危機――「民族浄化」の真相』中央公論新社。

根本敬（二〇一四）『物語 ビルマの歴史――王朝時代から現代まで』中央公論新社。

――（二〇一五）『アウンサンスーチーのビルマ――民主化と国民和解への道』岩波書店。

Artinger, Brenna & Michael Rowand（2021）“When Buddhists Back the Army: Many Monks in Myanmar are Supporting the Military Coup”. *Foreign Policy*.（https://foreignpolicy.com/2021/02/16/myanmar-rohingya-coup-buddhists-protest/）

Cheesman, Nick（2021a）“Myanmar’s Theatre of Violence: The Act of killing”. *ABC Religion & Ethics*.（https://www.abc.net.au/religion/myanmar%E2%80%99s-theatre-of-violence-the-act-of-killing-online/13387100）

――（2021b）“Post-legalism and the Fear of Politics: Understanding Myanmar’s Contradictory Coup”. *ABC Religion & Ethics*.（https://www.abc.net.au/religion/post-legalism-and-myanmars-contradictory-coup/13135576）

――（2021c）“State Terror and Torture: The Hatred of Politics in Myanmar”. *ABC Religion & Ethics*.（https://www.abc.net.au/religion/state-terror-torture-and-anti-politics-in-myanmar/13270932）

Hayward, Susan（2021）“Beyond the Coup in Myanmar: Don’t Ignore the Religious Dimensions”. *Just Security*.（https://www.justsecurity.org/75953/beyond-the-coup-in-myanmar-dont-ignore-the-religious-dimensions/）

Jordt, Ingrid（2021）“Notes on the Coup in Myanmar: Karmic Kingship, Legitimacy, and Sovereignty”. *Contending Modernities*.（https://contendingmodernities.nd.edu/global-currents/myanmar-coup-kingship/）

Maung Maung Gyi（1983）*Burmese Political Values: The Socio-Political Roots of Authoritarianism*. New York: Praeger.

冷戦後東欧地域における紛争と暴力の歴史的背景
——ユーゴスラヴィアとウクライナ

黛　秋津

（まゆずみ　あきつ）
東京大学大学院総合文化研究科教授
専門は近世・近代バルカン史・黒海地域史
著書に『三つの世界の狭間で——西欧・ロシア・オスマンとワラキア・モルドヴァ問題』（名古屋大学出版会）、『黒海地域の国際関係』（分担執筆、名古屋大学出版会）などがある。

はじめに

二〇二二年二月二四日、ロシア軍がウクライナに侵攻した。この力によるロシアの現状変更の試みが将来どのような結果をもたらすのかについては、本稿執筆時点ではわからないが、この出来事は、冷戦終結後の国際秩序を揺るがすような時代の転換点となるかもしれない。それ故、ここでいま一度冷戦終結後の歴史を振り返り、この三十年余りの出来事を検討することは重要であるように思われる。

第二次世界大戦後に始まった冷戦の中にあっても、ベトナム戦争や中東戦争などの「熱い」戦争や、ハンガリー動乱、「プラハの春」後のチェコ事件に見られる東側ブロック内での動乱、その他、中米やアフリカでの米ソ代理戦争としての地域紛争など、各地で紛争や暴力が続いたことは周知のとおりである。第二次世界大戦後の武力紛争によって、一九八〇年代後半までに約一七〇〇万人が死亡したとされ、世界的に見れば冷戦期は決して紛争や暴力が凍結されていた時期ではなかった。しかしその一方で、東西両陣営が互いに争いながら、それぞれが「第三世界」の統合を進める中で、時には影響下の地域での紛争拡大を抑止し、また紛争の芽が現れた際にも、世界戦争への拡大を恐れてそれを抑えようとする力が働くこともあった。このように、冷戦構造は世界を安定化させる機能を持ち合わせていたと考えられ、アメリカ現代史研究者の菅英輝は、冷戦期のこうした安定化の側面を「冷戦統合」と呼んでいる（菅［二〇〇二］一—二頁）。事実、ソヴィエト連邦が崩壊し、アメリカ一強となった冷戦終結後には、「冷戦統合」の抑止力が失われ、世界各地で地域紛争が生じることとなった。

それらの紛争のうち、冷戦終結直後に生じた極めて大規模な紛争が旧ユーゴスラヴィア連邦での民族紛争であった。一九九〇年代を通じてクロアチア、ボスニア・ヘルツェゴヴィナ、コソヴォなどで生じた紛争は多くの犠牲者を生み、「バルカン＝民族紛争の地」のイメージを世界に再確認させることとなった。

一方、旧ソ連のヨーロッパ地域においても、不安定な状況が続いていた。ソ連崩壊後も旧ソ連構成国での影響力の維持を目指すロシア連邦は、時にEU・NATOへの接近を図るモルドヴァ、アルメニア、ジョージア（グルジア）などに干渉し、しばしば欧米と対立した。特に二一世紀に入ってから焦点となったのがウクライナである。二〇〇四年のオレンジ革命で表面化した欧米側との対立は、二〇一四年のいわゆるマイダン革命とロシアによるクリミア編入、ウクライナ東部地域での紛争で本格化し、一般市民に犠牲者が出る事態となった。そして二〇二二年のロシアの軍事侵攻は、おびただしい数のウクライナ市民の犠牲者と避難民を生み、今後の解決の道筋は見えていない。

冷戦終結後、西欧ではEUという地域機構が成立し、難民問題など様々な問題はあるものの、域内では概ね政治的安定が保たれているのに対し、何故東欧では大規模な紛争が生じているのだろうか？　旧ユーゴスラヴィア紛争にしても、ウクライナの状況にしても、これまでに国際政治学や社会学など様々な学問分野において数々の研究がなされているが、歴史学の観点からこれらの紛争を論じた研究は必ずしも十分とは言えない。従ってこの小論では、紛争の詳細な経緯やその政治学的な要因について検討するのではなく、一〇万人を超える犠牲者と数十万人もの避難者を出したとされる旧ユーゴスラヴィア紛争、そして、日々一般市民の犠牲者が増えて先行きの見えないウクライナにおける一連の紛争という、冷戦後の東欧地域における「暴力」と「紛争」を、歴史的文脈に位置づけ、歴史学の立場から光を当てることを試みる。

1　文化世界としての「東欧」の成立と発展

この小論のタイトルにある「東欧」という地域概念に関してはいくつかの考え方があり、その指し示す範囲は時代によっても異なる。冷戦期における「東欧」とは、概ねヨーロッパ大陸にあるソ連勢力圏の社会主義諸国の領域を指す概念であった。「ロシア・東欧」などという表現は現在でも用いられているが、一般的にそのような東欧概念は二〇世紀後半のわずか数十年間のみ通用したものであり、冷戦終結後、この範囲は「東中欧」、「中東欧」、「南東欧（バルカン）」など、いくつかの異なる地域区分に再編され、現在では「東欧」という語の示す範囲は揺らいでいる。本稿で用いる「東欧」は、国際政治の変化にとらわれない、ある程度の歴史的普遍性を持つ概念として用いる。すなわち、西欧カトリック地域とは異なる文化を有し、キリスト教教派のうち東方正教会（シリアやアルメニアなどの非カルケドン派を除く）の信仰を文化的基層とし、そのような教会と強く結びつく代表的な政治権力、具体的には東ローマ帝国やロシア帝国などが政治的に支配する、あるいは直接支配はせずとも強い権威を持ち影響力を及ぼす、一つの文化世界を意味している。本稿ではこれを「東欧世界」とも表現する（世界史における文化世界については鈴木〔二〇一八〕を参照のこと）。

本稿の主たる関心は近世～近代であるが、ここでは簡単にこの文化世界としての「東欧世界」の成立と一五世紀頃までの歴史的展開をたどっておこう。四世紀末のローマ帝国の東西分割と四七六年の西ローマ帝国滅亡により、かつてローマ帝国のもとで成立していた地中海世界の一体性は徐々に失われ、それとともにローマ帝国下で定着したキリスト教の教会組織も次第に東西に分裂傾向を強めた。やがてローマ中心のカトリック教会とコンスタンティノープル中心のコンスタンティノープル総主教庁の二つを中心とする異なる信仰の空間が定着し、前者は神聖ローマ帝国、後者は東ローマ帝国と結びついて、政治的にも文化的にも異なる「世界」へと次第に分かれていった。後者は、一〇世紀頃に、スラヴ民族のうち東スラヴに分類される人々の居住する東ヨーロッパ平原へと拡大し、ヨーロッパ北東部からバルカン、そして東地中海に至る広大な範囲に、コンスタンティノープル総主教庁を中心とする東方正教会と、東ローマ帝国の強い影響を受けた一つの文化世界が形成されることになった。このようにして、西欧とは異なる文化世界としての「東欧」が成立したのである。西欧・東欧ともキリスト教の布教を通じて自らの領域の拡大を目指し、とりわけまだキリスト教を受容していない住民の多かったスラヴ人は、両世界にとって重要な布教の対象であった。ちなみに、現在、一部のスラヴ語で使用されているキリル文字は、東ローマ帝国とコンスタンティノープル総主教庁によるスラヴ人への布教の試みの中で生み出され、彼らへの正教の広がりとともにスラヴ人地域に定着したものである。ロシア語やウクライナ語で使用されていることからも明らかなように、こうした布教活動により一〇世紀頃から東ヨーロッパ平原に居住するスラヴ人の領域、すなわち「ルーシ」の地に正教が徐々に定着し、「東欧」は、東ローマ帝国の支配領域を越えて北方に広がることになった。この正教の北方への拡大が、その後東欧の中心としてのロシアの発展につながることになる。

このような広がりを見せる東欧世界に対して進出を行ったのがイスラーム勢力であった。イスラームが文化の源となっている「イスラーム世界」において、諸政治勢力は、ジハード（聖戦）としてのキリスト教世界への進出を積極的に行い、東ローマ帝国も一一・一二世紀にセルジューク朝の攻撃を受けて徐々に領土を失っていった。両勢力の最前線となったアナトリアは、セルジューク朝によって軍事力に優れたトルコ系遊牧民が移住させられて徐々にアナトリアのトルコ化が進展した。このような状況の中、トルコ系部族集団の一つを核として一三世紀末に北西アナトリアで台頭したのがオスマン率いる集団であった。この集団はその後バルカンとアナトリアを自らの支配下におさめ、やがてオスマン帝国として知られる巨大なイスラーム帝国を形成することになるが、その領土拡大の過程で生じた世界史上最も重要な出来事の一つが、一四五三年のオスマン帝国によるコンスタンティノープル征服であった。この征服により、長らく東欧の世俗権力の中心を担っていた東ローマ帝国は事実上消滅し、東欧はその政治的中心を喪失することになる。こうした事態を受けて、東ローマ帝国を引き継ぐ東欧の政治的中心として名乗りを上げたのが北方のモスクワ大公国であり、そこでは、モスクワがローマ、コンスタンティノープルに続く「第三のローマ」であるという言説も現れた。モスクワ大公国は一六世紀には「ロシア」と呼ばれるようになり、その後ユーラシアの大帝国へと成長してオスマン帝国を脅かすようになるが、当時のモスクワは東欧世界の北辺の一部を支配する国家に過ぎず、東ローマ帝国が長らく支配していた東欧の中核地域ともいえるアナトリアとバルカンはオスマン帝国によって支配されることとなった。このようにして一五世紀までに、バルカンを含む東欧の主要な地域がイスラームを支配理念とするオスマン帝国の支配下に置かれ、そこでは東欧とイスラームの二つの文化世界が重なりあうことになったのである。

バルカンのように、異なる文化世界に属する政治勢力の進出などにより、複数の文化世界が交わるような重層性をもった地域は珍しくない。例えば、西欧とイスラームの両文化世界が交わった地域としてイベリア半島が挙げられる。イベリア半島ではイスラーム勢力の進出により後ウマイヤ朝が成立して以降、キリスト教徒の諸王国と共存することとなり、そのような状況下で両文化の交流が進んだため、ピレネー山脈以北とは異なる独自の文化が形成されたことはよく知られている。しかしながら西欧キリスト教勢力の「失地回復（レコンキスタ）」が一五世紀末に完了するとムスリムはそこから排除され、二つの文化世界の重なりという性格は薄れ、以後、イベリア半島は西欧世界にしっかり組み込まれた。それとは対照的にバルカンでは文化世界の重なりがオスマン帝国支配後も続き、それが現代にまで影響を及ぼすこととなった。

2 冷戦後の旧ユーゴスラヴィア紛争

言うまでもなく、旧ユーゴスラヴィアの紛争は民族間の紛争であった。第二次世界大戦中に成立したユーゴスラヴィア社会主義連邦共和国（建国時の名称は「ユーゴスラヴィア民主連邦」）においては、当局が民族主義的な主張や運動を取り締まり、カリスマ的指導者であるティトーの下で、そうした動きはかろうじて抑えられていた。しかし一九八〇年の彼の死と、ソ連のペレストロイカに始まる東側全体の改革の動きの中で、八〇年代末には次第に各地で民族主義的な主張が見られるようになり、とりわけ連邦の中で最大の人口を有するセルビアと、旧ユーゴの中では比較的高い経済水準にあるスロヴェニア、クロアチア両国との間で対立が深まっていった。そして民主化要求の高まりにより、他の東欧各国と同様、複数政党による自由選挙が一九九〇年に行われると、スロヴェニアとクロアチアでは共産党が破れて民族主義的な政党が勝利し、翌九一年六月の両国の独立宣言につながった。これを契機に、連邦から独立する両国と、連邦維持を目指すセルビアとの間で勃発したのがスロヴェニア紛争とクロアチア紛争である。前者は短期間で終結したが、後者はその後一九九五年まで続き、多くの犠牲者を出した。これに続いて九二年にはボスニア・ヘルツェゴヴィナにおいても、クロアチア人とボシュニャク人（ムスリム人）の賛成多数で独立宣言が出され、独立を阻止したいセルビアはこちらにも介入してボスニア紛争が勃発した。当時、セルビア系住民の人口はクロアチアでは一〇%あまり、ボスニア・ヘルツェゴヴィナでは三〇%あまりを占めており、セルビアが連邦維持を強く訴えたのは、両国の独立により彼らが少数民族になることを恐れたからである。これらの紛争では性暴力や虐殺などの非人道的な暴力や残虐行為が行われ、一九九五年に起きたボスニアのスレブレニツァでの大量虐殺はそれを象徴する出来事であった。これらの紛争が終結した後、九八年に今度はセルビア内の自治州であるコソヴォにおいて、アルバニア系武装組織であるコソヴォ解放軍とセルビア政府との間で激しい戦闘が生じた。このコソヴォ紛争にはNATO軍が介入し、セルビア側への空爆により紛争は約一年半で終結した。セルビアはコソヴォへの支配権を失って現地のセルビア系住民の多数が脱出し、その後二〇〇八年にコソヴォはアルバニア人中心の国家として独立を宣言して現在に至る。

近代以降、バルカンではしばしば多くの犠牲者が生ずるような民族間の紛争と暴力が見られた。それ故、バルカンの歴史は多くの場合「民族」を軸として語られるが、後述のように、この地域において古来、諸民族が紛争を繰り返してきたわけではない。「民族」の出現は近代のことであり、オスマン帝国支配下のバルカンにおけるその出現と定着の過程を歴史的に明らかにして様々な論点を提示することが、現代のバルカン民族紛争を考察する上で重要ではないかと筆者は考えている。このような問題意識に基づき、以下、バルカンにおける民族の出現と定着の過程を見てみたい。

3　バルカンにおける「民族」の出現
――オスマン支配から民族国家へ

一一世紀以降、東ローマ帝国の影響力が次第に失われる中、バルカンにはセルビア、ボスニア、ブルガリア（第二次帝国）、ワラキア、モルドヴァなどの国家が成立し、こうした小規模な国家が並存する状況が生まれた。これらの国々は、クロアチアとボスニアを除き、いずれも正教会の強い影響下にあったが、一四世紀にイスラーム勢力としてのオスマン国家の進出が始まり、一六世紀までにバルカンのほとんどの地域がその支配下に置かれることになった。一九世紀以降成立した近代バルカン諸国においては、オスマン帝国支配期は民族が抑圧された暗黒時代として描かれ、時に、イスラームへの改宗を強要されるという支配の非人道性が強調された。確かにオスマン支配期に、バルカンでの改宗者は絶えず一定数存在し、時に改宗の強要もなかったわけではないが、実際には大規模な強制改宗は見られず、バルカンのキリスト教徒は概ね自らの信仰を維持し続けたことが知られている。多くのキリスト教徒を領内に抱えるオスマン帝国が、多様な人々を緩やかにまとめて支配し、バルカンをはじめ各地において一応の共存を実現させてきたのは、イスラームの理念に基づく統治の仕組みを実情に合わせ現実的に運用した結果と考えられる。

イスラームにおいては、一神教たるキリスト教とユダヤ教を信仰する者は『啓典の民(ahl al-kitāb)』と呼ばれ、イスラームの支配者の下、人頭税の支払いや布教活動の禁止などの一定の制限を課された上で庇護民(dhimmī)としてその信仰の維持や生命・財産の保護などを認められる。イスラーム国家であるオスマン帝国も基本的にはこの原則に基づいてキリスト教徒を支配した。オスマン帝国の異教徒支配に関しては、従来、ミッレト制という制度に基づいて行われたとされてきた。これは帝国内の非イスラーム教徒をギリシア正教、アルメニア正教、ユダヤ教などの宗教・宗派別の共同体に属させ、その共同体の指導者に一定の自治権を与えて統治するというものである。この制度については様々な議論があり、その内実の時代的変遷などを踏まえ、これまでの学説の再検討がなされているが(上野〔二〇〇九〕)、少なくとも宗教・宗派別の共同体がある程度重要な役割を果たしていたことは間違いなく、それ故、人々のアイデンティティも宗教や宗派を意識したものとなるのは当然のことであった。ギリシア語を話す人も、現在で言うところのブルガリア語を話す人もルーマニア語を話す人も、同じギリシア正教徒の共同体の一員と見なされ、近代的な意味での民族意識は、少なくとも一八世紀後半までは見られなかったと言ってよい。

オスマン帝国支配下のバルカンでは、とりわけ都市部を中心に、こうした異なる宗教共同体に属する人々が共同体を超えて様々な経済的・社会的関係を結びながら一つの社会を形成しており、多様な人々が入り混じって生活する姿が通常の社会の在り方であった。

しかしこのようなバルカン社会の在り方は一八世紀になると徐々に変化を見せ始め、それらは一九世紀の民族運動につながる要因となった。その変化として、①諸外国、とりわけロシアとハプスブルク帝国のバルカン進出、②バルカンの治安の悪化、そして③ギリシア正教の共同体内の分断、の三つを挙げることができる。

①はオスマン帝国の対外関係の問題である。一七世紀まで西欧諸国やロシアに対して力の優位を保っていたオスマン帝国が、一七世紀末のヨーロッパ諸国との戦争に敗れて力の優位を失うと、一八世紀にロシアとハプスブルク帝国がバルカンへの進出を試みるようになる。そして一七六八年に勃発したロシア・オスマン戦争でロシアがオスマン帝国に勝利し、一七七四年にキュチュク・カイナルジャ条約が締結されると、ロシアとハプスブルク帝国の本格的なバルカンへの影響力拡大が見られるようになった。上述のように、かつて東ローマ帝国滅亡時に自らを東欧世界の政治的中心として名乗りを上げたモスクワ大公国は、その後シベリアやバルト海沿岸、さらには、後述するようにウクライナへと領土を拡大して、この頃までにユーラシアの大国となっていた。名実ともに東欧世界の盟主としての地

位を確立したロシアが、一八世紀後半に本格的にバルカンに進出したことは、当地のキリスト教徒の目には、信仰を同じくする強力な後ろ盾の登場として映ったと思われる。こうした支援を期待し得る大国の存在が、一九世紀に本格化するオスマン帝国からの分離運動の前提となったのである。

②は、オスマン帝国の中央＝地方関係の変化が関係している。オスマン帝国の中核地域においては、一五世紀に軍事・徴税・土地制度である「ティマール制」が施行され、一六世紀にはこの制度を通じて比較的中央集権的な支配が行われていたが、時代とともにそのような統治体制は変化し、次第に「アーヤーン」と呼ばれる、主に徴税請負権と大土地農場を経済基盤とする地方有力者が帝国各地に出現した。とりわけバルカンでは、一八世紀後半から一九世紀初頭にかけて彼らの力が強まり、中央政府の支配は限定的なものとなっていた。有力なアーヤーンは、自らの勢力拡大を目指して互いに争い、中央政府がそのような無秩序を抑えられない中で、バルカンは無政府状態となった。その結果、住民たちは政府の庇護を受けられない状況に置かれ、一部の住民は山地に逃げ込むなど、混乱が広がった。こうした状況と、①で述べたヨーロッパ諸国のバルカン進出が、バルカンのキリスト教徒臣民に、オスマン帝国からの自立を促すことになった。

③は、前述のミッレトにもかかわることだが、ギリシア正教徒共同体の変化を示している。一七世紀頃、通商や金融業などを通じて台頭した「ファナリオティス」、あるいは「ファナリオット」などと呼ばれるギリシア系の有力者層がギリシア正教会共同体の支配層に影響力を及ぼし、次第に共同体の中でのギリシア系正教徒の優位が見られるようになった。これに対してスラヴ系など他の正教徒たちは不満を抱くようになり、共同体内部でのギリシア系と非ギリシア系の対立は、正教徒共同体の一体性を失わせ、帝国内キリスト教徒臣民のアイデンティティを正教徒から民族へと移行させる一助となったと考えられる。

以上のような一八世紀のバルカン社会の状況を背景として、一九世紀に入るとバルカン民族運動が見られることになる。

4　バルカン民族運動の展開とユーゴスラヴィアの成立

民族運動が蜂起という形で最も早く現れたのは一九世紀初頭のセルビアであった。もっとも、その運動の初期においては民族運動的な様相は帯びておらず、ベオグラードに駐屯するイェニチェリ部隊の横暴に対し、現地のキリスト教徒住民たちが「オスマン皇帝の正しい統治を求める」性格のものであった。しかし、イェニチェリたちを排除した政府が、一定の自治を求める現地キリスト教徒の要望を拒否したことから、彼らの運動は政府に対する自治要求運動へと変化していった。折しも同時期に勃発したロシア・オスマン戦争により、ロシアからの支援が期待されたことや、ヨーロッパ大陸で勝利を重ねるナポレオン率いるフランスが、フランス革命の理念を各地に広め、その影響がバルカンに及んだことも、セルビアでの蜂起がセルビア民族運動に転化した要因となった。結局、この運動は一八一七年のセルビア自治公国の成立という形でひとまず終結することになったが、このセルビアでの動きは、民族意識の高まりから生じたというよりは、政府による公正な統治と自治を求める中で、西欧起源のネイションという概念を取り入れることにより地域の正教徒が結束し、結果的に民族運動の性格を強めたと見なすべきであろう。こうして、ギリシア正教徒共同体のうち、セルビアという共通の言語や習慣を共有する一部の正教徒が一応の自立を果たし、以後、ギリシア、ルーマニア、モンテネグロ、ブルガリアなどで、民族を掲げた同様の運動が現れることになる。

ところで、こうした一九世紀に始まるバルカン民族運動には、ヨーロッパ列強が深く関与したことは周知のとおりである。例えば一八二一年に独立運動が始まったギリシアについては、当初はウィーン体制維持の観点から、ヨーロッパの大国はこの運動を支援しなかったが、エジプトのムハンマド・アリー軍のオスマン政府側への参戦を契機にイギリス、ロシア、フランスが積極的に関与することになり、最終的に列強が、オスマン帝国やギリシア人側の意向を十分に汲むことなくギリシア国家の形を事実上決定した。このように、ヨーロッパの大国がバルカンの問題に干渉し、現地において複雑な利害関係を持ちつつ政治や社会に強い影響を及ぼす伝統は、今日まで見られる現象である。また、このギリシア独立戦争では、独立に当たって共和制を望むギリシア人たちに対し、列強は王政を押し付け、さらに新生国家の領域は、当時ギリシア系正教徒臣民が居住していた範囲に比べてあまりに小さかった。このような列強の合意に基づく恣意的な国境に対して不満を抱えるギリシア人の中には、「メガリ・イデア」と呼ばれる、同胞を包摂する巨大な国家を構想する者もおり、以後、時に拡張主義的な行動を取ることにより、近隣のバルカン諸国と対立した〔村田〔二〇一二〕〕。同様のことは、多かれ少なかれ他のバルカン諸国にも当てはまることである。

この問題と関連して、バルカンにおける民族の分布と国境の問題も指摘しておかなくてはならない。前述の通り、オスマン帝国は西欧起源の領域的主権国家とは異なる理念で成り立つ国家であり、とりわけ都市部では多様な人々が入り混じって居住していたため、近代的な「民族」という概念から見て純粋な地域はほとんど存在しなかった。それ故、バルカンに新たに成立した国家は、必然的に領域内に少数民族を抱えることになり、反対に、その少数民族の「本国」からすれば、国境の外に取り残された彼らは、将来自国に包摂されるべき存在となった。ここに近代以降のバルカンの紛争と暴力の一つの要因が存在する。

近代バルカンに成立した小規模な民族国家、あるいはそれに準ずる自治的な領域が大きな勢力となるべく団結し、かつ、この問題を解決する方法の一つとして考えられ実現したのが南スラヴ人による連邦・統一の構想であった。一八三〇年代にハプスブルク支配下のクロアチアで生まれたイリュリア〔イリリア〕運動をはじめ、南スラヴ民族の連帯を目指す運動が一九世紀のクロアチアを中心に見られるようになり、それらは元々オーストリア＝ハンガリー帝国領内での運動が主流ではあったが、その外部の南スラヴ人にも影響を与えた。二〇世紀に入ると、比較的多くの人口と領土を有するセルビア王国はその統合の中核と見なされ、そしてオーストリア＝ハンガリー帝国の崩壊が確実になった一九一八年に「セルビア人・クロアチア人・スロヴェニア人王国（一九二九年から「ユーゴスラヴィア王国」）」が成立し、ブルガリアを除く南スラヴ人の最初の統一国家が誕生することになった。「ユーゴスラヴィア」とは「南（ユーゴ）スラヴ人の地（スラヴィア）」を意味し、その後の社会主義国としてのユーゴスラビア社会主義連邦共和国（一九四三〜一九九二年）、その崩壊後セルビアとモンテネグロの二国で構成されたユーゴスラヴィア連邦共和国（一九九二〜二〇〇三年）の三つの国家の名称として歴史上用いられることになる。

こうした連邦国家の誕生により、ユーゴスラヴィアにおいては、国境の外に取り残された同胞の問題は一応の解決を見た。しかしながら、国家運営の主導権をめぐる民族間の争い、特にセルビア人とクロアチア人との争いは時に深刻な対立を生み、国家を不安定化させた。一九八〇年以降、カリスマ的指導者ティトーの死、人々の社会主義体制に対する信頼喪失と政治的自由化の要求、ソ連のバルカンにおける影響力の低下などの要因が重なると、それまで抑えられていた民族的な主張が表面化し、その結果、九〇年代初めにユーゴスラヴィアは崩壊した。そして、一九世紀以来のバルカンの民族問題が再び出現することになったのである。

5 冷戦後ウクライナにおける紛争

一九九〇年代の一連の旧ユーゴスラヴィア紛争が終結し、復興への取り組みが始まった二〇〇〇年代半ば、東欧では新たな騒乱が見られた。それがウクライナのいわゆる「オレンジ革命」である。これは、二〇〇四年の大統領選挙の結果をめぐり、勝利を宣言した親ロシアの与党地域党の候補ヤヌコーヴィッチに対し、対立候補である親西欧の野党候補ユーシチェンコとその支持者が、選挙で不正があったとして再選挙を求めて大規模な抗議運動を行い、最終的にユーシチェンコが大統領に当選したという事件である。ユーシチェンコ陣営のシンボルカラーがオレンジであったために「オレンジ革命」と呼ばれ、その前年の二〇〇三年にグルジア（ジョージア）で生じたバラ革命に始まる、旧ソ連諸国における一連の「色の革命」の一つと見なされる。このオレンジ革命は、ウクライナが西欧と東欧の狭間にあることを改めて世界に示した出来事であった。この時には死傷者はほとんど出なかったが、その一〇年後に生じた二〇一四年の騒乱では、一定の犠牲者を出すこととなった。

二〇一〇年に大統領に当選したヤヌコーヴィチがEUとの連合協定への署名を拒否したため、こうしたロシア寄りの政治姿勢を見せる大統領に対する抗議活動が二〇一三年末頃からキエフの独立広場で本格化した。そして翌二〇一四年二月に生じた大規模な衝突の結果、ヤヌコーヴィチはロシアに亡命し、政権は崩壊した。これに伴いドネーツィク・ルハンシク（ロシア語でドネツク・ルガンスク）の東部二州が、親西欧の新政権からの独立をそれぞれ宣言したことにより、ウクライナ中央政府との間で紛争が勃発した。また、クリミアでは、ロシア軍が展開する中、クリミア議会がウクライナからの独立を宣言し、ロシアへの編入を問う住民投票で圧倒的多数の賛成票を得たことを受けて、ロシアはセヴァストポリを含むクリミアの編入を宣言した。ロシアはその後クリミアを実行支配し、またドネーツィク・ルハンシクの問題も、ミンスク2と呼ばれる合意により一応の停戦が実現していたが、二〇二二年二月、ロシアはこの合意を破棄し、ウクライナ領に侵攻した。

地理的に見ると、ウクライナはヨーロッパ大陸においてロシアに次ぐ第二位の面積を有する大国であり、領域内に多様な民族を抱えている。特にロシア語を母語とし、自らをロシア人と見なす住民が全人口の二割程度存在し、これらの人々の中には、人口の八割近くを占めるウクライナ系住民とは異なる価値観と政治的志向を有する者も少なくない。大統領選挙や議会選挙においては、ロシアとのつながりを重視する候補を支持し、彼らが居住するウクライナ東部から南部にかけての地域は、親ロシア政党・候補者の強力な支持基盤となっている。一九九一年の独立後の歴代のウクライナ大統領は、国際政治においてはEU・NATOとロシア、国内では、親西欧的なウクライナ系住民と親ロシア的なロシア系住民の双方のバランスの上で国のかじ取りを行ってきた。しかし、そのバランスが一旦崩れた場合には、二〇〇四年と二〇一四年に見られるような大規模な騒乱につながることが示された。

何故ウクライナでは人々の志向が親西欧と親ロシアに分断されているのか。そもそも、このように異なる志向を持つ人々を含むような現在の領域が、いかにして一つの国家となったのだろうか。この点が、現在のウクライナの紛争・暴力の背景を理解するのに重要である。

6 前近代のウクライナ――東欧と西欧の狭間の地

すでに言及したように、一〇世紀頃、東ヨーロッパ平原に広がるルーシの地に正教が広がったが、それを国家として受容したのは、キエフを中心に九世紀末頃建国された、自称国家名「ルーシ」、一般には「キエフ・ルーシ」、「キエフ大公国」、「ウクライナ・ルーシ」などの名で知られる国であった。支配領域を拡大する中で国家統合のための宗教として東ローマ帝国からキリスト教を受け入れ、以後、その領域に正教が広がり定着してゆく。一三世紀半ばにモンゴル軍の襲撃を受け、キエフが陥落し、その後ルーシの領域は南北で異なる歴史を歩むことになった。荒廃したキエフに代わり、国家の中心は北に移動して現在のモスクワに近いウラジミールとなり、国はジョチ・ウルス（キプチャク・ハン国）に従属して、その間接的な支配を受けることになる。ロシア史において「タタールのくびき」と呼ばれるこのモンゴル支配のもとで頭角を現したのがモスクワであり、やがてモンゴル支配から自立を果たしたモスクワは、ロシア帝国として発展してゆくことになる。一方、南部では、キエフの西方に位置するハールィチ（ロシア語ではガリツィア）地方とヴォルィーニ地方を支配していたハールィチ・ヴォルィーニ大公国が、ジョチ・ウルスに従属しつつも領土を拡大し、現在のウクライナのおおよそ西半分を支配したが、一四世紀に同国はリトアニアとポーランドによって分割支配されることになった。一四世紀後半にポーランドとの同君連合を契機にカトリックを受容したリトアニア大公国が、当初ウクライナの多くの領域を支配していたが、その後リトアニアに対するポーランドの力が強まり、一六世紀には主にポーランドがウクライナを支配するようになる。この時代、カトリック教徒であり、ウクライナに所領を有するポーランドの貴族層が、現在でいうところの「ウクライナ語」を母語とする正教徒の現地農民を使って穀物を生産し、普段は貴族が不在のその所領をユダヤ人が管理する、という光景がウクライナの各地で見られるようになった。また、カトリック国であるポーランドの支配はウクライナに西欧的な文化をもたらした。このようにして、一四世紀後半以降のリトアニアとポーランドの支配により、ウクライナ（東部を除く）は東欧と西欧の二つの文化世界が交差する場となったのである。この点がモスクワを中心に歴史が展開した北方のロシアの領域と決定的に異なる特徴であった。

一五世紀末頃から皇帝の称号「ツァーリ」を使用し、支配領域を拡大するロシアは、南西に隣接するリトアニア支配下のルーシの地を次々と「回収」してゆき、また一六世紀のイヴァン四世の時代にはヴォルガ川一帯を征服してシベリアへの入り口を確保するなど、帝国への道を歩み始めていた。しかしイヴァン四世の死後まもなく、後継者問題によりキエフ・ルーシ建国から続いてきたリューリク朝が断絶し、ロシアは「動乱時代」と呼ばれる混乱期を迎える。この時ポーランドはモスクワに兵を進めて短期間占領するなどロシアへの攻勢を強めたものの、やがて一六一三年にミハイル・ロマノフがロシア皇帝に選出され、混乱が次第に沈静化すると、今度はロシアがウクライナへの影響力拡大を狙って南方に進出し、一七世紀を通じてポーランドと対立することになった。

ところで、当時のウクライナの地はポーランド、リトアニアにとって辺境であり、確固とした支配がなされていたわけではなかった。こうした国家権力の及ばない辺境の地に見られるようになったのがコサック（ウクライナ語でコザーク、ロシア語でカザーク）と呼ばれる自立した集団である。コサックの集団は遊牧民や各地からの逃亡農民、士族、貴族など様々な出自から成り、正教を信仰し、軍団を形成して一六世紀を通じて大規模なものになっていた。このような集団がウクライナからカフカース北部にかけて点在していたが、そのうちウクライナ中東部、ドニエプル（ウクライナ語でドニプロ）河畔に位置するザポロージェ（ザポロージャあるいはザポリッジャ）を拠点としていたのが、ザポロージェ・コサック、あるいはウクライノ・コサックも呼ばれる集団であった。彼らは、ポーランドに従属しつつ辺境警備の役割を果たしていたが、ポーランドが彼らに対する締め付けを強めるとしばしば反乱を起こした。特に一六四八年のボフダン・フメリニツィキの蜂起は大規模なものであり、その結果、ドニエプル川流域を中心に現在のウクライナの半分以上の領域を含む、半ば独立した国家が成立した。このコサックの国家は、ウクライナ史においては、ウクライナの地に成立し、ポーランドやロシアから自立していた重要な「ウクライナ国家」として位置付けられている。当時のウクライナの領域はロシア、ポーランド、オスマン帝国の間の係争の地となってお り、コサック国家をめぐってこの三国が争ったが、一六五四年にペレヤスラフ(ペレヤスラウ)条約が締結され、同国は事実上ロシアの保護下に入ることとなった。ロシア史の文脈では、この条約はロシアによるウクライナ統合の出発点として積極的に評価される一方、ウクライナ史ではそうした見解を認めず、対等な両国家による単なる一時的な軍事同盟に過ぎないと見なされる。この出来事を契機にロシアとポーランドの間で戦争が勃発し、両国は一六六七年のアンドルソヴォ条約と一六八六年の恒久和平条約(グジムウトフスキ条約)によって和平を結んだ。この二つの条約は、両国間でコサック国家を分割し、ドニエプル川の東側(左岸)をロシアが、西側(右岸)をポーランドが領有するという内容であり、現在の東西ウクライナの志向の違いをもたらした条件の一つと考えられる。

7 ウクライナ・ナショナリズムとウクライナ国家の成立

一八世紀になるとポーランドは衰退し、ウクライナでのロシアの優位が確立する。一八世紀を通じてロシアは、領内のコサックに対する自治を縮小して一八世紀後半までに彼らをほぼ統合し、さらにハプスブルク君主国とプロイセンとの間で行った三度のポーランド分割を通じて、ハプスブルク領になったウクライナ西部を除く旧ポーランド領ウクライナのほとんどを獲得した。また、ロシアは同じ頃、クリミアを中心に黒海北岸を支配するクリム・ハン国(クリミア・ハン国)を併合したことにより、ウクライナ南部もロシア領となった。こうして一八世紀末までにウクライナのほとんどの領域がロシア帝国の支配下に置かれることになったのである。以後、ロシア帝国の下では、概ね旧ポーランド領は「小ロシア(マロロシア)」、旧クリム・ハン国領を中心とする領域は「新ロシア(ノヴォロシア)」と呼ばれた。「小ロシア」の呼称はそれ以前にも存在し、その範囲は時代と共に変遷するが、一九世紀以降はこのような地域概念として用いられ、現在の「ウクライナ語」を話す現地住民は「小ロシア人」と呼ばれた。一方、新ロシアはそのほとんどが人口希薄なステップ地帯であり、征服後、ロシア政府はこの土地への積極的な移住政策を進めて、帝国各地からの移住者のほか、オスマン帝国のキリスト教徒臣民などもこの地に呼び込んだ。現在のウクライナ南部の多様な民族構成は主にこのような政策によるものであるが、移民中心のこの地域では相対的にロシア語話者の比率が高く、またロシア語が多様な民族の共通語となっていた。その後のソ連時代の要因もあるが、現在のウクライナの分断は、歴史的に見れば、北部から西部にかけての旧ポーランド領で、「ウクライナ語」を母語とする「小ロシア人」が多数居住する地域と、東部から南部にかけてのロシア支配下での移民が居住する地域の差によると言うことができる。

では、何故、こうした性格の異なる二つの地域を含む領域が、現在のウクライナ国家の領域になったのだろうか？　もちろん、この一九世紀のロシア帝国の行政的な枠組がある程度の意味を持っていることは間違いないが、それに加えて二つの理由を挙げることができる。一つは一九世紀のウクライナ・ナショナリズム、もう一つはロシア革命時に成立したウクライナ人民共和国である。

前者については、カトリックのポーランドに代わり、正教を奉ずるロシアが新たな支配者となったことで、ウクライナでは支配者＝被支配者の信仰が概ね一致することになった。しかし長年のポーランド支配の影響は大きく、人口の多数を占める正教徒のウクライナ農民は、言語も伝統も異なるロシアを、必ずしも「祖国」とは見なさなかった。折しも一九世紀はナショナリズムの時代であり、ウクライナ知識人による文章語としてのウクライナ語の確立や、ウクライナ語による文学作品の発表などの文化運動が、ロシアとは異なる言語や伝統文化を共有するウクライナ・アイデンティティの形成に大きな影響を与えた。こうした活動はハプスブルク支配下のガリツィア地方にも及び、国境を越えたウクライナ民族運動が展開された。ロシア政府は「分離主義」的なこうした動きを弾圧したものの、運動は継続した。一九世紀においては、まだ大多数のウクライナ農民にウクライナ・アイデンティティが浸透していたとは思われないが、小ロシアを中心としてその外側にも広がる、「ウクライナ語」を話す人々の間の一体性が徐々に生まれ、こうした広がりがウクライナとしてのまとまりの形成に寄与した。

後者に関しては、一九一七年のロシア革命勃発時、ウクライナでも諸政党や諸団体などからなる新たな権力機関が成立した。それが中央ラーダ（「ラーダ」はロシア語の「ソヴィエト」に当たる語）であり、十月革命でロシアにおいてボルシェヴィキが権力を握ると、これに対抗して「ウクライナ人民共和国」の建国を宣言する。ウクライナ人民共和国はパリ講和会議において国際的に承認されたが、その領土はかつての小ロシアと新ロシア、さらにはオーストリア領であったガリツィアを含み、おおよそ現在のウクライナの領域と重なるものであった。もっとも、その後間もなくウクライナは激しい内戦状態に陥り、最終的にボルシェヴィキが勝利して、ウクライナのもう一つの権力であったウクライナ・ソヴィエト社会主義共和国（当時の正式名称は「ウクライナ社会主義ソヴィエト共和国」）がウクライナを支配し、同国は一九二二年に成立するソヴィエト連邦の構成国となった。ガリツィア地方に関しては、ソ連ではなくポーランドによって併合されるも、第二次世界大戦後にポーランドの領土が西側に移動したことを受けて再びソ連のウクライナ・ソヴィエト社会主義共和国領になった。このようにウクライナ国家の領域については紆余曲折があったものの、ロシア革命時にウクライナに最初に誕生した近代国家であるウクライナ人民共和国とその領域が、現在のウクライナ国家の基礎となったということができよう。

「ホロドモール」と呼ばれる大飢饉を引き起こすなど、一九三〇年代のスターリンによる抑圧的なウクライナ政策や第二次世界大戦時のドイツの侵攻などによりウクライナは甚大な被害を受け、多くの犠牲者を出した。そのため政府は、復興のために労働力として他のソ連地域から多くの人々をウクライナに移住させた。特にドンバス地方（ドネーツィク・ルハンシクを中心とする地域）は、帝政期以来の石炭の採掘地であるが、政府は工業化推進のために多くのロシア人労働者を移住させた結果、この地方のロシア人比率はソ連時代に上昇した。このことが、現在の紛争にも影響している。

一九五四年、当時第一書記であったフルシチョフは、前述の一六五四年のペレヤスラフ条約締結三〇〇年を記念し、ロシアとウクライナの友好の証しとして、ロシア連邦領であったクリミアをウクライナに移管した。中央集権的な連邦国家であるソ連においては、このような共和国をまたぐ移住も共和国間の境界変更も、さして大きな問題ではなかった。しかし、結果としてこれらの出来事が、二一世紀にクリミア危機やロシアによるウクライナ侵攻という紛争と暴力を招く一因となったのである。

おわりに

この小論では現代の東欧における紛争と暴力について、キリスト教正教を基層とする文化世界としての「東欧」に注目しながら、その歴史的背景について考察した。本論で見たように、旧ユーゴスラヴィアもウクライナも、正教徒が多数居住し正教的価値観に基づく文化が広がる空間でありながらも、前者はイスラーム帝国であるオスマン帝国、後者はカトリック国であるポーランドという、異なる信仰を奉ずる国家の支配を受けた結果、複数の文化世界が重なり合う場となった。そのような場において一九世紀以降、西欧的なネイション概念に基づく民族の自立が目指され、主権国家が形成されたが、ロシア帝国とオスマン帝国という巨大帝国が長らく支配していた東欧に新たに成立した主権国家は、必然的に自国領内に多くの少数民族を抱えることになった。そうした民族の問題は、第一次世界大戦後に成立したユーゴスラヴィア、ソヴィエト連邦という社会主義体制の多民族連邦国家の下で一応の解決が図られた。しかし一九八九年のベルリンの壁崩壊に始まる東側諸国の政治変動の中で連邦国家は解体され新たな主権国家が成立すると、民族と国家の問題が改めて表面化することになったのである。

一五世紀後半以来、文化世界としての「東欧」の世俗権力の中心はロシアであり、現在もその地位を保っている。二〇世紀に入り、ロシアを中核としたソ連は、元々東欧世界のバルカンのみならず、ポーランド、チェコスロヴァキア、ハンガリーなど西欧世界の一部をも勢力圏とし、これらが新たな「東欧諸国」と規定された。しかしソ連と東西冷戦構造の崩壊により、新たに成立したロシア連邦は東欧諸国への影響力を失い、そして西欧中心のEU、および、アメリカ中心ではあるが西欧諸国をも主要メンバーとするNATOがこれらの地域を包摂して、その勢力をさらに東方へと拡大しようとしてる。元々非同盟諸国の一員としてソ連と距離を置いていた旧ユーゴスラヴィアの紛争時、ソ連崩壊後の混乱の真っ只中という事情もあり、ロシアはこの問題に十分に関与して勢力を維持することが出来なかった。その結果、バルカン諸国の多くはすでにEUとNATOに加盟し、現在に至る。これは、文化世界としての西欧の、東欧への進出でもある。こうした中、基本的にロシア帝国領と旧ソ連地域を自国の勢力圏と見なしているロシアにとって、ウクライナは、歴史的にロシア国家の源流と位置づけられるルーシの中心であり、一七世紀以来のロシアにとっての「固有の領土」である（黛〔二〇二二〕）。ロシアにとってウクライナは国防の観点のみならず、文化的にも精神的にも、失うわけにはいかない土地なのである。

参考文献

上野雅由樹（二〇一〇）「ミッレト制研究とオスマン帝国下の非ムスリム共同体」『史学雑誌』一一九巻一一号、一八七〇―一八八七頁。

伊東孝之、井内敏夫、中井和夫編（一九九八）『ポーランド・ウクライナ・バルト史』山川出版社。

菅英輝（二〇〇一）「冷戦の終焉と六〇年代性――国際政治史の文脈において」『国際政治』一二六号、一―二二頁。

黒川祐次（二〇〇二）『物語　ウクライナの歴史――ヨーロッパ最後の大国』中央公論新社。

佐原徹哉（二〇〇八）『ボスニア内戦――グローバリゼーションとカオスの民族化』有志舎。

塩川伸明（二〇二一）『国家の解体――ペレストロイカとソ連の最期』東京大学出版会。

柴宜弘編（一九九八）『バルカン史』山川出版社。

柴宜弘（二〇二一）『ユーゴスラヴィア現代史（新版）』岩波書店。

鈴木董（二〇〇〇）『オスマン帝国の解体――文化世界と国民国家』筑摩書房。

鈴木董（二〇一八）『文字と組織の世界史――新しい「比較文明史」のスケッチ』山川出版社。

月村太郎（二〇〇四）『民族紛争』岩波書店。

月村太郎（二〇〇六）『ユーゴ内戦――政治リーダーと民族主義』東京大学出版会。

中井和夫（一九八八）『ソヴェト民族政策史――ウクライナ一九一七―一九四五』御茶の水書房。

中井和夫（一九九八）『ウクライナ・ナショナリズム――独立のディレンマ』東京大学出版会。

服部倫卓、原田義也編著（二〇一八）『ウクライナを知るための六五章』明石書店。

黛秋津（二〇二二）「歴史から見るロシア「勢力圏」の虚実――黒海沿岸地域におけるロシアの影響力」『外交』七二、七六―八一頁。

村田奈々子（二〇一二）『物語　近現代ギリシアの歴史――独立戦争からユーロ危機まで』中央公論新社。

中東における抵抗の暴力と宗派間の暴力
――レバノン内戦下のあるマルクス主義思想家を例に

早川英明

（はやかわ　ひであき）
東京大学大学院総合文化研究科
地域文化研究専攻博士課程
専門は中東地域研究

はじめに

中東の研究をしている筆者は、中東に行くと言うと、ほぼ必ず、紛争やテロに巻き込まれるのではないかと心配される。中東といってもその範囲は広く、紛争に伴う暴力やテロと呼ばれる暴力事件に巻き込まれる確率も国・地域・地区よって様々なはずだが、残念ながら中東と聞くだけで危険な場所であるというイメージを持つ者は多い。確かに中東は、第二次世界大戦以降、多くの武力紛争を経験した。また、特に近年では、中東内外でジハード主義者が行う「テロ」や、イスラーム国の暴力のようなセンセーショナルな形態の暴力が注目されやすい状況にある。現在、おそらく最も注目を集めている中東における暴力といえば、このようなジハード主義者による暴力だが、本稿では、これとは（一部関連するとはいえ）異なる中東における二つの種類の暴力に着目してみたい。

一つは、抵抗に伴う暴力である。中東で抵抗といえば、真っ先に想起されるのがイスラエルに対する抵抗であろう。パレスチナでイスラエルに対する武力闘争を行うハマースは、アラビア語で「熱情」という意味だが、「イスラーム抵抗運動」の頭文字をとったアクロニムでもある。一九八〇年代にイスラエルがレバノンに侵攻し、その南部を占領した際に結成されたヒズブッラー（「神の党」の意）も「イスラーム抵抗」を掲げ、イスラエルに対する武力抵抗を展開した（末近 二〇一八：二一六―二二五）。だが、イスラエルに対する抵抗を掲げているのはイスラーム主義者に限らない。かつては世俗主義のパレスチナ解放機構（ＰＬＯ）が武力による抵抗を担ったし、イスラエルによるレバノン侵攻の際も、イスラーム主義勢力と並んで、左派勢力がイスラエルへの抵抗闘争を行った。

もう一つは、宗派間の暴力である。近現代の中東では、イスラム教諸宗派やキリスト教諸宗派などの宗派に基づくアイデンティティが重要な政治的アイデンティティとなり、宗派が多くの政治対立に関わった。そして、時には宗派アイデンティティに基づく暴力が発生することもある。このような、宗派に関わる様々な現象や問題を指して、しばしば「宗派主義」（sectarianism, al-ṭā'ifīya）という[(1)]。近年、イラク、シリア、湾岸などで、イスラム教スンニ派とシーア派という宗派のアイデンティティと関わる形で様々な対立や問題が生じ、時にそれが暴力を伴ったことで、中東における宗派主義の暴力の問題が注目を集めるようになった。

本稿では、こうした二つの暴力の問題について、中東の人々自身は、どのように捉えていたか、を検討するものである。もちろん、これら暴力に対する中東の人々の見方は様々であるが、本稿ではあくまで一例として、レバノン内戦（一九七五－九〇）で起こった暴力について、レバノンのマルクス主義思想家マフディー・アーミル（Mahdī ʿĀmil）がどのように捉えたかに着目する。

マフディー・アーミルはレバノン共産党の重要な思想家で、主に一九七〇－八〇年代にアラブ地域で最も影響力のあるマルクス主義の理論家として活躍した。彼は難解な理論を組み立てたが、他方でわかりやすい言葉で様々な人にその思想を語り、現在に至るまでレバノンの左派に人気のアイコン的存在である。近年ではアラビア語圏に限らず、英語での研究も行われており（Abu-Rabi' 2004; Bou Ali 2020; Frangie 2012; Safieddine 2021）、彼の著作の英訳も出版されている（Amel 2020）。

アーミルが活躍した一九七〇－八〇年代、レバノンは内戦下にあった。レバノンは様々な宗派に帰属する人々が暮らしているが、内戦では、宗派のアイデンティティに基づく暴力が多発した。また、レバノンには難民として逃れてきた多くのパレスチナ人が暮らしているが、内戦の背景の一つは、PLOがレバノン国内からイスラエルに対する武装抵抗を行うことを認めるかどうかを巡る、レバノン内部での対立であった。内戦中の一九七八年と八二年にはイスラエルがレバノンに侵攻し、左派やイスラーム主義者が武装抵抗運動を展開した。つまり、レバノン内戦は、抵抗に伴う暴力と宗派間の暴力が交差する出来事だったのである。

アーミルが所属していた共産党も、他の左派勢力と一緒にパレスチナ解放闘争を支持し、内戦に参戦した。そして、イスラエルによる侵攻・占領の際には、武装抵抗闘争を展開した。アーミルは、党の理論家として、宗派の問題や抵抗についてマルクス主義の観点から理論化した。

本稿では、アーミルが、どのようにレバノン内戦における宗派に関わる暴力や抵抗に関わる暴力を捉えていたかを検討する。そのうえで、同じ共産主義者でありながら、内戦の暴力に直面し、アーミルとは別の結論に至った人々の考えも紹介する。それにより、中東における暴力を捉える一つの視座を示す。また、暴力を切り口に中東の思想に着目することで得られる、現代中東の思想史に対する新しい理解の一例を示すことを試みる。

1　レバノンの宗派問題とパレスチナ問題

レバノンは中東、地中海沿岸にある国で、東はシリア、南はイスラエルと接している。レバノンの重要な特徴の一つは、その宗教的多様性である。イスラム教、キリスト教の様々な宗派の人々が暮らしており、現在、国家に公認されている宗派は一八も存在する。これらの宗派、ないしある宗派に所属しているというアイデンティティは、近代を通じて、政治と深く結びついてきた。そのため、レバノンでもしばしば「宗派主義」[2]が問題となる。

一八六〇年、オスマン帝国支配下に置かれていたレバノン山地でキリスト教マロン派とイスラム教の一派であるドルーズ派の住民の間での暴力を伴う紛争が起こった。この騒乱に介入したオスマン政府とヨーロッパ列強によって、レバノン山地特別県が設置され、行政ポストを宗派ごとに配分する行政体制が導入された（田中 二〇二二：一）。第一次世界大戦後、レバノン山地特別県に地中海沿岸部やその南部を加える形でフランス委任統治領としてのレバノンが誕生した。委任統治下では議会や内閣などの政治制度が整えられたが、議会の議席については、一九三二年に行われた人口調査を根拠に、キリスト教徒とイスラム教徒の議席数の比率が六：五になるように設定されることになった。一九四三年には独立を果たすが、この際、大統領職はキリスト教マロン派、首相職はイスラム教スンニ派、国会議長はイスラム教シーア派に割り当てられることが合意された（Najem 2012 : 9–12）。

このレバノンの体制は、独立から約三〇年間は比較的安定していたが、様々な要因が重なり、一九七〇年代前半にはレバノンの政治と社会は極めて不安定化することになる。その背景の一つは、人口構成の変化である。一九三二年の人口調査以後、人口構成は変化し、イスラム教徒の人口が多くなっているのは明らかであった。しかし、前述の通り、議会の議席はキリスト教徒に多く配分されていた。また、マロン派に割り当てられていた大統領職に権力が集中していたほか、様々な公務員のポストもキリスト教徒に有利に配分されていた。このことは、キリスト教徒、特にマロン派に権力が集中しているとして、一部のイスラム教徒に不満をもたらした。

また、その他様々な経済社会的要因も、レバノンの政治・社会的緊張を高めた。独立後のレバノンは経済成長を果たすが、それは金融セクターを中心とした成長で、その受益者は銀行家などに限られた。農民や労働者は成長から取り残され、不満を募らせた。一九六〇年代から七〇年代にかけて、労働者たちは統一労組などを組織し、労働運動を活発化させた（Kingston 2013 : 36–7）。同じ時期には学生運動も盛んとなった。これら労働運動、学生運動の盛り上がりを背景に、共産党などの左派政党も支持を拡大した。こうした運動のイデオロギーとして、マルクス主義はもちろんのこと、アラブ民族主義も重要な役割を果たした。そして、その背景にあったのは、レバノンにおけるパレスチナ難民の存在と、レバノンを拠点に活動するPLOの存在だった(El Khazen 2021: 85–9)。

一九四八年のイスラエル建国に伴い、多くのパレスチナ人がレバノンやヨルダンなど周辺国に難民として流入し、難民キャンプに移り住んだ。一九六四年にPLOが設立され、一九六〇年代後半からレバノン国内での軍事活動を活発化させて、イスラエルに対する越境攻撃を行うようになった。一九七〇年にはヨルダン政府との武力衝突の結果、PLOの本部もヨルダンからベイルートに移った。PLOの越境攻撃への反撃として、イスラエル軍も頻繁にレバノン領内に対する攻撃を行った。

レバノン国内で活動するパレスチナの諸武装組織は、共産党を含むレバノンの左派やアラブ民族主義者の支持を受け、連携するようになったほか、イスラム教徒の政治家たちもパレスチナ人への支持を表明した。しかし、パレスチナ人の勢力がレバノン領内で政治的・軍事的な存在感を増すことは、レバノン政府との緊張感を高めることになり、一九六〇年代の終盤から、PLOとそれを支持するレバノンの左派・民族主義者がレバノンの治安部隊と衝突するようになった(El Khazen 2021: 141–235; Hanf 2015: 160–75)。こうしたレバノン国内でのパレスチナ武装勢力の存在を快く思っていなかったのは、右派と呼ばれる勢力であった。レバノンの右派は、レバノン・ナショナリズムを掲げ、レバノン国家の管理が及ばず、またイスラエルによる攻撃も呼び込むパレスチナの武装勢力の活動に反対した。そしてこの右派勢力を主に構成したのがキリスト教徒であった(El Khazen 2021: 93–5)。

つまり、一九七五年の段階では、パレスチナ人勢力とそれを支持する左派・民族主義者、一部のイスラム教徒と、パレスチナ人勢力に反対し、主にキリスト教徒から成る右派勢力の間で緊張が高まっていたのである。

2 レバノン内戦と暴力

レバノン内戦は、これらの勢力の間(PLO・左派対右派)で一九七五年に勃発した。左派勢力は、レバノンにおけるパレスチナ解放闘争の支持と、宗派体制の廃絶を掲げ、これに対し右派勢力はパレスチナ人武装勢力の排除と、宗派体制の維持を主張した。レバノンの左派は、内戦を左右の争いであると解釈した。しかし、左派のなかには、主にイスラム教徒から成る組織も含まれていたこと、内戦の争点の一つがキリスト教徒に優位な宗派体制を巡るものであったこと、また、後述するように宗派的アイデンティティに基づく暴力が頻発したことなどを理由に、内戦を宗派間紛争として捉える者も多くいた。右派勢力は、内戦がイスラム教徒によるキリスト教徒に対する攻撃であると捉え、キリスト教徒防衛を掲げて戦った。実際に、一九七六年以後は様々な勢力が入り乱れ、昨日の友は今日の敵といった具合で極めて複雑な様相を呈していくようになり、左右の対立という構図はぼやけてしまった。

一九七八年と八二年には、PLOの排除を狙ったイスラエル軍もレバノンに対する大規模な軍事侵攻を行った。一九七八年の侵攻の際には数日で撤退したが、八二年に再び侵攻した際には、レバノン南部を占領し、最終的にベイルートまで軍を進めた。その結果、PLOはレバノンから撤退することとなった。イスラエルの占領に抵抗すべく、共産党を含む左派勢力は武装抵抗活動を展開した。イスラエルは一九八二年にベイルートから、八五年には南部の大部分から撤退したが、イスラエルとの国境付近は二〇〇〇年まで占領が続いた。

　イスラエルの占領に対する抵抗を担ったのは左派・共産主義者だけではなかった。一九八二年の侵攻後に結成された、シーア派イスラーム主義組織ヒズブッラーも抵抗運動の主要な担い手であった（末近 二〇一三：二〇―四七）。共産主義者たちは、やがてこのヒズブッラーや、別のシーア派系組織であるアマルと対立するようになり、一九八〇年代後半には、多くの共産党員や共産党の知識人が誘拐・暗殺された。本稿で扱うアーミルも、一九八七年にベイルートで暗殺されている。

　こうして様々な勢力が入り乱れ、対立軸が変化した内戦は、一九八九年にサウジアラビアのターイフで合意が結ばれた結果、九〇年に終結した。

　レバノン内戦の過程では、数々の凄惨な暴力が見られた。内戦による暴力の死者は諸説あるが、レバノンの軍や治安部隊、赤十字、各民兵組織やレバノンメディアの報告などを集計したものによれば、九万人に達する。一〇万人近くが重傷を負い、一〇〇万人ほどが家を失った（Haugbolle 2011）。

　レバノン内戦で特に目立った暴力は、特定のアイデンティティを持つとみなされた人々を狙った暴力であろう。例えば、一九七六年には、パレスチナ人が多く住むカランティーナ地区やテル・エル＝ザアタル難民キャンプが右派民兵組織に攻略された際、多くの非武装民が虐殺された（Hanf 2015：211, 223）。一九八二年、PLOが撤退した後、イスラエル軍の黙認のもとでレバノン右派民兵組織の構成員が実行した、サブラー・シャティーラー難民キャンプでの虐殺は国際的にも広く認知され、非難された（ibid.：268）。

　虐殺は、パレスチナ人だけではなく、特定の宗派に属するとみなされた人々に対してもなされた。一九七五年に起こった「暗黒土曜日」事件では、右派勢力構成員によって、イスラム教徒とみなされた人々二〇〇名が虐殺された（Hanf 2015：210）。ダームールという町がPLOと左派に攻略された際にも、多くのキリスト教徒の住民が殺害された（ibid.：212）。一九八二年から八三年にかけてシューフ山地で起こった戦闘の過程では、多くのキリスト教徒とドルーズ派教徒が殺し合った（Rabah 2020：230–61）。

　虐殺だけでなく、民兵組織間の戦闘や、外国軍の戦闘（シリア軍、イスラエル軍など）に巻き込まれることによって、多くの死者が出た。市街地への無差別な砲撃も多く行われた。そして、スナイパーによる銃撃や日常的な殺人も多く起こり、それらは時に内戦全体の構図と無関係に行われた。誘拐、検問所での処刑、拷問も内戦の日常であった（Haugbolle 2011）。まさに、「米ソ対立、イスラエル対PLO、イラン・イラク戦争、スンナ派対シーア派、町内のヤクザ抗争、村同士の反目関係、麻薬ルートや女性の争奪、親族間の怨恨……これらレベルの異なるひっちゃかめっちゃかな闘争が、小さな国土のなかで天文学的な数の砲弾と銃弾を費やして繰り広げられた」（黒木編著二〇一三：一九一）のである。

3　マフディー・アーミルと宗派主義国家の理論

では、本稿で扱うマフディー・アーミルは、どのようにこの暴力吹き荒れる内戦を捉えたのであろうか。

マフディー・アーミルは一九三六年にベイルートで生まれた。マフディー・アーミルという名はペンネームで、本名をハサン・ハムダーン（Hasan Hamdān）という。ハムダーンはフランスのリヨン大学で哲学を学び、この頃マルクス主義に傾倒し始めた。一九六三年にはアルジェリアのコンスタンティーヌに移り住み、師範学校で哲学を教えた後、一九六七年にレバノンに帰国する。一九七六年にはベイルートの国立レバノン大学で教職を得て哲学を教えた。

一九六七年のレバノン帰国後に、ハムダーンはレバノン共産党に参加した。彼は党の機関誌に論考をマフディー・アーミルの名で寄稿するようになり、多くの書籍も記した。アーミルの共産党での活動は執筆活動に限られず、彼はレバノン各地を訪れ、人々にマルクス主義や解放、革命についてわかりやすく説いて回る活動も行った。一九八七年二月の第五回党大会では党の中央委員に選出される。しかし、その三ヶ月後、五月一八日にベイルートの路上で暗殺され、その生涯を終える（Suṭūr wa ʻAnāwīn 1989）。

アーミルは生前様々なテーマについて執筆活動を行ったが、レバノンの宗派問題もその一つである。彼の宗派問題の理論は、まず、「宗派主義」という言葉を定義することから始まる。彼は、「宗派主義」を「レバノンのブルジョワジーがその階級支配を実践するための政治体制の特定の歴史的形態」（ʻĀmil 2015［1986］：323）であると定義する。「宗派主義」という言葉は多義的な言葉だが、アーミルはそのことを問題視し、レバノンの政治体制を指す言葉として使うべきだと主張したのである。そして、宗派について、「宗派は実体ではない。宗派は本質ではない。それは物ではない。それは、階級闘争の運動の特定の歴史的形態によって規定される、政治的関係である。階級闘争の運動のこの特定の歴史的形態とは、ブルジョワジーがその階級敵の政治的不在においてこの闘争を支配する形態である。この政治的関係とは、苦役諸階級をブルジョワジーに宗派として結びつける従属的階級関係である」（ibid.：326）と述べ、宗派を定義する。つまり、宗派とは、労働者階級などの従属階級とブルジョワジーを結びつける政治的関係でしかないというわけである。レバノンの国家において、労働者階級は、政治的に階級として代表されることはできず、支配階級に属する各宗派の代表によってしか、政治的に代表され得ない、つまり宗派として支配階級と政治的代表関係に置かれてしまっているということである。そのため、労働者階級が統一した政治勢力を構成し、ブルジョワ支配に挑戦することは困難となる（ibid.: 325）。

アーミルによれば宗派はそれ自体として存在するわけではなく、国家においてのみ存在する。国家は、国家の制度として宗派の存在を保証し、再生産する（ibid.: 29）。レバノンにおいて、宗派は、政治権力の分配先であり、家族関係に関する法の基礎となるなど、国家の制度として機能している。むしろ、この国家の制度として初めて実体を持ち、国家の外に独立して存在しないというのがアーミルの立場である。そして、このようにブルジョワ国家において宗派が維持・再生産されることで、労働者階級は政治的に分断され、宗派としてブルジョワジーに結びつけられてしまうのである。

4　宗派主義国家とコロニアルな生産様式

ではなぜ、レバノンのブルジョワ国家は宗派主義国家になったのか。アーミルはこのことを、「コロニアルな生産様式」[3]という概念を用いて説明する。アーミルは、レバノンなど旧植民地諸国は、コロニアルな生産様式のもとにあると考えた。コロニアルな生産様式のもとで、ブルジョワジーは、帝国主義的な西洋の資本主義に従属したブルジョワジーとして形成される。西洋のブルジョワジーが、資本主義以前の封建的な生産諸関係を断ち切り、社会を支配する強いブルジョワ国家をつくって資本主義的な発展を牽引できたのに対し、コロニアルなブルジョワジーは従属的なので、前資本主義的な生産諸関係を断ち切ることはできず、むしろ、自らの支配の維持のためには、それら諸関係の維持・再生産を必要とした（ibid.: 20）。そのため、レバノンにおいては、ブルジョワジーが、資本主義以前の生産諸関係における支配階級をブルジョワ国家の支配機構に取り込んだ。この資本主義以前の支配階級こそが、宗派主義国家における宗派の代表となったのである（ʻĀmil 1984［1979］: 212-29）。

注意すべきは、資本主義の発展が遅れて、それ以前の生産諸関係が残っているというわけではないということである。コロニアルな資本主義的生産諸関係を維持するために、資本主義のメカニズムにおいて、それ以前の生産諸関係が再生産されているのである（ʻĀmil 2015［1986］: 206）。アーミルにとって、宗派主義の存在は、レバノンの文化的な遅れを意味するものでも、発展の（時間的な）遅れを意味するものでもない。コロニアルな生産様式のもとでは、そもそも西洋のような資本主義的な発展は不可能であり、宗派主義はレバノンの資本主義のコロニアルな構造のもとでの阻害された発展のあり方そのものに由来するものである。だからこそ、宗派主義廃絶は資本主義の発展によってもたらされるのではなく、社会主義への移行によってもたらされるのであり、コロニアルな生産様式のもとにあるレバノンにおいてそれは、帝国主義に対する民族解放の形態をとる。反宗派主義の闘争とはすなわち階級闘争であり、また民族闘争でもあるということになる。

中東における宗派間紛争や暴力が、遥か昔から続く宗派間の敵対心によるものである、という見方に対して近年では多くの反論がなされている。近代以降に様々な歴史的・政治的・社会的要因から宗派的アイデンティティが政治的アイデンティティと結びついた過程を明らかにするものや（Makdisi 2019）、本来宗派とは関係のなかった政治対立が、政治エリートによる動員の結果宗派対立になってしまうことを明らかにするもの（例えば酒井編 二〇一九など）など、多くの研究がなされている。

アーミルも、宗派を社会的な実体と捉え、なんらかの本質を持つものとみなす本質主義的な見方に反対している。宗派は政治的な関係であり、それは国家のなかで再生産され、そのメカニズムはコロニアルな社会構造から説明される。宗派の問題を全て階級に還元してしまう説明は今ではあまり人気がないが、宗派や、その対立を前提視したり本質化したりせず、社会構造や政治構造のなかで構築されるものとして捉えるという視点そのものは重要なものとして、近年の宗派に関する研究でも、先行研究として参照されることがある（Almuedo-Castillo 2021; Gasper 2016; Majed 2020）。

5 脱植民地化と政治実践の暴力

では、アーミルにとって、この反宗派主義闘争＝階級闘争＝民族解放闘争は、具体的にどのような手段を通して実現されるのであろうか。それは暴力である。

アーミルは正面から暴力を特に取り上げて論じることはあまりなかった。マルクス主義者として、階級闘争が暴力によって実践されることを前提視していたのかもしれない。だが、レバノンでマフディー・アーミルとして「デビュー」する前、彼がアルジェリア時代の一九六四年に本名ハサン・ハムダーンの名で書いた、フランツ・ファノンの『地に呪われし者』の論評では、暴力の役割について論じている。この論評を読むことで、彼の後の理論を暴力という観点から捉える際のヒントが得られる。

ハムダーンはまず、「非植民地化（décolonization）とは常に暴力的な現象である」（ファノン 一九九六：三五）というファノンの言葉を引用し、ファノンの暴力論を次のようにまとめる。ファノンにとって、暴力は、植民地化された人々がその特有の歴史を作るうえで主要な役割を果たす。植民地諸国の歴史は資本主義西洋がつくっている。植民地諸国特有の歴史的発展に開かれた領域すらも、資本主義西洋の歴史の内的発展が規定している。そしてそれは被植民者の歴史の根源的否定である。「しかし、歴史の領域に見いだされる、このコロニアルな世界に特有な［植民者と被植民者の間の］矛盾は、（…）その真の超越方法を、植民地体制に対する効果的で破壊的な、被植民者の暴力に見出す。なぜなら、その暴力には目的があり、被植民者の歴史の目的があるからだ。この暴力によってのみコロニアルな矛盾の実行的な解消が実現する」（Hamdān 2017: 66-7）。暴力によってのみ、植民地体制を破壊し、自らの歴史をつくり始めることができる。こうしたアーミルの文章は、単なるファノンの暴力論の要約のようにも読める。しかし、彼の後の理論と照らして読むと、次のようにもいえるだろう。コロニアルな生産様式にある国々の発展は、西洋への従属によって規定され、阻害されている。まさに、植民地諸国の歴史は植民者によってつくられているのである。ならば、コロニアルな体制を打破し、植民地諸国が歴史的発展を遂げるには、暴力によってこの体制を徹底的に破壊するほかない。

暴力は歴史をつくるだけではなく、人民も形成する。「人民の水準において、解放暴力は植民地の人々の革命的力を形成し、全体を結集させ統一する。人民から分裂のない単一の全体を作り出し、コロニアルな世界が育む部族的・宗教的な差異を解消する。(…)暴力は分断の要因ではなく、結集の要因なのだ」(ibid.: 68)。アーミルの宗派主義国家の理論に引きつければ、まさに暴力こそが、ブルジョワ国家の体制たる宗派主義体制が再生産する宗派的な差異を解消し、革命的な人民大衆をつくるのだといえるだろう。

変革のための暴力の必要性という考え方は、歴史的な発展段階はどのように移行するかということに関するアーミルの理論からもうかがうことができる。アーミルはフランスの著名なマルクス主義思想家、ルイ・アルチュセールに倣い、社会を様々な(政治的・経済的・イデオロギー的)水準を持つ社会構成体として捉えた。各水準では様々な矛盾が存在し、これら諸矛盾の相互作用によって歴史は発展していく。しかし、ある発展段階から次の発展段階に移行する際、これらの諸矛盾のうち、一つの矛盾が支配的役割を果たし、段階の移行を実現する。こうした諸矛盾の相互作用を規定するのは経済的水準における矛盾だが、これに規定される形で、経済以外の水準の矛盾が歴史の段階の移行を実現する支配因になることが可能である。アルチュセールは、この支配因がどの水準になるか明言しなかったが、アーミルは政治こそが必ず歴史的発展段階の移行を実現する支配因になるとした('Āmil 2013 [1972]: 94-5)。

つまり、アーミルにとって、資本主義の段階から社会主義の段階へと移行を果たす革命は、政治の水準で起こる。革命を実現するために集中すべきは、政治領域における政治闘争、政治実践である。それは既存の生産諸関係を維持・再生産している国家の権力をブルジョワジーから奪取し、既存の生産諸関係を断ち切ることである。

このように、アーミルは政治実践による革命を重視した。そして、政治実践とは、すなわち階級闘争の暴力を意味した。アーミルは、当時のヨーロッパのマルクス主義に対し、資本主義的社会構造を理論化するだけで、歴史的発展段階の移行つまり社会変革のための理論を生まないとして不満を持っていた(Frangie 2012: 473)。ヨーロッパのマルクス主義者が置かれていた状況と比べると、暴力革命が現実味を持つレバノンにいたアーミルは、ヨーロッパの理論への批判として政治実践の重視を打ち出し、暴力の必要性を強調したのである。

6　マフディー・アーミルとレバノン内戦

では、こうした理論に基づいて、アーミルはどのようにレバノンの内戦を捉えたのであろうか。

アーミルは、レバノンの宗派体制が、労働者階級を各宗派としてブルジョワジーに結びつけるため、労働者階級が統一された政治勢力を形成できなくしていると考えていたわけだが、しかし、こうした宗派主義体制を万全のものと捉えていたわけではない。特に一九六〇年代以降の労働運動・学生運動の盛り上がりは、宗派ごとに分断されていた従属諸階級が、統一された政治勢力としてまとまりつつある過程であるとアーミルは捉えた（ʿĀmil 1984［1979］: 539）。

こうした動きに危機感を抱いたブルジョワジーは、内戦を勃発させ、自らの階級利益を守ろうとした、というのがアーミルの内戦分析である。特に、ブルジョワジーの一部は、イスラム教徒からのキリスト教徒の保護という名目で、自らの支配を保持することを目指した（ibid.: 540–1）。アーミルによれば、内戦が宗派内戦のように見えるのは、ブルジョワ・イデオロギーのなせる技であり、実際にはそれはブルジョワジーに対抗する革命勢力と、ブルジョワ反動勢力の階級闘争なのである。

そして、内戦下で、キリスト教徒の保護の名目で、宗派主義体制を擁護する勢力は、また、パレスチナ解放運動に敵対する勢力でもあることになる。宗派主義の廃絶も、パレスチナの解放運動も、レバノンにおけるブルジョワ利益を脅かし、またその利益を支える帝国主義的な構造も脅かすからだ。「レバノンで起こっている闘争は、（…）帝国主義とイスラエルに従属的に結びつく反動勢力と、反動主義・帝国主義・シオニズムに反対する革命勢力との間でアラブ規模で行われる闘争に組み込まれる。また、社会主義への移行という動きである、現代の歴史の動きの枠組みの中で、反革命帝国主義勢力と、革命勢力の間で行われる、世界規模での闘争に組み込まれる」（ʿĀmil 2017［1980］: 336）。つまり、今戦われている内戦こそが、反宗派主義闘争＝階級闘争＝民族解放闘争なのである。

イスラエルがレバノンに侵攻し、右派勢力と連携したことは、アーミルの理論からすれば極めて自然なことであっただろう。イスラエルが侵攻・占領すると、アーミルは暴力的抵抗を呼びかける。イスラエルがベイルートから撤退した後、アーミルは「君は抵抗する限り敗北してはいない」と題された檄文で次のように述べる。「イスラエルは、その息子たち［兵士］の血を多く流して、レバノンから追放される。このように我々は彼らをベイルートから追い出した。イスラエル軍の叫びは反響し続けた。『高貴なるベイルート市民よ、我々の兵士たちを撃たないでほしい、我々はあなた方の許から去る。』我々は笑い始めた。戦争の終結はイスラエルの敗北をもって成立する。それはベイルートで始まる。我々は我らが自由の論理を進み、占領者に対して民族を作り、ファシストに対して人民を統一した。我々は抵抗する」（ʿĀmil 1983: 7）。宗派ごとに政治的に分断された人民は、宗派主義を擁護するファシストに対しても、そしてその援助者たるイスラエルに対して抵抗することで、宗派の分断を超え、人民として、民族として統一されるというわけである。

7 マルクス主義者の異なる反応

このようにしてアーミルは暴力的な内戦に共産党が参戦することを正当化した。たとえ内戦において宗派間の暴力が起こっていたとしても、それはブルジョワ反動勢力が宗派紛争のように見えるようにしているだけで、本当は階級闘争である、というわけである。

だが、レバノンの人々が分断され、互いに凄惨な暴力を振るっている現実を目の当たりにして、階級に基づくマルクス主義的な分析は役に立たないと考える人も現れた。レバノンの左派を研究するバルダウィールによれば、「外的（帝国主義）なものへの批評と内的（権力を持つ体制とブルジョワジー）なものへの批評を弁証法的に結びつけるマルクス主義的な基盤は、革命的実践においてこの計画を体現することができる革命的主体である『人民』の存在を前提としていた。この基盤は、レバノン内戦と地域紛争の始まりとともに崩れ始めた」（Bardawil 2020: 4）。そして、内戦勃発後、マルクス主義から転向してしまう者も現れた。

そのうちの一人が、ワッダーフ・シャラーラ（Waḍḍāḥ Sharāra）という人物である。シャラーラは一九六〇年代には社会主義レバノンという左派組織に所属し、その理論家として政治活動・文筆活動を行っていたが、内戦勃発後にはマルクス主義そのものを放棄してしまう。そして、マルクス主義的階級分析には基づかない、別の視角から内戦を分析することになる(4)。

シャラーラは、暴力の現実を目の前にして、内戦が民族解放対帝国主義というような政治的闘争として説明できないと考えるに至った。「この戦争は単一の、総合的な戦争ではなく、多数の前線をもつ複数の諸戦争であった。（…）各地の戦争が共通の政治的ファクターによって養われたことは疑うべくもないが、［同時に、］これらの共通のファクターが地元の敵対心にとって変わることもなかったし、復讐の激情の対決から離れることもなかった。統一された政治的綱領は狭い動機については語らず、その実行を妨げなかった」（Sharāra 1979: 231）。つまり、実際に内戦で起こっている暴力は、イデオロギーに基づく暴力だけではなく、ローカルな規模での敵対関係などを背景とした個人的な復讐心などである、ということである。それゆえ、シャラーラにとって、戦争を階級間の争いとして捉えることはできない。「政治的身体は、（…）その個性や欲望や結びつきから引き剝がされ、（…）統制された生産と消費の手段に変わるのではない。それは土地や血といった『自然の』帰属が交差する私的な身体である。それは家族・宗派・居住地との結びつき（…）を帯びる『連帯において統一した』身体である」（ibid.: 235-6）。内戦を戦う各々の「政治的身体」は、階級のみに還元して捉えることはできない。そこには家族や宗派などの帰属・結びつきが書き込まれており、暴力はこうした結びつきを背景として起こるのである、ということだ。

アーミルは、宗派は政治的な関係であり、社会的な実体ではないと主張した。彼にとって真の社会的な単位は階級であった。これに対し、元マルクス主義者のシャラーラは、暴力渦巻く状況を目の前にして、宗派などの紐帯をより実体視して内戦を分析するようになったのである。

暴力はシャラーラにその理論的視角の変更を迫ったわけだが、理論の領域ではなく、実践の領域においても、暴力の現実を前にして、その考えを変えた者もいる。内戦中、共産党の軍事部門の責任者だったズィヤード・サアブ（Ziyād Ṣa'b）もその一人である。

サアブはベイルート近郊の貧しい地区で生まれ、経済社会的な状況を変革したいという思いから、一九七三年にレバノン軍とパレスチナ勢力が衝突した際には、弱冠一四歳の若さで、パレスチナ人側に立って武器をとった。同じ頃、共産党に入党するが、当時の共産党が「革命的暴力を使っていない」ということに不満を持ち、一旦離党してしまう。だが、一九七五年に内戦が勃発すると党に再加入し、数々の戦闘に参加するようになった。一九八一年には党の軍事部門の責任者になり、戦闘を指揮するようになる。しかし、内戦で戦闘に従事した経験から、暴力による社会変革に疑問を持つようになり、現在では、内戦中に様々な民兵組織の戦闘員として戦った元兵士たちがつくるＮＧＯ「平和のための戦闘員（Muḥāribūn min Ajli al-Salām, Fighters for Peace）」で活動し、若者たちに自らの経験を伝えるなどして、反暴力を訴えている。

サアブは、宗派体制を廃絶するという理念は、悪いわけではない、アーミルのような思想家のアイデアに問題があるのではないという。しかし、それを実現する方法が暴力であることが問題だと彼は考えるようになった。「我々が受けた軍事訓練は、どうやって体制に対するクーデタを起こすかというものだった。当時はその方法を信じていた。だが、結局それはどこにもつながらないと学んだ。仮に権力を得ても、一旦権力を得ても、最初にやることは友達を殺すことかもしれない」（筆者とのインタビュー、二〇一九、ベイルートにて）。

サアブは共産党のような「非宗派的」な政党が存在することは重要であるという。しかし、共産党が階級闘争を掲げて内戦に参戦しても、状況はすぐに変わってしまう。「内戦は当初、宗派間紛争ではなかった。しかし、いざ戦争が始まると、クリーンであることはできない。多くの勢力が現れ、好むと好まざるとに拘らず、彼らが自分たちと一緒に戦うことになる」（筆者とのインタビューより）。サアブは内戦中敵対した右派勢力について次のように述べる。「相手の恐怖というものを理解していなかったことが［我々の］(5)最大の過ちであった。最初は相手をファシストや孤立主義勢力と呼んだが、そのうち相手の支配地域を『孤立主義地区』と呼ぶようになった。そうすると、そこに生えている木まで孤立主義者になってしまう。赤ん坊、女性、老人が、爆弾で死んでも、この孤立主義勢力の一部だから殺されても構わないことになる。イスラエルと協力したのも、死にたくなくて、どんな手段を使ってでも生き残りたかったからだ。だから、今なら彼らが理解できる」（筆者とのインタビューより)。

このようにサアブは、一時は暴力を信じ、闘争に参加したものの、暴力の現実を目の当たりにして嫌気がさし、現在は反暴力を訴えるようになった。

おわりに

本稿では、中東における暴力を捉える視座の一つとして、アーミルを中心にレバノンのマルクス主義者たちの思想を検討した。現在のレバノンでは、世界の他の多くの地域と同様に、マルクス主義思想や運動はかつてほどの勢いはない。その理由は、ソ連崩壊や、イスラーム主義の台頭だとされる。だが、暴力という切り口でレバノンのマルクス主義思想に着目すると、「ソ連崩壊・イスラーム主義台頭によるマルクス主義衰退」という構図だけでは理解できない、現代中東の思想史の捉え方ができる。

アーミルのコロニアルな生産様式の理論は、帝国主義による構造的な暴力を告発し、それに対する暴力による抵抗を正当化することを試みるものであった。彼の理論に基づけば、イスラエル軍による暴力や、レバノンの右派勢力によるパレスチナ人への暴力は、この構造的暴力が、グロテスクな形で顕在化したものだとも捉えられるかもしれない。彼の宗派主義国家の理論もまた、内戦の具体的な暴力が、本質化された宗派対立に矮小化されることなく、帝国主義の構造的暴力を背景として起こる抵抗の暴力として理論化することを試みるものであった。そして、この宗派主義国家の理論は、現代の宗派問題の理解のためにも参照されることがある。つまり、マルクス主義は勢いをなくしたかもしれないが、現在でも参照されるマルクス主義の理論もあり、それを生み出した原動力の一つは、構造的暴力への抵抗だったのである。

これに対し、内戦の凄まじい暴力を目の当たりにしたシャラーラは、マルクス主義を離れ、宗派という紐帯をより実体視する理論に傾いた。共産党軍事部門の責任者であったサアブは、内戦後、暴力による社会変革という路線を自己批判するに至った。それぞれ元はマルクス主義者であったが、理論と実践の面で、アーミルとは別の方法で暴力と向き合うことになった。つまり、ソ連崩壊やイスラーム主義の台頭だけではなく、凄惨な暴力の現実に対し、マルクス主義の理論や実践は無力だと感じた人々がいたこともまた、レバノンでマルクス主義が勢いを失った理由の一つだといえるだろう。

このように、暴力を中東の人々がどのように捉えていたかを検討することで、現代中東の思想史に対する新たな理解を得ることができるだろう。

(1) この言葉は多義的で、例えば、宗派間紛争、宗派と政治が結びつくこと、特定宗派の利益の追求、宗派に基づく嫌悪、敵意、偏見、差別、また社会生活において宗派が重視されることなどを意味する。

(2) レバノンの場合、「宗派主義」という語は、注1で記した意味に加え、レバノンにおける政治体制そのもののあり方や、宗派が重視される政治社会的状況そのものを指すことがある。

（3）アーミルの「コロニアルな生産様式」概念について、英語で詳しく解説・分析しているものとしてはBou Ali（2020）を参照。

（4）シャラーラの思想の英語による詳細な解説・分析についてはBardawil（2020）を参照。

（5）内戦中、左派勢力は、敵対する右派勢力をファシストや孤立主義者（in'izālīyūn）と呼んだ。孤立主義というのは、右派勢力がパレスチナ問題というアラブの問題からレバノンを孤立させようとしているとしてこう呼んだ。

参考文献

黒木英充（二〇一三）「レバノンの宗派体制と内戦——制度化された対抗関係が崩れるとき」黒木英充編著『シリア・レバノンを知るための64章』明石書店、一八七—一九二頁。

酒井啓子編著（二〇一九）『現代中東の宗派問題——政治対立の「宗派化」と「新冷戦」』晃洋書房。

末近浩太（二〇一三）『イスラーム主義と中東政治——レバノン・ヒズブッラーの抵抗と革命』名古屋大学出版会。

———（二〇一八）『イスラーム主義——もう一つの近代を構想する』岩波書店。

田中雅人（二〇二一）「オスマン朝下レバノン特別県における宗派別土地調査と地域支配の再編」『東洋学報』一〇二(四)：一—三二頁。

ファノン、フランツ（一九九六）『地に呪われたる者』鈴木道彦・浦野衣子訳、みすず書房。

Abu-Rabi', Ibrahim M.（2004）. *Contemporary Arab Thought: Studies in Post-1967 Arab Intellectual History*. London: Pluto Press.

Almuedo-Castillo, Ana.（2021）. "Researching（and Deconstructing）Sectarianism in Lebanon and Beyond." In *Researching the Middle East: Cultural, Conceptual, Theoretical and Practical Issues*. eds. Lorraine Charles, Ilhan Pappé and Monica Ronchi, 39–52. Edinburgh: Edinburgh University Press.

Amel, Mahdi.（2020）. *Arab Marxism and National Liberation: Selected Writings of Mahdi Amel*, introduced and edited by Hicham Safieddine, translated by Angela Giordani. Chicago, IL: Haymarket Books.

'Āmil, Mahdī.（1983）. "Lasta Mahzūman Mā Dumta Tuqāwim." *al-Ṭarīq* 42（3）: 4–7.

———.（2013［1972］）. *Muqaddimāt Naẓarīya li-Dirāsa Athar al-Fikr al-Ishtirākī fī Ḥaraka al-Taḥarrur al-Waṭanī*. 7th ed. Beirut: Dār al-Fārābī.

———.（1984［1979］）. *al-Naẓarīya fī al-Mumārasa al-Siyāsīya: Baḥth fī Asbāb al-Ḥarb al-Ahlīya fī Lubnān*. 2nd ed. Beirut: Dār al-Fārābī.

———.（2017［1980］）*Madkhal ilā Naqḍ al-Fikr«al-Ṭā'ifī»: al-Qaḍāya al-Filasṭīnīya fī Īdīyūlūjīya al-Burjūwāzīya al-Lubnānīya*. 2nd ed. Beirut: Dār al-Fārābī.

———.（2015［1986］）. *Fī al-Dawla al-Ṭā'ifiya*. 4th ed. Beirut: Dār al-Fārābī.

Bardawil, Fadi A.（2020）. *Revolution and Disenchantment: Arab Marxism and the Binds of Emancipation*. Durham, NC: Duke University Press.

Bou Ali, Nadia.（2020）. "Mahdi Amel's Colonial Mode of Production and Politics in the Last Instance." *Critical Historical Studies* 7(2): 241–69.

Frangie, Samer.（2012）. "Theorizing from the Periphery: The Intellectual Project of Mahdi 'Amil."*International Journal of Middle East Studies* 44(3): 465–482.

Gasper, Michael.（2016）. "Sectarianism, Minorities, and the Secular State in the Middle East." *International Journal of Middle East Studies* 48(4): 767–778.

Ḥamdān, Ḥasan.（2017）. "Frāntz Fānūn: al-Taḥarrur al-Waṭanī wa al-Thawra al-Ijtimā'īya," translated by I. Sh. *al-Ṭarīq* 76(23): 60–84.

Hanf, Theodor.（2015）. *Coexistence in Wartime Lebanon: Decline of a State and Rise of a Nation*, translated by John Richardson. Paperback ed. London: I. B. Tauris.

Haugbolle, Sune.（2011）. "The Historiography and the Memory of the Lebanese Civil War." *Mass Violence and Resistance - Research Network*, SciencePo. https://www.sciencespo.fr/mass-violence-war-massacre-resistance/en/document/historiography-and-memory-lebanese-civil-war.html

Kingston, Paul W. T.（2013）. *Reproducing Sectarianism: Advocacy Networks and the Politics of Civil Society in Postwar Lebanon*. Albany, NY: State University of New York Press.

El Khazen, Farid. (2021). *The Breakdown of the State in Lebanon, 1967–1976*. Paperback ed. London: I. B. Tauris.

Majed, Rima. (2020). "The Theoretical and Methodological Traps in Studying Sectarianism in the Middle East: Neo-Primordialism and 'Clichéd Constructivism.'" In *Routledge Handbook of Middle East Politics*. ed. Larbi Sadiki, 540–553. Abingdon, UK: Routledge.

Makdisi, Ussama. (2019). *Age of Coexistence: The Ecumenical Frame and the Making of the Modern Arab World*. Oakland, CA: University of California Press.

Najem, Tom. (2012). *Lebanon: The Politics of a Penetrated Society*. Abingdon, UK: Routledge.

Rabah, Makram. (2020). *Conflict on Mount Lebanon: The Druze, the Maronites and Collective Memory*. Edinburgh: Edinburgh University Press.

Safieddine, Hicham. (2021). "Mahdi Amel: On Colonialism, Sectarianism and Hegemony." *Middle East Critique* 30(1): 41–56.

Sharāra, Waḍḍāḥ. (1979). *Ḥurūb al-Istitbā': Aw Lubnān al-Ḥarb al-Ahlīya al-Dā'ima*. Beirut: Dār al-Ṭalī'a.

"Suṭūr wa 'Anāwīn min Masīra Mahdī 'Āmil." (1989). In *al-Naẓarīya wa al-Mumārasa fī Fikr Mahdī 'Āmil: Nadwa Fikrīya*, edited by Markaz al-Buḥūth al-'Arabīya, 537–543. Beirut: Dār al-Fārābī.

フランス語圏アフリカの女性に対する暴力
――マリの女性性器切除（FGM）の実態と取り組みを中心に

園部裕子

（そのべ　ゆうこ）
香川大学経済学部教授
専門は国際社会学
著書に『フランスの西アフリカ出身移住女性の日常的実践――社会・文化的仲介による「自立」と「連帯」の位相』（明石書店）がある。

はじめに

新型コロナウィルスの感染拡大に伴い、女性に対する暴力の増加が「シャドー・パンデミック」として危惧されている（UN Women 2020; ECOWAS 2020; Kottasová and Di Donato 2021）。ロックダウンや外出規制により世界で約二億五千万人分の雇用が減少し（ILO 2021）、貧困に陥る家庭が増加した結果、そのしわ寄せが低・中所得国の女性や少女への暴力となって表れている（Smith-Ramakrishnan 2021）。国連の「持続可能な開発目標ＳＤＧｓ」は、二〇三〇年までにすべての「ジェンダーに基づく暴力（ＧＢＶ）」の根絶を目標の一つとしている。近年は#MeToo運動など、女性に対する暴力を告発する動きも世界的に高まりつつある。

そこで本稿では、世界で最も深刻なアフリカの女性に対する暴力を取り上げる。ただし五五[1]カ国すべてを取り上げる紙幅はないので、サハラ以南アフリカのうちフランス語圏を中心とする。とくに近年急増中の、女性に対する暴力から逃れて他国で庇護（難民）申請を出す人々とその出身国に注目する。アフリカの女性というと、日本社会とは関係のない世界の出来事だと感じられるかもしれない。だがアフリカ諸国は経済的な発展の度合いこそ異なれ、女性の地位については低迷する日本と同様の位置づけにある国が多く、むしろ世界的な「先進国」と言える国もある。アフリカの女性に対する暴力とそれへの取り組みは、日本にとっても多くの示唆をもたらしてくれる。

以下ではまず、日本とアフリカにおける女性に対する暴力にどのようなものがあるかを概観する。次に国際社会における取り組みと、ヨーロッパで最も多く移民や難民を受け入れている国の一つ、フランスの難民受入状況を確認する。さらに国際的な廃止運動が高まっている女性性器切除（ＦＧＭ）についてマリの事例を検討し、女性に対する暴力の社会的背景とそれに対してどのような取り組みができるかを考えたい。

1　日本とアフリカにおける女性に対する暴力

国際連合は女性に対する暴力を「身体的、性的または心理的な障害もしくは苦痛を女性にもたらすかまたはもたらすおそれのある、ジェンダーに基づくいかなる暴力行為をも意味し、そのような行為をすると脅すこと、自由の強制または恣意的な剝奪を含み、公的または私的な生活圏を問わず起きるもの」と定めている（United Nations 1993）。近年では女性に限らず、性的指向を理由とする暴力も深刻で、「ジェンダーに基づく暴力」が広義の用語として使われる。

はじめに日本の現状から確認しよう。『男女共同参画白書 令和三年版』によると、過去二〇年間の夫から妻への暴行の検挙件数は増加傾向にあり、二〇二〇年度の家庭内暴力（ＤＶ）の相談件数はおよそ一九万件と、前年の一・六倍に上った。被害者は男性より女性が多く、子どものいる被害女性の約三割が子どもへの被害も認識している。加えて性犯罪の被害、未成年への性虐待、人身取引なども深刻である（内閣府男女共同参画局二〇二一）。

背景にあるのが、家父長制社会、すなわち家長である男性が家族を統率・支配し、社会においても女性を犠牲にして男性に特権を与える政治構造である。この不可視の社会構造の数値化を試みるのが、「世界経済フォーラム」による、「グローバル・ジェンダー・ギャップ指数（ＧＧＧＩ）」である。二〇二一年の調査対象一五六カ国中、アフリカの最高位はナミビアの六位、次いでルワンダの七位であった。日本は一二〇位と先進国で最低位、アジアでも低位にある。ＧＧＧＩ対象のアフリカ三五カ国と比べると、日本より上位に二五カ国、下位に一〇カ国が位置する。この日本の順位の低さは、政治・経済分野で責任ある地位に占める女性の数などの評価が低い[2]ことによる。

次にアフリカの実態を見てみよう。Muluneh et al.（2020）は、二〇〇八年以降に出版された英文学術論文のデータと各国の調査結果を分析し、アフリカのジェンダーに基づく暴力の実態を分析している。それによると身体的、性的、精神的暴力を受けた女性の割合は、アフリカが世界で最も高い。地域別では東・西アフリカがＤＶに遭った女性の割合が最も高く、西アフリカでは精神的な暴力が多い[3]。

近年ではもともとの社会の脆弱さに、パンデミックなどの社会環境の変化、地域紛争や過激派の活動、経済状況の悪化も加わっている。二〇一四年からのエボラ出血熱パンデミック下のシエラレオネでは、学校が休校になり、少女への性的暴力が増加した（Risso-Gill and Finnegan 2015）。少女が自宅で過ごす間に大人と接する時間が増えることや、農村では水くみやトイレのための外出がリスクになる。目下の新型コロナウィルス感染拡大でも、少女や女性への性的暴力が増えている。

紛争下ではさらに状況は悪化する。コンゴ民主共和国（以下、コンゴ）東部はスマートフォンなどの精密機械の製造に欠かせない稀少金属コルタンの世界的な埋蔵地で、収奪の対象になっている。ここに隣国ルワンダの紛争が飛び火して紛争が続き（米川 二〇一〇）、死者六〇〇万人、難民・避難民は四〇〇万人を数えている。とくに性暴力が政府軍や反政府勢力によって、村落社会を支配するための「戦争兵器」として使用され、被害が深刻化している（IADGI 2019）。二〇一八年にノーベル平和賞を受賞したデニ・ムクウェゲ医師は、ここで自らも命を狙われながら被害女性の治療を続け、性暴力の根絶を世界に訴えている[4]。被害女性は夫からも穢れ者とみなされ家を追い出され、罪の意識を抱えて帰宅できない人もいて、社会的に孤立する。夫たちにとっても妻が性的に陵辱されることは屈辱で、性暴力は住民を深く傷つけ、恐怖に陥れて社会を崩壊させているという（ムクウェゲ 二〇一九）。

国連女性基金によれば、二〇一八年にも三万五千件の性暴力がコンゴで記録され、コロナ禍も重なり、政府もようやく対策に乗り出している（UN Women 2020）。地域の女性たちも市民団体を結成して、女性のリーダーシップ訓練やトラウマの回復、収入を増やすための野菜の種子の配付など、女性の地位向上のための活動を行っている（ARSF 2020）。司法の判断もようやく出始めた。二〇一九年には国際刑事裁判所（ICC）で、反政府勢力指導者が二〇〇〇年代前半に民間人の虐殺や性奴隷化、少年兵の徴募などを行った戦争犯罪や人道に反する罪で、禁固三〇年の有罪判決を受けた。ICCが性奴隷化で有罪判決を下したのはこれが初めてである（*AFPBB News*, Nov. 8, 2019）。

このようにもともと脆弱な社会では、パンデミックや紛争が起こると非日常的な状況が日常化し、社会に暴力を根付かせる結果となる。そこで次に女性に対する暴力についての国際的な取り組みと、その中でのFGMの扱いについて確認しよう。

2 女性に対する暴力についての国際的な枠組

現在、「女性に対する暴力は人権侵害である」という認識が世界的に確立されているが、これは女性の権利拡大を求める歴史的な運動の成果である。もちろん国際的な運動や条約により、直ちに現実の暴力がなくなるわけではない。だが国際的な枠組そのものが、ローカルな運動のよりどころにもなる。その大枠をたどっておこう。

一九七九年の「女性差別撤廃条約（CEDAW）」は、各国に女性に対する暴力について効果的な措置を講ずるように推奨した。次に一九九三年のウィーンにおける世界人権会議では「女性に対する暴力は人権侵害である」と決議された。当時、共産主義体制の崩壊とともに各地で民族紛争が勃発していた。旧ユーゴスラビア崩壊後のボスニア・ヘルツェゴビナ紛争やアフリカ東部の「ルワンダ大虐殺」では、女性に対する集団的な強姦が「武器」となり、民族集団の破壊を目的として行われていた（林 二〇一五）。同年末の国連総会も「女性に対する暴力の撤廃に関する宣言」により、女性が女性であるという理由で被る暴力を「ジェンダーに基づく暴力」と位置づけた。翌年、国連人権委員会が任命した「女性に対する暴力特別報告者」は、世界各地の女性への暴力とともに、第二次世界大戦下で行われた日本軍による性暴力についても報告した（Coomaraswamy 1996）。

このような流れから、一九九五年の第四回世界女性会議（北京）の「行動綱領」では、女性に対する暴力を「性的虐待、持参金に関する暴力、夫婦間、女性の性器切除やその他の有害な伝統的慣行、非夫婦間の暴力や搾取、セクシュアル・ハラスメント、人身売買や強制売春」と示した。そして暴力がどの場所で、どのような主体によるものでも、対応や予防的措置をとり、社会の慣習や規則を是正する責任は国家が担うとして対応を求めた。

近年は、紛争下での組織的な性暴力や原理主義的な国家の抑圧から逃れるために、出国する女性も増えている。国連難民高等弁務官事務所（ＵＮＨＣＲ）によれば、二〇二〇年末時点に世界で強制的な移動を強いられた人の数は約八二〇〇万人に達したが、その約半数が女性や子どもである。

暴力を逃れて難民となる女性を保護する枠組も設けられている。ＵＮＨＣＲは、一九九一年に「難民女性の保護についてのガイドライン」を発表し、ジェンダーに基づく暴力や迫害を受けたことを難民認定の基準とする方針を定めた（UNHCR 1991）。さらに二〇〇二年にはＦＧＭや性暴力、家庭内暴力などを難民認定の基準とするガイドラインも発表した（UNHCR 2002）。一九五一年に難民条約が結ばれた当時は、共産主義体制からの政治的な迫害を理由とする庇護申請が多く、難民の定義も人種、宗教、国籍、政治的意見や「特定の社会的集団への帰属」による差別や迫害を根拠にし、それを行う主体は国家や政治政党が想定されていた。しかしジェンダーに基づく迫害は、村落社会や家族の一員などの「非国家的主体」による場合が多い。そのため各国の難民認定基準において、迫害や暴力を行う主体についても解釈が拡大されるようになっている（園部二〇二〇）。

フランス難民及び無国籍者保護局（ＯＦＰＲＡ）の統計によると、二〇二〇年のヨーロッパの難民受入国のうち、フランスはドイツに次いで二番目に受入数が多い（OFPRA 2020）[5]。表１は、二〇二〇年末時点でフランスに保護されている人の推計人数である[6]。出身地域ではアフリカ大陸が最も多く、最多はコンゴの二万七九一八人である。コンゴからの庇護申請理由は政治的迫害、性的指向と人身売買などの女性に対する暴力で、東部出身者も多い[7]。ギニア、マリ、コートジボワールは女性の割合がそれぞれ五二・〇%、七一・八%、六二・六%と過半数を超える。近年この三カ国からの庇護申請は、政治的な理由のほか、強制結婚、女性に対する暴力や性的指向などジェンダーに関するものが多く、とくにＦＧＭから逃れることを理由とする庇護申請の多さが特徴である（OFPRA 2020）。

図１は、この三カ国を含むＦＧＭ実施国出身女性によるフランスへの庇護申請合計数の推移である。実施国出身女性による庇護申請のすべてがＦＧＭを理由にするとは限らないが、過去

表1　フランスにおける保護対象者の国籍別推計人数（2020年12月31日現在）

	難民＋無国籍者		補完的保護		被保護者合計	
	人数	女性の割合％	人数	女性の割合％	人数	女性の割合％
アフリカ	136540	41.5	25195	48.3	161735	42.5
コンゴ	27918	47.8	1745	66.9	29663	48.9
スーダン	19026	14.7	3276	6.2	22302	13.5
ギニア	14033	52.0	2649	58.4	16682	53.0
エリトリア	8692	31.4	82	47.6	8774	31.6
モーリタニア	7168	27.0	278	64.7	6930	28.4
コートジボワール	6846	62.6	1323	59.3	8169	62.1
マリ	4124	71.8	2806	64.5	6930	68.8
ナイジェリア	3661	62.3	1005	65.1	4666	62.9
ソマリア	3105	41.2	4015	29.1	7120	34.4
アジア	121473	40.0	50788	26.6	172261	36.1
ヨーロッパ	92480	45.6	18014	54.9	110494	47.1
アメリカ	6860	44.9	2294	56.5	9154	47.8
無国籍等	1648	34.1	3	100.0	1651	34.2
合計	359001	42.1	96294	38.3	455295	41.3

（注）網掛けは英語圏，ソマリアの公用語はソマリ語。コンゴとFGM実施国を上位から挙げた。
（出所）OFPRA（2020）より筆者作成

一五年間、増加傾向にある。FGMと庇護申請をめぐる最初の法的判断が出されたのは二〇〇一年で、出身村で娘の施術に反対して村民から暴行を受け、フランスに逃れたマリ人夫婦と娘が難民認定された（OFPRA 2007）。その後は一時的な保護である「補完的保護」のみ認められる人も多く、フランスでは必ずしも積極的に難民認定が進められてきたとはいえない。ただ、国際的には難民条約に基づいてFGMを「非人道的あるいは品位を貶める扱い」とするコンセンサスが形成されている（園部 二〇二〇）。

以上のように女性に対する暴力についての枠組とともに、FGMを迫害とみなして少女とその親を保護する国際的な枠組も整備されてきている。そこで以下ではフランスで保護されている女性の割合が最も高い、マリの事例を検討する。

3　マリ社会と女性に対する暴力

UNICEF（2013）によれば、FGMはアフリカからアジアにかけての二九カ国に広がる慣習で[8]、世界で一億二五〇〇万人の女性と少女が受けている。マリは西アフリカでFGMを受けた女性の割合が最も高い。宗教的な根拠はなく起源はよく分かっていないが、成人儀礼の一貫として行われてきた。西アフリカに居住するマンデ系民族では、伝統的に金属加工業を鍛冶師の家系が担い、その妻が切除師となる。切除方法によっては直後の失血死などの短期的なリスクのほか、生理や排尿の困難、出産時の大量出血、PTSDやうつ症状など生涯にわたる健康上

図1 サハラ以南アフリカのFGMが社会的規範である国出身女性による難民申請合計（初回申請）

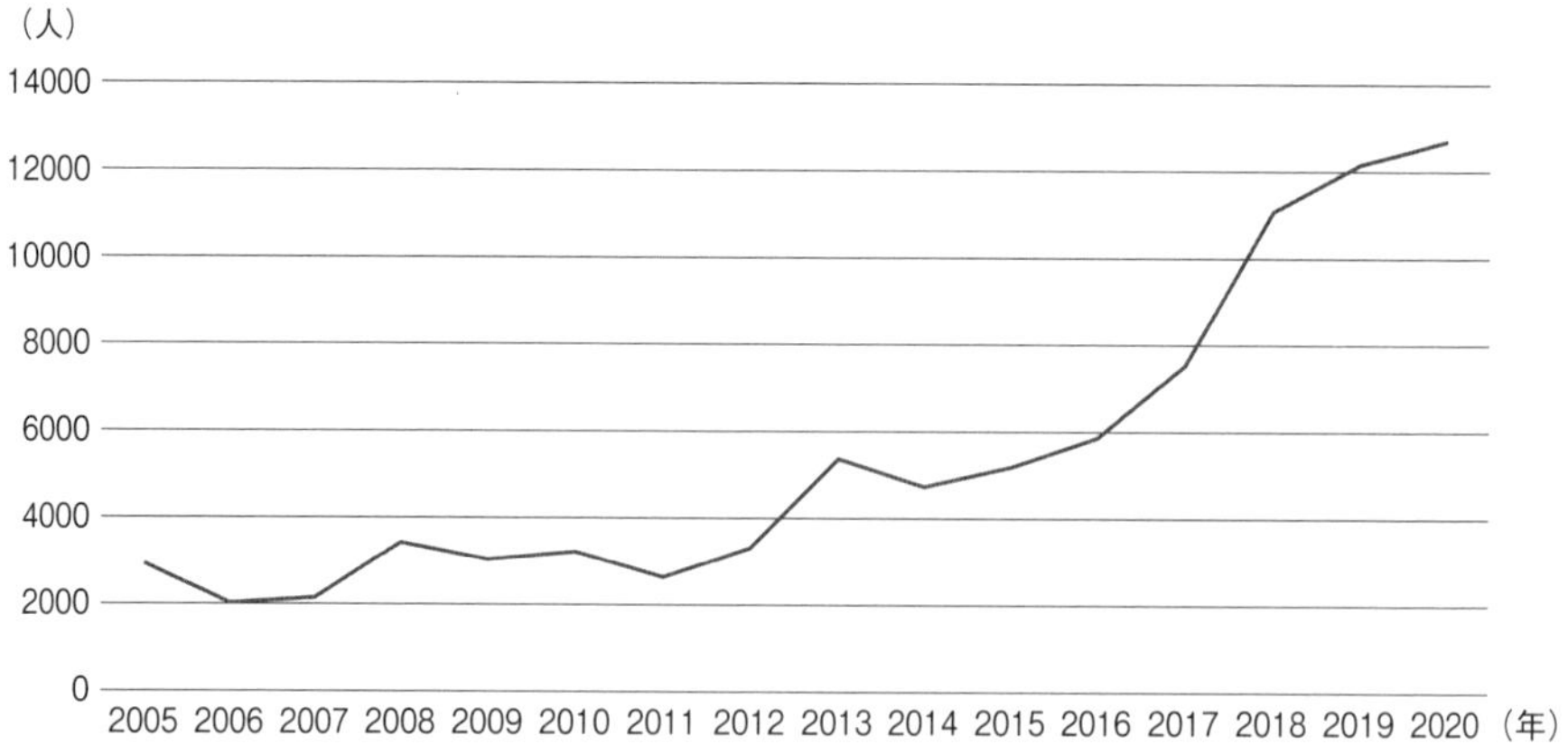

（出所） OFPRA（Various years）より筆者作成

のリスクもある。国際社会がFGM廃絶をめざす理由は大きく二つあり、DVや児童婚などと同様に家父長制社会を維持する道具となっていること、施術の対象の多くが未成年の少女で、心身への結果について十分な説明を受けずに行われていることにある（戸田 二〇二一）。本稿でも、国際社会の動きに沿ってFGMを廃絶すべきものとして考える。

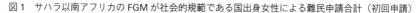

マリは最貧国の一つでGGGI指数は一四九位[9]、家父長制の慣習が根強く残る社会である。一九六〇年の独立後、独裁政権を経て一九九一年に民主化され、世俗的な共和制国家として、二〇一二年の政変までは比較的安定した民主主義体制が築かれてきた。総人口は一九六六万人（二〇一九年）で、日本の三・三倍の国土に約六分の一の人口が住んでいる。二〇一八年の「第六回人口・健康調査」によると、人口の過半数は農業や小売業を営み、宗教は九三％以上のムスリムと少数派のキリスト教徒が共存し、土着のアニミズムの影響も強い。男性は婚姻形態、すなわち妻の数を一人に限るか、四人までの一夫多妻婚とするかを選択できる。近年は減少しているが女性の三七％、男性の一九％が一夫多妻婚である（INSTAT et al. 2019）。

植民地時代から盛んな女性運動が民主化にも貢献し、現在も多数の女性団体が活動している（Rillon 2018; Sanankoua 2004）。近年のエコロジー・ブームで化粧品に多用されるシア・バターの生産地でもあり、農村部の生産者女性による組合活動も盛んである（園部 二〇一五）。しかし世帯内での女性の男性に対する地位や発言力は低く、「人口・健康」調査では、実家への里帰り、家族にとって重要な買い物、自分自身が医療を受けるかどうかの三つの決定すべてに関わると答えた女性は、三分の一に満たない。

こうした中で近年、女性に対する暴力が社会問題化している。ＦＧＭを行わない北部も含めて、マリでは一五歳以下で結婚する女性が過半数を占める。低年齢の出産など少女の健康上の問題をはじめ社会的・経済的損失が大きく、強制結婚の問題も伴う（Adjamagbo-Johnson 2017）。二〇一二年の政変後は、とくに北部で経済的な困難から家族が少女を結婚させる事例も増えている。そのためマリの女性法律家団体が少女を保護するなどの活動を続けている。

二〇二〇年には伝統的な楽師の若手ミュージシャンが、元交際相手でＳＮＳインフルエンサーの女性から交際中の暴力と監禁で訴えられた。女性のハンドルネームから「#JesuisMamasita（私はママシタ）」という声援が拡散されてボイコット運動も広まり、加害男性は音楽祭への出演がキャンセルされるなど、マリ版 #MeToo 運動とも評される展開になっている（*Le Monde*, Sept. 23, 2020）。

マリは国連による人権条約、アフリカ諸国による人権憲章、女性差別撤廃条約をはじめとする女性の権利についての憲章や条約を批准している。だがこれらの条約に基づいて女性に対する暴力を罰する国内法が存在しないため、法整備を求める声が高まっている。二〇一九年には複数の女性団体が国内法の制定を求めるデモを首都バマコで行った（*TV5MONDE AFRIQUE*, Sept. 26, 2020）。さらに同年末には四つの国際・国内ＮＧＯがマリ政府を相手取り、ＦＧＭ禁止法の制定を求める訴えを西アフリカ経済連合（ＣＥＤＥＡＯ）法廷に起こしている（*Franceinfo*, Dec. 14, 2020）。このようにマリでは、女性に対する暴力が今まさに社会的な論争の的になっている。

4　マリのＦＧＭの実態

ＦＧＭは一九八〇年代から国際的な廃絶運動が続けられてきたが、文化や社会に深く根ざすため、完全な廃絶は容易ではない[10]。以下では「人口・健康調査」からマリの現状を確認しよう。まずＦＧＭを受けたのは回答者（一五〜四九歳の女性）の八九％、一四歳までの少女の七三％に上る。図２のように地域別では東部のキダル、ガオ州ではごく僅かだが、西部から中部では九〇％以上に上る。この差は各地域に居住する主要民族の違いによる。東部のトゥアレグ人やソンガイ人[11]にはＦＧＭの慣習がないが、中部から西部にかけて広く居住するマンデ系民族[12]やセヌフォ人とドゴン人はＦＧＭの慣習で知られる。首都バマコにはすべての民族の人が住む。

回答をＦＧＭのタイプ別にみると、切り込みだけで切除を伴わないものが二五％（二〇〇六年は三％）、切除を伴うものが四一％（同七六％）、八％は縫合を受けており（同一〇％）、二五％は分からないと答えている。二〇〇六年と比べると大幅に減少したものの、切除を伴うものが依然として最も割合が高い。ただ、切り込みだけ受けた女性の割合が増加していることか

図2　マリの州別 FGM 実施率

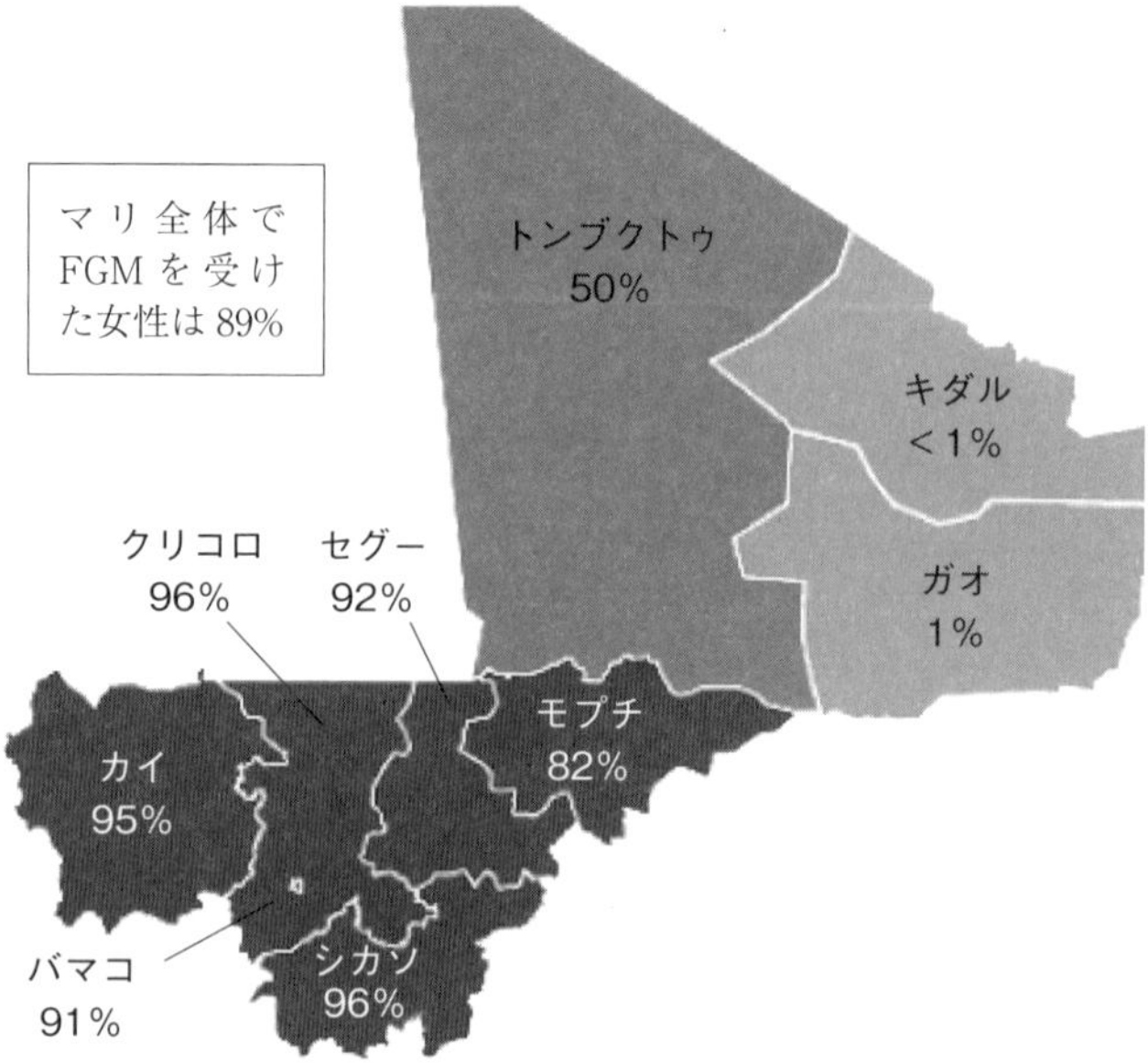

（出所）　Enquête Démographique et de Santé au Mali（2018）

ら、全体として軽い方向にややシフトしたともいえる。しかし最も重い施術である縫合を受けた女性の割合も一〇%に上り、調査時に一四歳以下の少女でも一一%が縫合を受けている。

　幼少期に施術を受けた女性が大半で、五歳以下が七六%と最多で一五歳以上では一%に満たない。五歳以下で受けた女性は四五～四九歳が七〇%だが、一五～一九歳では八二・四%に上り、都市部の方が農村部よりも高い。施術を受ける年齢は低年齢化していて、自ら情報をえて選択することが難しい幼少期に受けさせられていることが、最大の問題である。

　施術者は伝統的な切除師が大半で、産婆も挙げられる。ただしこの調査は回答者の申告によるので、実際のところは確認できない。近年はＦＧＭの「医療化」も危惧されていて、Gosselin（2000）によれば、切除師の代わりに医療従事者が執り行う例も増えている。

　ＦＧＭを行う理由は、女性も男性も七〇%前後が宗教的に必要だからと回答している。この割合は切除を受けた女性七四%の方が、受けていない女性一九%よりも圧倒的に高い。また女性の七六%、男性の七四%がＦＧＭを続けるべきだとする。この割合は切除を受けた女性八一%の方が、受けていない女性一二%よりも高く、学歴では初等教育七七・一%または未就学の女性七八・九%の方が、中等教育以上の学歴のある女性六六・四%よりも高い。このように根拠はないにもかかわらず宗教が理由だと考える人や、継続すべきだとする意見が大半を占める。教育歴の長い女性ほど継続を望まない傾向はあるものの、廃止を望むのは少数派であることが分かる。

５　ＦＧＭの背景と女性たちの取り組み

　それではマリの人々はなぜＦＧＭを続けるのだろうか。女性・子ども担当省（ＭＰＦＥＦ）は、二〇一〇年に「女性の家」を全国に設置して女性のための活動を行っている。筆者が二〇一四年に聞き取りしたバマコ本部の責任者T氏は、FGMが続くのはマリの女性の多くが読み書きできないことと関係があると話す。農村部の親たちは大半が未就学者で、FGMの健康への影響などの知識がなく、女の子が生まれたら「自動的に」FGMを行うという。

「人口・健康調査」によると、マリでは一五〜四九歳の女性の六六%、男性では五三%が未就学である[13]。メディアの普及率も低く、テレビやラジオで情報をえる人は約半数と、外部からの情報が届きにくい。筆者は二〇一四年の滞在中、南部の主要都市をめぐったが、首都を離れるとテレビはあってもインターネットのあるホテルは少なかった。農村地帯では電気のない村も多く、人々の主要な情報源は町のラジオである。このような社会では、親族関係や村など自分をとりまく社会の規範から逸脱する行動はとりにくい。南部のある州都のシアバター生産組合長は、市の議会に女性で初めて選出された人物だが、そもそも切除について語ることはタブー視されているため、とくに農村部では議論もされないという。首都との交流も少なく、都会と農村部では意識の差も大きいとも指摘する。

マリが家父長制社会であることも、FGMの持続と強く関係がある。先のT氏によればFGMの決定を下すのは多くの場合子どもの父方の祖母で、母親にとっては義母であり逆らえない。多くが五歳以下で施術を受けさせられるため、本人の意思は考慮されない。T氏は、かつては自分も知識がなかったが、今では弟の子についても自分が決定権を持っているため、施術を許可していないという。

このような慣習を変えるために国内外のNGOが啓発運動を展開し、各地で住民参加型のFGM放棄セレモニーを行っている。例えば南部の中都市ブグニでは、現地の人道支援NGOが地域のラジオ局や学校に呼びかけ、子どもも参加して、演劇や音楽などの催しを交えたイベントを行った（*Le Relais Bougouni*, June 6, 2013）。西アフリカ出身者の主な移住先フランスでも、移住女性らが結成したFGM廃絶をめざすGAMSなど複数のNGOが、ネットワーク「Excision, parlons-en!（性器切除について話そう！）」を結成している。このネットワークは移民を多く輩出するマリ西部を中心に啓発運動を行う。イベントやセレモニーを行って「慣習を放棄した」ことを人々の記憶に留め、社会的なコンセンサスを形成することが目的である。

親である女性向けの支援も重要である。筆者が二〇〇六年に訪問したバマコのあるNGOでは、学校に行けない子ども向けの教室や、地域の女性が収入をえるための石鹸作りの技術指導を行っていた。切除師の女性が他の生計手段を見つけるための職業訓練も重要だという。先述の「女性の家」でも、こうした地域のNGO代表者向けの研修会や、成人女性向けの識字教室を開いて市民社会を支援している。

前記のようにマリ政府に禁止法制定を求める訴えも出されている。法的な枠組は必要だが、実効性がなければ十分とはいえない。草の根の啓発運動も、情報伝達手段の限られるマリでは、なかなか拡散されないのが現状である。マリの医師からは、楽師を啓発運動に巻き込もうという提案もあるが、伝統社会の守り手である楽師に慣習の見直しの先頭に立ってもらうことは容易ではない（Traore et al. 2021）。それでも社会の内側から確かに立ち上がりつつある提案や行動のゆくえは、注意深く見守られなければならない。

おわりに

本稿では、アフリカの女性に対する暴力について検討した。フランス語圏アフリカは学校やメディアなどの社会的インフラの整備が遅れ、女性は識字率や就学率が低く家庭での発言力も弱いなど、とりわけ立場が弱い。そこに紛争やパンデミックなどの危機が重なり、強制結婚や性的暴力の被害も増すなど、女性をとりまく状況は悪化している。ＦＧＭは社会に根ざす慣習である上、一度幼い少女が施術を受けると取り返しがつかず、婚姻年齢も低いため、若い母親が十分な知識もなく次の世代に施術を受けさせる悪循環が続いてきた。しかし女性たちはただ手をこまねいているわけではない。マリではこれまでも女性が社会変動に主体的に関わってきたし、声を上げる女性や男性は増えている。

コンゴのムクウェゲ医師は、性暴力について罪に問われるべきは、稀少金属を用いて製造されたスマートフォンではなく、こうした事実に対して沈黙することだという。日本もアフリカの多くの国も家父長制社会で、女性に対する暴力は深刻な社会問題であり、社会における女性の地位も、なお改善の余地が大きい。本稿では詳述できなかったが、マリでは政変が続き、社会は過渡期にある。それでも女性に対する暴力の根絶に向けた機運は高まっており、女性たちはそのために行動している。遠くて近い社会の問題として、私たちもともに考え、行動しなければならない。

（1）以下、便宜上、サハラ以南アフリカのことを単にアフリカと呼ぶ。
（2）政治一四七位、経済一一七位である。
（3）身体的・性的暴力の被害者は差別や恥を恐れて被害を届け出ないため、過小評価されている可能性もある。
（4）二〇一九年来日時に東京大学など全国で講演会が行われた。コンゴの性暴力と紛争を考える会（二〇一九）参照。医師の活動を追ったドキュメンタリー映画『女を修理する男』、RITA-Congo ホームページも参照。
（5）受入数はそれぞれ約九万三千人、約一二万二千人、三位はスペイン（約八万八千人）である。
（6）難民、無国籍者、補完的保護の資格を持っている人のこと。ただし難民認定された人は後にフランス国籍を申請して取得することが多く、その数は難民の統計には表れない。
（7）東部出身者はインド洋のフランス海外県マヨットへの庇護申請者に多い。南アフリカに逃れたコンゴ人女性については、佐藤（二〇二〇）に詳しい。
（8）ＷＨＯによる、施術範囲の広さによりタイプⅠからより広い範囲を切除し縫合するタイプⅢまでの分類がある。
（9）ＧＧＧＩ指数ではコンゴが一五一位で、この二カ国がサハラ以南アフリカの最下位である。
（10）宮脇ほか（二〇二一）によれば、近年の国際的な「ゼロ・トレランス」運動を反映して禁止法を制定したケニアやタンザニアでは、段階的な廃絶をめざしてきた草の根の活動とＦＧＭ存続派との間にさまざまな軋轢がもたらされ、かえって廃絶プロジェクトへの反感を呼んでいる。

(11) トゥアレグ人はベルベル系の遊牧民族、ソンガイ人はマリからニジェールにかけて居住する。
(12) マンデ語派のソニンケ人やバンバラ（バマナ）人などの総称。
(13) 中等教育以上の就学歴がある女性は二一%、男性は三二%である。未就学者の割合は農村部（女性七四%、男性六三%）と都市部（女性四二%、男性二七%）で隔たりがあり、首都バマコではさらに低い。

参考文献

Adjamagbo-Johnson, Brigitte Dabri Kafui (2017) *Lutter contre les mariages précoces par l'autonomisation des filles au Mali*, Bamako: WiLDAF-Afrique de l'Ouest.
ARSF (Action pour la Réinsertion Sociale de la Femme) (2020) *Bulletion trimestriel d'information, d'éducation et de revendication pour le relèvement socio-économique de la femme*, Bukavu: ARSF.
Coomaraswamy, Radhika (1996) *Report of the Special Rapporteur on violence against women, its causes and consequences, Radhika Coomaraswamy*, Geneva: United Nations.
ECOWAS (2020) *ECOWAS calls for Urgent Action to Address Sexual Gender Based Violence and Protect the Rights of Women and Girls*, Abuja: ECOWAS Commission.
Gosselin, Claudie (2000) «Feminism, Anthropology and the Politics of Excision in Mali: Global and Local Debates in a Postcolonial World,» *Anthropologica*, 42(1): 43-60.
ILO (International Labor Organisation) (2021) *ILO Monitor: COVID-19 and the world of work. Seventh edition Updated estimates and analysis*, Geneva: ILO.
IADGI (Independent Advisory Group on Country Information) (2019) *Country Policy and Information Note Democratic Republic of Congo: Opposition to government (Version 3.0 November 2019)*, IADGI.
INSTAT (Institut National de la Statistique), CPS/SS-DS-PF (Cellule de Planification et de Statistique Secteur Santé-Développement Social et Promotion de la Famille), ICF (2019) *Enquête Dégraphique et de Santé 2018 Mali*, Bamako et Rockville: INSTAT, CPS/SS-DS-PF et ICF.
Kottasová, Ivana and Valentina Di Donato (2021) *Women are using code words at pharmacies to escape domestic violence during lockdown*, CNN.
Muluneh, Muluken Dessalegn, Virginia Stulz, Lyn Francis and Agho Kingsley (2020) "Gender based violence against women in sub-Saharan Africa: a systematic review and meta-analysis of cross-sectional studies," *International journal of environmental research and public health*, 17(3): 903.
OFPRA (Office française de protection des réfugiés et apatrides) (2007) *Rapport d'activités 2007*, Paris: OFPRA.
—— (2020) *Rapport d'activités 2020*, Paris: OFPRA.
Rillon, Ophélie (2018) «Regard croisé sur deux générations de militantes maliennes (1954-1991). Entre engagement féministe et partisan,» Gomez-Perez Muriel éd., *Femmes d'Afrique et émancipation. Entre normes sociales contraignantes et nouveaux possibles*, Paris: Karthala.
Risso-Gill, Isabelle and Leah Finnegan (2015) *Children's Ebola Recovery Assessment: Sierra Leone*, Plan International / Save the Children / World Vision.
Sanankoua, Bintou (2004) «Femmes et Parlement au Mali,» *Afrique contemporaine*, 210(2): 145-56.
Smith-Ramakrishnan, Vina (2021) " No Vaccine to End the Shadow Pandemic of Gender-Based Violence," Wilson Center.
Traore, Lamine Boubacar, Ismaila Famanta et Abdourahmane Coulibaly (2021) «Le dispositif de lutte contre les MGF au Mali et le rôle innovant des communicateurs traditionnels,» *Revue Africaine des Sciences Sociales et de la Santé Publique*, 3(2): 11-26.
United Nations (1993) Declaration on the elimination of violence against women. New York: UN.
UNHCR (United Nations High Commissioner for Refugees) (1991) *Guidelines on the Protection of Refugee Women*, Geneva: UNHCR.
—— (2002) *Guidelines on International Protection No. 1: Gender-Related Persecution Within the Context of Article 1A (2) of the 1951 Convention and/or*

its 1967 Protocol Relating to the Status of Refugees, 7 May 2002, HCR/GIP/02/01, Geneva: UNHCR.

UNICEF (United Nations Children's Fund) (2013) *Female genital mutilation/cutting: a statistical overview and exploration of the dynamics of change*, New York: UNICEF.

UN Women (2020) *Press release: UN Women raises awareness of the shadow pandemic of violence against women during COVID-19*, New York: UN Women.

小田英郎ほか監修（二〇一〇）『新版 アフリカを知る事典』平凡社。

コンゴの性暴力と紛争を考える会（二〇一九）「デニ・ムクウェゲ医師来日報告書」。

佐藤千鶴子（二〇二〇）「第4章 南アフリカにおけるコンゴ人女性による庇護申請と生活経験」児玉由佳編『アフリカ女性の国際移動』日本貿易振興機構アジア経済研究所、一七三―二二二頁。

園部裕子（二〇一五）「シア・バターをめぐる協働労働と女性の地位――西アフリカ・マリの女性による生産組合の現状と課題」『香川大学経済論叢』第八八巻第三号：四九―七三頁。

――（二〇二〇）「サブサハラ・アフリカからフランスへの女性の移動と滞在資格――家族統合／非正規滞在／FGMを理由とする庇護申請を中心に」児玉由佳編『アフリカ女性の国際移動』日本貿易振興機構アジア経済研究所、二五七―三〇四頁。

戸田真紀子（二〇二一）「国際社会のルールと家父長制社会の規範――ゼロ・トレランス政策を超えて」宮脇幸生・戸田真紀子・中村香子・宮地歌織編著（二〇二一）『グローバル・ディスコースと女性の身体――アフリカの女性器切除とローカル社会の多様性』晃洋書房。

内閣府男女共同参画局（二〇二一）「女性に対する暴力の現状と課題」。

林陽子（二〇一五）「1．女性差別撤廃委員会における「女性に対する暴力（VAW）」への取組み」『国際女性』二九（一）：八一―八三頁。

ミシェル、ティエリー（二〇一五）映画『女を修理する男』ユナイテッドピープル。

宮脇幸生・戸田真紀子・中村香子・宮地歌織編著（二〇二一）『グローバル・ディスコースと女性の身体――アフリカの女性器切除とローカル社会の多様性』晃洋書房。

ムクウェゲ、デニ（二〇一九）『すべては救済のために――デニ・ムクウェゲ自伝』加藤かおり訳、あすなろ書房。

米川正子（二〇一〇）『世界最悪の紛争「コンゴ」――平和以外に何でもある国』創成社。

社会運動と「暴力」の関係
――メキシコの抗議行動分析を中心に

和田　毅

（わだ　たけし）
東京大学大学院総合文化研究科教授
専門は社会学、ラテンアメリカ地域研究
著書に『メキシコの21世紀』（分担執筆、アジア経済研究所、二〇一九年）、*The Oxford Handbook of Latin American Social Movements*（分担執筆、Oxford University Press, 2022.）などがある。

はじめに

権威主義的な政治体制、農地をめぐる衝突、ゲリラ組織の台頭と内戦の勃発など、暴力は二〇世紀のラテンアメリカ地域を特徴づける現象の一つであった。しかし、一九八〇年代から一九九〇年代にかけて「民主化の第三の波」（Huntington 1991）がこの地域にも押し寄せ、多くのラテンアメリカ諸国は民主主義体制への移行を遂げた。法の支配、人権の尊重、選挙による政権交代など民主主義が社会に根付くことによって、それまでこの地域を特徴づけていた暴力は沈静化するものと思われた。ところが、今日われわれが目の当たりにしているのは、またしても暴力の蔓延である（Arias and Goldstein eds. 2010; Bergman and Whitehead 2009; Vilalta 2020）。

武器でなく投票によって権力闘争が行われる時代がラテンアメリカに到来したにもかかわらず、なぜ剝き出しの暴力が増幅されているのだろうか。軍部ではなく文民が国家を統制するようになったにもかかわらず、なぜそれが暴力の問題を悪化させてしまうのか。資源ブームによる経済成長とそれに伴う富の蓄積を成し遂げたにもかかわらず、なぜ暴力が収まらないのか。このようなラテンアメリカの現状をVilalta（2020, 697）は三つのパラドックスと呼んだが[1]、残念ながら、二一世紀に入ってからも暴力はラテンアメリカ地域を規定する現象であり続けているようである[2]。

本稿は、メキシコの抗議行動における暴力に焦点を当てる。メキシコは、ラテンアメリカの中でも三つのパラドックスという点において象徴的な国である。政治面では、一九七〇年代後半から二〇〇〇年代にかけて段階的に政治改革が行われ、「長期化した移行（protracted transition）」と呼ばれる形の民主化を実現させた（Eisenstadt 2000; Loaeza 2000; Ortega Ortiz 2000）。経済面では、一九八〇年代の累積債務危機を発端に北米自由貿易協定（NAFTA）締結などを通じて新自由主義的な経済改革を断行した。その結果、一九九〇年代までメキシコを周期的に襲っていた経済危機から解放され、低レベルではあるものの安定した経済成長を持続できるようになった。ところが、麻薬犯罪組織を中心とする暴力が激化し、カルデロン政権（二〇〇六―二〇一二）が麻薬カルテル掃討作戦を開始してからは著しい治安悪化状態が続いている。

政治、経済、そして社会治安状況の大きな変化を受けて、抗議行動の闘争手段にも違いがみられるのだろうか。権威主義体制から民主主義体制へと移行したことにより、メキシコ市民はやはり非暴力的手段を選ぶようになったのだろうか。それとも、暴力化する社会の影響は、社会運動や抗議行動のありかたをも規定しているのだろうか。

闘争手段としての暴力に着目する理由は、それが民主主義の未来にとって重要な分岐点だからである。極度に急進的な戦術や暴力の使用は、人命や財産に危害を加え、理性的な対話を阻み、警察や軍による治安維持活動や抑圧を招き、敵対する社会集団による一層の暴力化と政治の不安定化を引き起こしてしまう。つまり、民主主義の深化と政治の安定に貢献するどころか退行させてしまう可能性が高いのである。

まず、次節では社会運動研究分野にて暴力がどのような理論的な位置づけをされているのかを概観する。可視的な「暴力」と不可視の「暴力」が錯綜する様態を解析することが本論集の主要テーマであることから、Galtung（1969）の提唱した顕在的な「行為者暴力」と潜在的な「構造的暴力」を取り上げ、この枠組みから社会運動論を解釈しなおす作業を行う。その理論的な枠組みをもとに、メキシコにおける暴力の変遷を解析するのが本稿の目的である。

1 行為者暴力と構造的暴力

Galtung（1969）は、暴力と呼ばれる現象を「個人的暴力（personal violence）」と「構造的暴力（structural violence）」とに区分した（Galtung 1969, 173）。個人的暴力とは、主体と客体が個別的かつ具体的に存在し、前者が後者に対して意図的にかつ直接的に行う行為である。顕在的な点が特徴であり、その主体・暴力行為・客体を、主語―動詞―目的語（Subject–Verb–Object：SVO）という基礎的な文法構造で表現できるという（Galtung 1969, 171）。後に彼は集合的なものを含めるために個人的暴力を「行為者暴力（actor violence）」と言い換えたので（西山 二〇〇三、一一）、本稿でも以後はそちらを用いることにする。

一方、構造的暴力とは、政治的、経済的、文化的な格差によって人生の可能性に著しい不平等が生じている不正な状態を指している。直接的な暴力行為も、それを行う具体的な主体も、暴力を被る客体も可視化されない（つまりSVOで表記できない）潜在的な暴力を意味する概念である。夫が妻を殴る場合などは明らかな行為者暴力の例であるが、一〇〇万人の夫が一〇〇万人の妻を教育を受けられない状態に止めている状態は構造的暴力の一例となる。また、たとえ誰一人他者を殺害しない社会であったとしても、その社会の下層階級の寿命が上層階級の半分しかないような場合は、構造的暴力が著しいということになる（Galtung 1969, 171）。

社会運動や「闘争の政治」研究[3]において、暴力は重要なテーマである。その場合の暴力とは、武装闘争、暴動、テロ、集団リンチ、国家による抑圧など、組織や集団が繰り広げる「集団的暴力（collective violence）」（Tilly 2003）であり[4]、顕在的な行為者暴力を意味する場合がほとんどである。構造的暴力という概念自体はあまり使われないが、社会運動・闘争の政治には無関係かというとそうではない。政治、経済、社会の制度や構造が不平等であることが、人々を武装闘争に駆り立てたり、逆に闘争を自粛させたりするからである。本稿では、メキシコにおける様々な形の構造的暴力が、どのように社会運動や抗議行動が手段として選択する行為者暴力に連関しているのかを考察する。

2　行為者暴力と構造的暴力の関係性

昨今の社会運動・闘争の政治研究では、社会勢力や国家による行為者暴力が発生する動態やそのメカニズムを解明することがホットなテーマとなっている（Davenport 2007; Demetriou 2013; Earl 2013; Ellefsen 2021）。なぜ闘争の過程で行動戦術が暴力的な方向に向かってしまうのかを理解しようという問題設定である。本稿は、個別の社会運動の具体的な過程や動態ではなく、その構造に着目した暴力研究を提示する。その理由は、構造分析を柱に据えることによって、Galtung が提唱した構造的暴力と行為者暴力との関係を分析する視角が生まれるからである。さらに、政治、経済、社会の構造から暴力を理論化することによって、個別の社会運動や抗議行動が暴力化するかどうかの予測は困難だとしても、長期的な暴力の量的かつ質的な変化を予測できる可能性があるからである。冒頭で言及したような、軍事政権やゲリラに関連した二〇世紀の暴力から、麻薬組織に関連した二一世紀の暴力への移行といった現象を理解するためには、Vilalta（2020, 694）が主張するように、ラテンアメリカにおける政治や経済の構造変化を把握することこそが重要なのである。

政治、経済、文化の制度や構造には多様な側面があるが、人々の人生の可能性に著しい差をもたらすような制度や構造を、本稿では便宜的に政治構造的暴力、経済構造的暴力、文化構造的暴力と呼ぶことにする。構造的暴力と行為者暴力の間の理論的な関係として、相反する二種類の効果が考えられる。格差や不平等があるからこそ、それを是正しようとする抗議行動が生まれるという「促進効果」と、構造的な不平等による圧倒的な立場の差があるために抗議行動に訴えることができないという「抑制効果」である。

貧困、飢餓、経済格差などの物質的条件がいかに革命運動を引き起こすのかという問いは、マルクス主義的な階級分析の中核をなすものである（Marx and Engels 1967）。経済構造的暴力が潜在的な促進効果をもつことは間違いないが、それがいかに抗議行動に結びつくかという点に関しては、文化構造的暴力の抑制効果にも着目する必要があるという（Stokes 1995）。物質的生産の場での階級闘争を実現させるためには、その前にまず資本家的な世界観、思想、常識といった文化の場でのヘゲモニーをめぐる戦いが必要になるためである（Gramsci 1971）。

　マルクス主義以外の立場からも文化構造的暴力は重要である。文化的フレーミング論は、活動家が社会運動の目的、アイデンティティ、正義感、そして世界観を、どのような言説や枠組み（フレーム）を用いて主張するかに着目する。運動が提示するフレームが、社会一般に広く存在する考え方や意味の構造と共鳴すれば、市民の共感や支持を得やすくなり、敵に対して優位に立ち、運動の勢力拡大につながるという理論である（Snow and Benford 1988, 1992）。この運動を促進する効果が強調されがちな文化的フレーミング論であるが、実は抑制効果と表裏一体の理論であることを留意しておく必要がある。「社会一般に広く存在する考え方や意味の構造」には、人種やエスニシティ、ジェンダー、出身、宗教など様々な形の文化的差別の構造――文化構造的暴力――も含まれる。文化構造的暴力によって差別や偏見が助長されるために、運動が提示するフレームへの共感が得にくくなり、運動への参加が抑制されてしまう効果があることも理解しておくべきなのである。

　政治構造的暴力にも、不公正な政治システムを改革するために立ち上がるという促進効果と、圧倒的な政治力の差を目の当たりにして抗議すらできないという抑制効果とが考えられる。社会運動論の主要概念に政治機会構造というものがあるが（Meyer and Minkoff 2004）、これは、社会運動側からみて政治システムがどの程度開いていてアクセスしやすいかを指す概念である。それが閉ざされている場合には抗議行動を起こしにくく、開かれている場合には抑圧を被るリスクが軽減するので抗議行動を実行しやすいという議論である。政治機会構造という専門用語は政治体制を意味した概念である。市民の自由な政治参加を担保する民主主義体制と、軍部や警察などの公権力による弾圧やその恐怖も含めて様々な形で自由と権利を制限する権威主義体制とを区別する概念だといえる。つまり、構造的暴力の政治的な側面を社会運動論に取り入れた概念なのである。

　政治構造的暴力（政治体制）の特徴をつかめば、社会運動や抗議行動が活発な社会になるか、沈静化した社会になるかを予測できるというのが政治機会構造論である（Tilly 2003）。権威主義体制から民主主義体制へと移行すると（政治構造的暴力の程度が弱まると）、エリートや政党間の政治競争が激化し、国家による統制や抑圧のリスクが減少するため、社会勢力からすれば有利な政治機会に恵まれることになる（Tarrow 2011）。これによって、民衆闘争が活性化し、究極的にはデモなどの抗議行動手段が日常化し制度化していくという（Dodson 2011; Meyer and Tarrow 1998）。

これに対し、民主化とともに（政治暴力構造が緩和していくとともに）抗議行動は沈静化するという見方もある。より民主的な政治システムになれば、選挙などの制度化された政治過程を通じて要求を行えばよいので、通常の政治参加の枠組みから外れた抗議行動や暴力に訴える必要はなくなるという論理である（Sánchez-Cuenca and La Calle 2009）。一方、権威主義体制下では抑圧のリスクが高いために、やはり社会動員は困難である。その結果、社会運動や抗議行動は権威主義と民主主義の間の準民主主義体制下（semi-democratic regimes）で最も盛んになるとみる（Eisinger 1973）。この考え方は、逆U字理論（Inverted U-curve Theory）と呼ばれ（O'Connell 2008）、これを提唱したMuller（1985）によれば、経済構造的暴力よりも政治構造的暴力のほうが行為者暴力に及ぼす影響が強いということである。

最後に、国家能力論を取り上げる。端的にいえば、能力が高い強い国家ほど暴力の発生を抑えて治安維持を実現できるという考えである（Kriesi et al. 1995; Tilly 2008）。ここでいう国家能力（または国家の強さ）とは、政府機関が領内の資源、住民、活動を統制している程度を意味する（Tilly 2003, 41）。Tilly（2008）は、国家能力を政治機会構造とあわせて理論化し、低能力で非民主的な政治体制で暴力は最も盛んとなり、高能力な権威主義体制や低能力の民主主義体制下では中程度に、高能力の民主主義体制下で最も低いレベルになるという。

以上の理論的考察から、経済、文化、政治の構造的暴力にはそれぞれ抗議行動を促進する効果と抑制する効果があり得ることが分かった。促進効果については、抗議行動の要求内容を分析することによって、どの構造的暴力を是正しようとしているのかを推察することが可能であろう。本稿は、その観点から抗議行動の要求の言説分析を行う。その前に、次節でメキシコの構造的暴力が長期的にどのように変化しているのかを観察しておく。

3　メキシコの「構造的暴力」の変遷

図1-(A)は、メキシコの「政治構造的暴力」の趨勢をV-DEMプロジェクト[5]の二種類の民主化指標を用いてグラフ化したものである。「選挙民主主義（electoral democracy）」指標は、選挙が公平で公正に実施される条件がどれだけ整備されているかという民主主義の形式的な側面を測定したものである。「平等民主主義（egalitarian democracy）」指標は、すべての社会集団に対して個人の権利と自由が守られているか、資源は平等に分配されているか、社会集団や個人が皆権力に対して同等のアクセスを享受しているかを勘案した、実質的な民主主義の程度を測ったものである（Coppedge et al. 2021, 45）。後者は、政治構造的暴力を捉えた指標だといえるだろう。両指標とも、0が最も権威主義的、1が最も民主主義的な政治体制を意味している。

選挙民主主義指標をみると、一九五〇年代から一九七〇年代にかけて〇・二五前後の低い値を維持している。つまり、安定した権威主義体制が維持されていたのである。ただ、メキシコ

図1 メキシコの構造的暴力の変遷

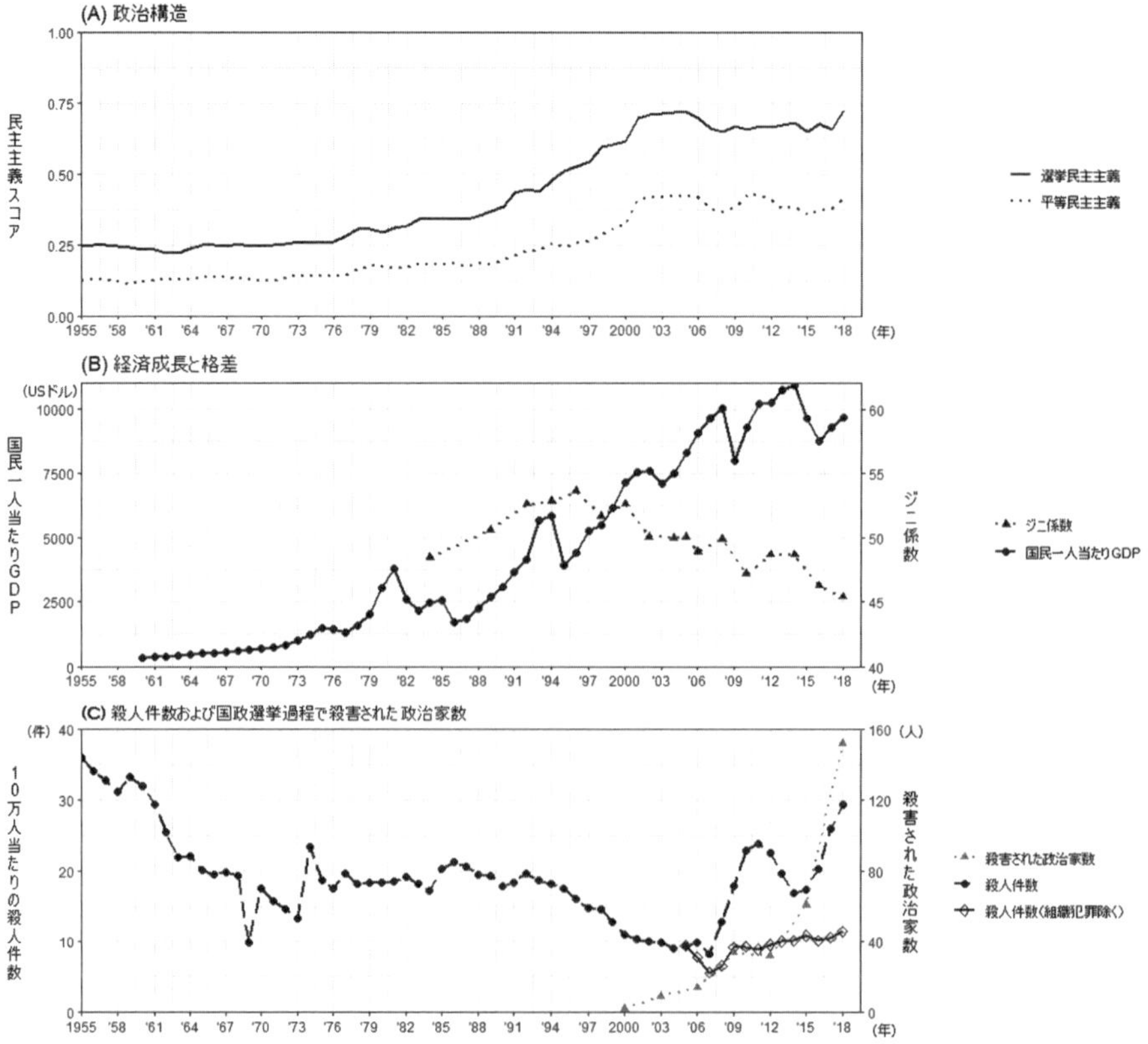

(出所) (A) The Varieties of Democracy Project (V-Dem) (Coppedge et al. 2021).
(B) 世界銀行 (https://datacommons.org/place/country/MEX?topic=Economics&hl=ja) 2021年9月27日閲覧。
World Development Indicators (https://data.worldbank.org/indicator/SL.POV.GINI?locations=MX) 2021年9月27日閲覧。
(C) Instituto Nacional de Estadística y Geografía (INEGI). El Portal de la Presidencia de la República.
Aguirre Bottello, Manuel. 2019. "México, Tasa de Homicidios por 100 Mil Habitantes desde 1931 a 2019." (http://www.mexicomaxico.org/Voto/Homicidios100M.htm) 2021年9月30日閲覧。
Etellekt Consultores 2021. Quinto Informe de Violencia Política en México 2021. (https://www.etellekt.com/informe-de-violencia-politica-en-mexico-2021-M30-etellekt.html) 2021年9月23日閲覧。

の権威主義は、南アメリカの軍部独裁とは異なり、アメとムチを併用した権威主義であった。このため、一九七三年のクーデターで政権奪取をしたチリのピノチェト軍事政権の値（一九七四年から一九七八年まで〇・〇七二）と比べればまだ高い値となっている。ムチのみに頼らない権威主義体制を安定して維持できた理由は、(1) 一九一〇年に始まるメキシコ革命の一連の騒乱の中で社会的正義が革命後の政権のイデオロギーとして浸透していたこと、(2) 一九三八年の石油国有化政策が強烈なナショナリズムを掻き立てたこと、そして、(3) カルデナス政権期（一九三四―一九四〇）の農地改革と党改革により、農民と労働者という二大大衆の全国組織を与党制度革命党（ＰＲＩ）のもとに統合し、ＰＲＩ（つまり政権）への忠誠と引き換えに労働省、農地改革省、住宅公団、社会保険省などから様々な利益を享受するコーポラティズム（corporatism）という体制を確立したことが挙げられる。コーポラティズム体制の枠組み外の社会勢力に対しては、政権は巧妙にアメを使い、政府や政党のポストと引き換えに反対勢力のリーダーを政権側に懐柔する試み（co-optation）を行い、それでも抗議行動を続ける場合にのみ抑圧手段（ムチ）に訴えたのである。

一九七〇年代末頃からこの政治構造的暴力の構図が変化し始める。一九七七年の政治改革を境に、対抗勢力との争いの中で政権側が徐々に選挙制度等の改革を繰り返した結果、選挙民主主義指標もゆっくりと上昇していく。ＰＲＩの一党支配体制は、二〇〇〇年の大統領選挙で敗れたことで終焉する。保守系国民行動党（ＰＡＮ）のビセンテ・フォックス政権時（二〇〇〇―二〇〇六）には順調に指標の点数を高め〇・七二〇を記録したが、その後民主化過程は停滞し、二〇〇八年には〇・六四八、二〇一五年には〇・六四九とむしろ後退している。左翼系政党の国民再生運動（ＭＯＲＥＮＡ）が政権を奪取した二〇一八年には〇・七二五を記録したものの、チリが〇・八九前後を維持しているのに比べると、メキシコは未だ民主化の途上だといえる。

平等民主主義指標をみると、選挙民主主義指標と平行した推移をたどっているものの、そのレベルは大分低い。二〇一八年の選挙民主主義の値は世界の第五四位に相当するが、平等民主主義の値（〇・四二〇）は第七三位に留まっていることからも、メキシコは実質的な政治的平等の面で後れを取っていることが分かる。

続けて、経済構造的暴力の推移をみてみよう。国民一人当たりＧＤＰの指標から経済成長の推移をみると（図1-Ⓑ）、順調とはいえないものの経済成長を続けてきたことが読み取れる。一九八二年の累積債務危機とそれに続く「失われた一〇年」には長期にわたって経済的困難が続いたが、この時期に新自由主義経済改革を断行し、その後の経済成長へとつなげていった。

経済面の不平等を示す指標であるジニ係数[6]をみると、一九八〇年代の未曽有の経済危機と新自由主義経済改革の中、経済的不平等は拡大し、一九九六年に五三・六に達するが、民主化後のＰＡＮ政権期（二〇〇〇―二〇一二）とＰＲＩ政権期（二〇一二―二〇一八）にかけて改善し、二〇一八年には最低値四五・四を記録している。ちなみに、平等な社会の例とされる北欧のデンマークは二八・二（二〇一八年）、日本は三二・九（二〇一三年）、アメリカは四一・四（二〇一八年）、経済格差の著しいブラジルで五三・四（二〇一九年）となっている。経済構造的暴力に関しては、近年持続的な改善傾向が観察されるものの、他の先進国との比較においてはまだかなり改善の余地がある。

最後に、社会の治安状況の推移をみてみよう（図1-(C)）。一〇万人当たりの殺人件数をみると、一九七〇年代までは減少傾向にあることが分かる。この統計は一九三一年から記録されているが、一九五二年までは四〇件を超えており、メキシコ革命以降安定した一党独裁体制を確立するまでの間は、はるかに暴力的な時代であったことがうかがえる。上述のカルデナス政権期（一九三四―一九四〇）にコーポラティズム体制を構築した頃から徐々に殺人件数の減少が始まり、文民統治型の政治体制を維持しながら「メキシコの奇跡」と呼ばれる高度経済成長を達成した一九五〇年代から一九六〇年代にかけてさらに件数の減少が続いた。その後は一九九〇年代初頭まで二〇人前後の数字が続くが、民主化のペースが加速する一九九〇年代以降は殺人件数もさらに下降し、民主化後の二〇〇七年には最低値八・二四を記録する。しかし、その後上昇に転じ、二〇一〇年代末には三〇人近くにまで増加してしまう。ちなみに、アメリカは五・三、日本は〇・二（ともに二〇一七年）である。[7]

図1-(C)には、二〇〇五年以降の麻薬組織関連の殺人を除いた殺人件数を併せて表示した。組織犯罪を除けば殺人件数は年間一〇万人当たり一〇件程度であり、メキシコとしては低水準で安定していることが分かる。二〇〇八年に始まる急激な殺人件数の増加は、そのタイミングからもカルデロン政権（二〇〇六―二〇一二）が開始した「麻薬戦争」に起因することが明らかである。警察組織から軍隊までも動員して麻薬カルテルの撲滅を目指したカルデロン政権に対し、麻薬カルテル側も豊富な資金をもとに実力行使で反撃した結果、政府と麻薬組織間だけでなく、密売組織間や麻薬組織と自警団の間の抗争も激化したのである（馬場 二〇一九）。

犯罪組織は地方政治にも多大な影響を及ぼしている。近年政治家や選挙立候補者への恐喝や殺害といった暴力が著しく、それは、図1-(C)の国政選挙の過程で殺害された政治家数の急増に表れている。国家機構ではなく犯罪集団が地方政治を支配することは犯罪組織統治（criminal governance）と呼ばれ、近年注目を浴びている現象である（Vilalta 2020）。

以上、メキシコにおける構造的暴力の変遷を概観した。果たしてこういった不平等の構図がどのような種類の抗議行動を促し、また抑制しているのか。次節で実証分析を行う。

4　抗議行動における「行為者暴力」

前節で示されたメキシコにおける構造的暴力の変化に応じて、抗議行動が用いる手段としての暴力、つまり、行為者暴力のありかたも変化しているのだろうか。図2のヒートマップは、抗議行動の戦術の変遷を図式化したものである。[8] 情報源は、全国紙エクセルシオール(*Excélsior*, 一九一六年創刊)に掲載された記事から筆者が作成した抗議行動イベントのデータベース(Mexican Popular Contention Database Version 2020.6.23:以降MPCD)である。メディア報道のバイアスという重大な制約はあるが(Hutter 2014; Jenkins and Maher 2016; Koopmans and Rucht 2002)、現実的には様々な社会集団が繰り広げる抗議行動のありかたを系統的に比較できる唯一の方法であるという理由から、最近のメキシコ研究においてもこの手法が導入されている(Cadena-Roa 2016; Strawn 2008; Trejo 2012; Inclán 2008)。

新聞記事の収集は、一九五五年から二〇一八年の間の、三年に一度の国政選挙の前後二週間ずつの新聞を利用した。[9] 時系列比較という目的に照らせば、一九五〇年代から現在までのすべての新聞を使うのが理想であるが、時間と資源の制約からサンプリングを導入せざるを得なかった。国政選挙の時期に絞った理由は、メキシコの民主化過程は特に選挙制度改革に顕著にみられるため、選挙の時期を時系列に沿ってみていくことで政治的変化の影響をより直接的に把握することが可能だと考えたからである。要するに、このデータは、一九五五年から二〇一八年までの二二回の国政選挙期間の抗議行動のスナップショット[10]を提示しているのである。

新聞記事には多種多様な戦術が様々な表現で記載されているが、まずこれらを一九種類の代表的な戦術カテゴリに分類した。そして、カテゴリごとに暴力的結果に陥るリスクを計算した。[11] 図2-(B)は、リスクの高い順に戦術カテゴリを並べている。メキシコの闘争の場において、最も暴力に至るリスクの高い戦術が「物理的攻撃」(二・五四)であり、リスクの最も小さい戦術が「ボイコット」(〇・〇〇)であった。

上部ヒートマップ(図2-(A))は、各戦術カテゴリの頻度を示している。権威主義体制が維持されていた一九七〇年代まではどのセルの色も薄いことから、抗議行動の実数が後の時期に比べて少なかったことが分かる。一九八〇年代後半から二〇〇〇年頃までが抗議行動のピークであり、かつ、上部に並ぶ一部の戦術カテゴリを集中して採択していたことも読み取れる。

しかし、このヒートマップからは、各年ごとにメキシコ市民がどの戦術を選ぶ傾向にあったのかを把握しにくい。下部ヒートマップはこの点を補完するために作成されたもので、[12] 各年の抗議行動総数に占める戦術カテゴリの割合を示している。例えば、上部ヒートマップをみると、一九五五年のストライキ欄は絶対数(三回)が少ないため薄い網かけであるが、下部ヒートマップでは濃い網かけで表示されている。これは、一九五五年の抗議行動総数が九であったため、全体の三分の一でストライキが選ばれていたからである。このことから、一九五五年には抗議行動を実行すること自体が困難であったが、それでも実行に移した際にメキシコ市民が選んだ主な戦術はストライキだったということが分かる。このように、下部ヒートマップは、それぞれの年代における戦術のレパートリーを理解するのに有用である。

図2 メキシコにおける抗議行動の戦術の変遷

(A) 戦術が用いられた頻度 (右の A-E はクラスターを示す)

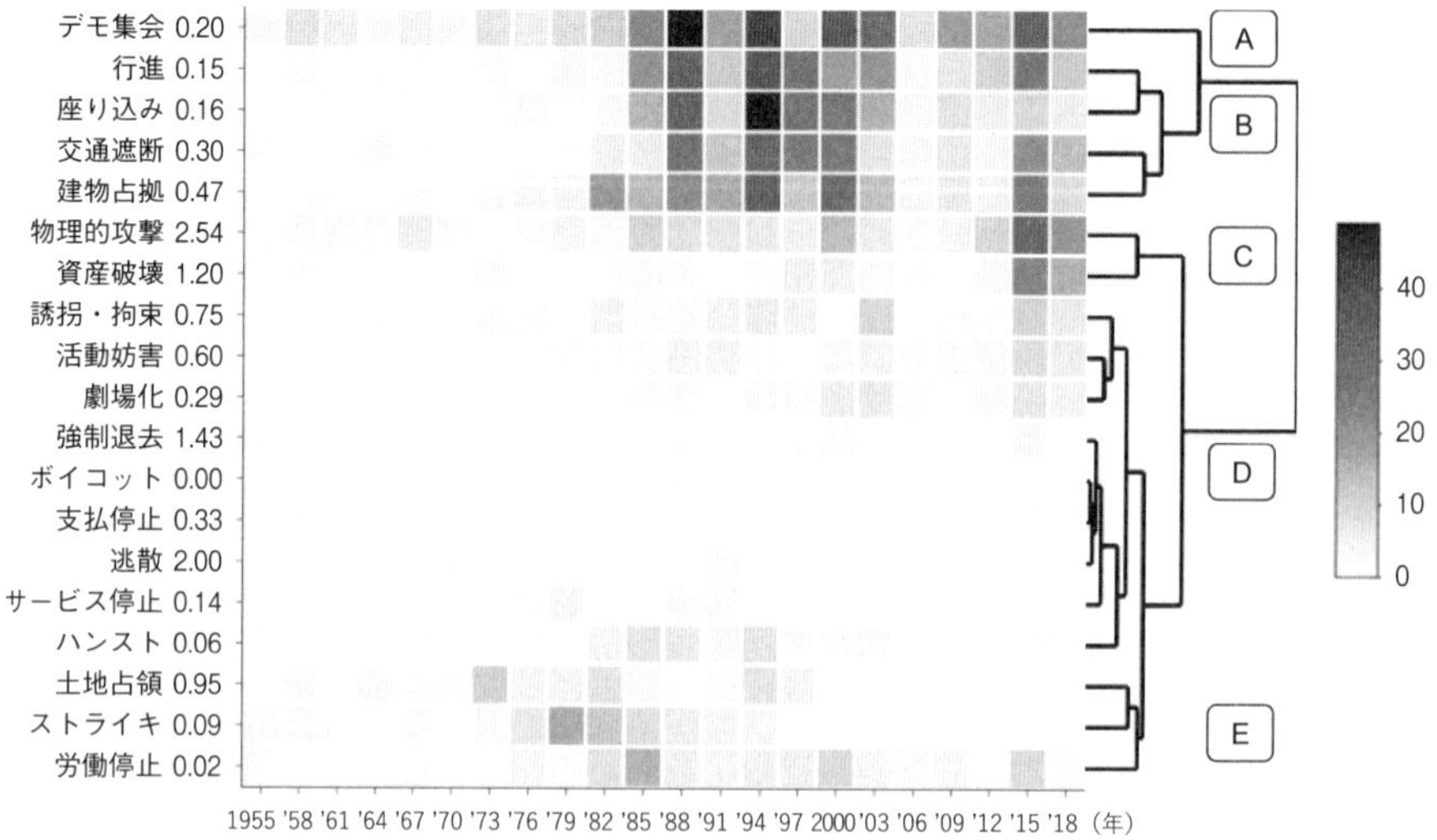

(B) 戦術が用いられた年ごとの比率

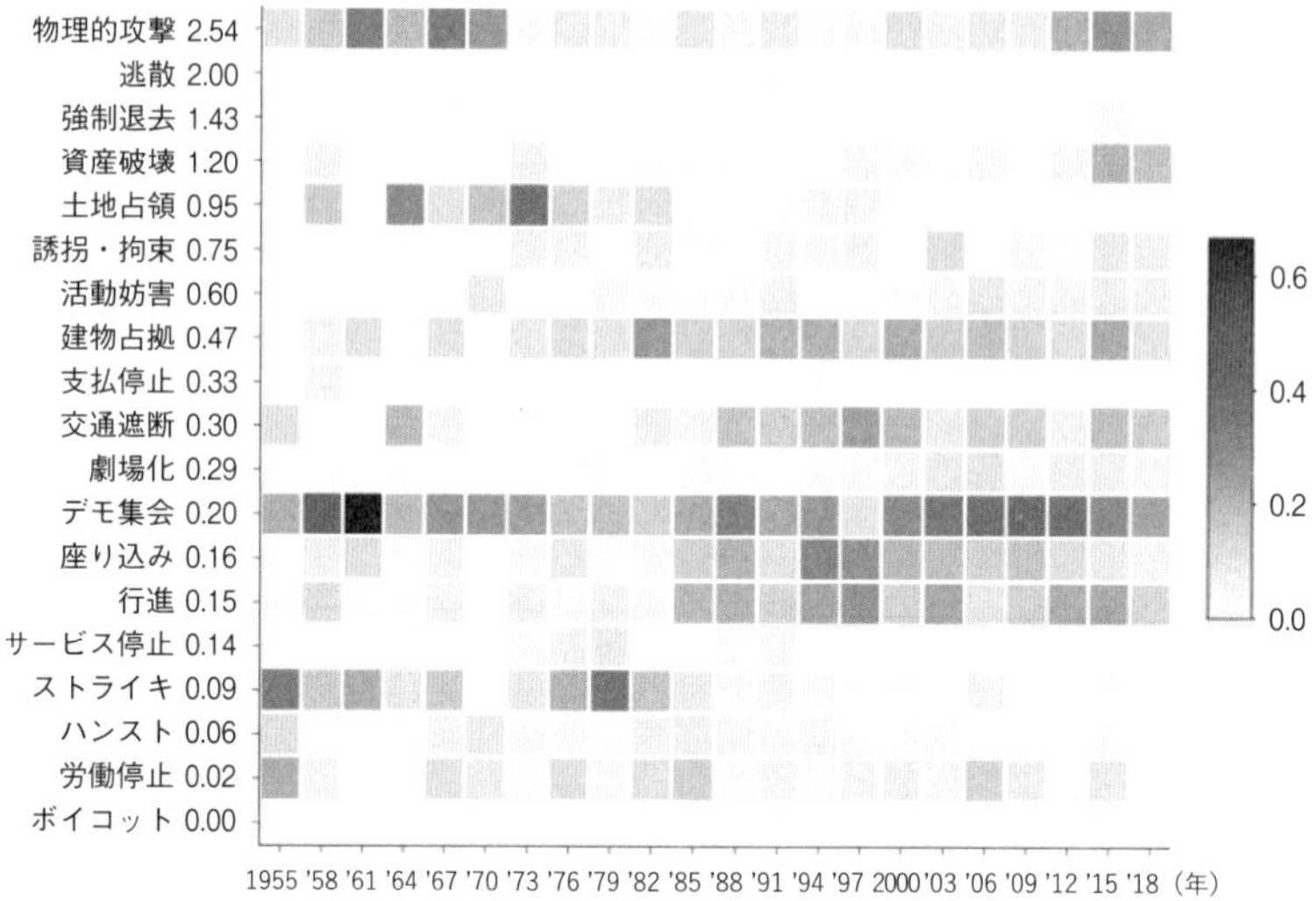

上部ヒートマップの右側に付随したトーナメント表のような線は樹状図（デンドログラム）と呼ばれ、時系列変化のパターンが似た戦術カテゴリをその類似度によって結びつけて分類するクラスター分析の結果を示したものである。この樹状図が示唆することは大変興味深い。まず、上部五つの戦術とそれ以外とに大別され、さらに、上部は、〔A〕デモと〔B〕行進、座り込み、交通妨害、建物占拠の二つのクラスターとに分類できる。下部は、〔C〕物理的攻撃と資産破壊、〔E〕土地占拠、ストライキ、労働停止、〔D〕残りの戦略の三つのクラスターに細分できる。

クラスター〔D〕は全期間を通じてあまり使われなかった戦術であるが、残りの二つのクラスター〔C〕と〔E〕は、下部ヒートマップから明らかなように、一九五〇年代から一九八〇年代半ばまでの主要な戦術レパートリーを構成していたものである。つまり、これらの戦術は、主として権威主義体制下のメキシコにて代表的なものであり、一九八〇年代以降段階的な民主化が進展していくとともに、重要性は低下していく。この意味において、〔C〕と〔E〕の戦術は、民主主義体制下のメキシコでは衰退していくレパートリーだといえる。

次に、クラスター〔AB〕をみると、その頻度においても（上部ヒートマップ）、年別の比率においても（下部ヒートマップ）、これらの戦術は一九八五年頃から急激にその重要性が増大している。民主化の過程で、これらの戦術が、それまで主流であったクラスター〔CE〕の戦術に取って代わっていることが分かる。そして、これらの戦術のリスクは比較的低く、最も高いものでも建物占拠の〇・四七である。メキシコの抗議行動のレパートリーが、〔C〕高リスクの物理的攻撃・資産破壊や〔E〕低リスクのストライキなどから、穏健な戦術である〔A〕デモや〔B〕行進、座り込み、交通妨害、建物占拠へと変化していることが分かる。段階的な民主化過程で徐々に政治的機会が拡大していく中、その中心的な抗議行動戦術となったのはクラスター〔AB〕の戦術なのであった。

〔A〕のデモは、メキシコの抗議行動において特別な位置を占めている。上部ヒートマップの樹形図をみると、〔A〕デモは〔B〕の四つの戦術カテゴリと最後に（一番右部分で）つながっていることから、その歴史的なパターンが大きく異なっていることが分かる。下部ヒートマップは、〔A〕デモの特徴を明示している。それは、一九五〇年代から二〇一〇年代に至る全期間において、デモはメキシコ市民にとって主要な戦術であり続けているという点である。メキシコシティの歴史的な中央広場ソカロでの大規模集会はその代表例である。いったいデモの何が特別なのだろうか。次節でその答えを探ることにする。

最後に、暴力という観点から、最近の顕著な傾向を指摘しておきたい。民主化後の二〇一二年頃から〔C〕の物理的攻撃や資産破壊といったリスクの最も高い暴力的戦術が復活する傾向がみられるのである。これは抗議行動による暴力であり、麻薬組織による暴力は含んでいないのだが、それでも暴力的戦術が増加している。カルデロン政権（二〇〇六―二〇一二）が開始した「麻薬戦争」以来、治安がさらに悪化しているのは図1―(C)の通りであるが、組織犯罪を制御できない（Trejo and Ley 2021）事態は、国家の能力の弱体化のシグナルとなって国民に受け止められている可能性がある。国家能力論が指摘するように、そのような状況下では社会運動や抗議行動もよりリスクの高い戦術を選ぶ傾向がみられるとすれば、メキシコの民主主義の将来を鑑みても憂慮すべき事態に直面していると言わざるを得ない。この点についても次節で詳細を検討する。

5 「構造的暴力」と「行為者暴力」のSVO分析

Galtung（1969, 171）は行為者暴力をSVO文法構造で表現できると主張したが、本節では、実際にそのSVO構造の分析を行う。図3は、メキシコの抗議行動における主体―行為―客体（SVO）の関係をネットワーク分析手法を用いて図式化したものである。[13] MPCDには、各抗議行動の主張や言説の詳細が記録されているが、それをもとに要求内容を経済的要求、文化的要求、政治的要求とに分類した。要求内容を調べることによって、抗議行動が構造的暴力のどの側面（経済、文化、政治）を正すべき問題だとして立ち上がっているのかを推察できる。また、時系列変化を分析するために、権威主義体制期（一九五五―一九八二）、民主化移行期（一九八三―二〇〇〇）、民主主義体制期（二〇〇一―二〇〇六）、麻薬戦争の影響が大きい民主主義体制期（二〇〇七―二〇一八）の四期間に分類した。さらに、行動戦術を、図2のクラスター分析で判明した三つの主要な戦術カテゴリ（クラスター〔AB〕のデモ行進型、〔C〕の暴力型、〔E〕のスト占拠型）に分けて分析を行った。

数多くの抗議行動の中からこの図に記載したのは、頑強なパターンだけである。頑強なパターンとは、各時期に頻繁に観察されるSVOであり、その基準として各時期の平均が一を上回るものと設定した。たとえば、権威主義体制期（一九五五―一九八二）には、サンプリングの対象となる国政選挙が一〇回行われたので、図中の学生と大学を結ぶデモ行進型の戦術パターンは、この期間に少なくとも一〇回以上観察されたということである。矢印の太さは抗議行動の頻度を示している。矢印元のカテゴリが主体（S）、矢印先が客体（O）である。学生が行為者、大学がターゲットというパターンだったことが分かる。

構造的暴力と行為者暴力の関係について図3から得られる興味深い分析結果を六点ほど指摘したい。まず第一に、図3には文化的要求が含まれていない。これは、文化的要求を掲げるパターンがほとんどなかったためである。メキシコでは他国同様に先住民や女性の差別などの文化構造的暴力もみられるのだが、それが抗議行動に結びつく頻度は全期間を通じて高くなく、基準を満たす頑強なパターンは一つだけであった。そのパターンとは、二〇〇一年から二〇〇六年の時期に、一般市民が一般市民を対象に〔AB〕デモ行進型の戦術を用いるというSVOであった。この場合の一般市民とは、新聞記事の中で「人々」「一万人」などのように行為者の属性を特定しない形で表現された群衆であり、図3では「一般」と表示されている。

図3　メキシコの抗議行動のSVO（主体―行為―客体）分析

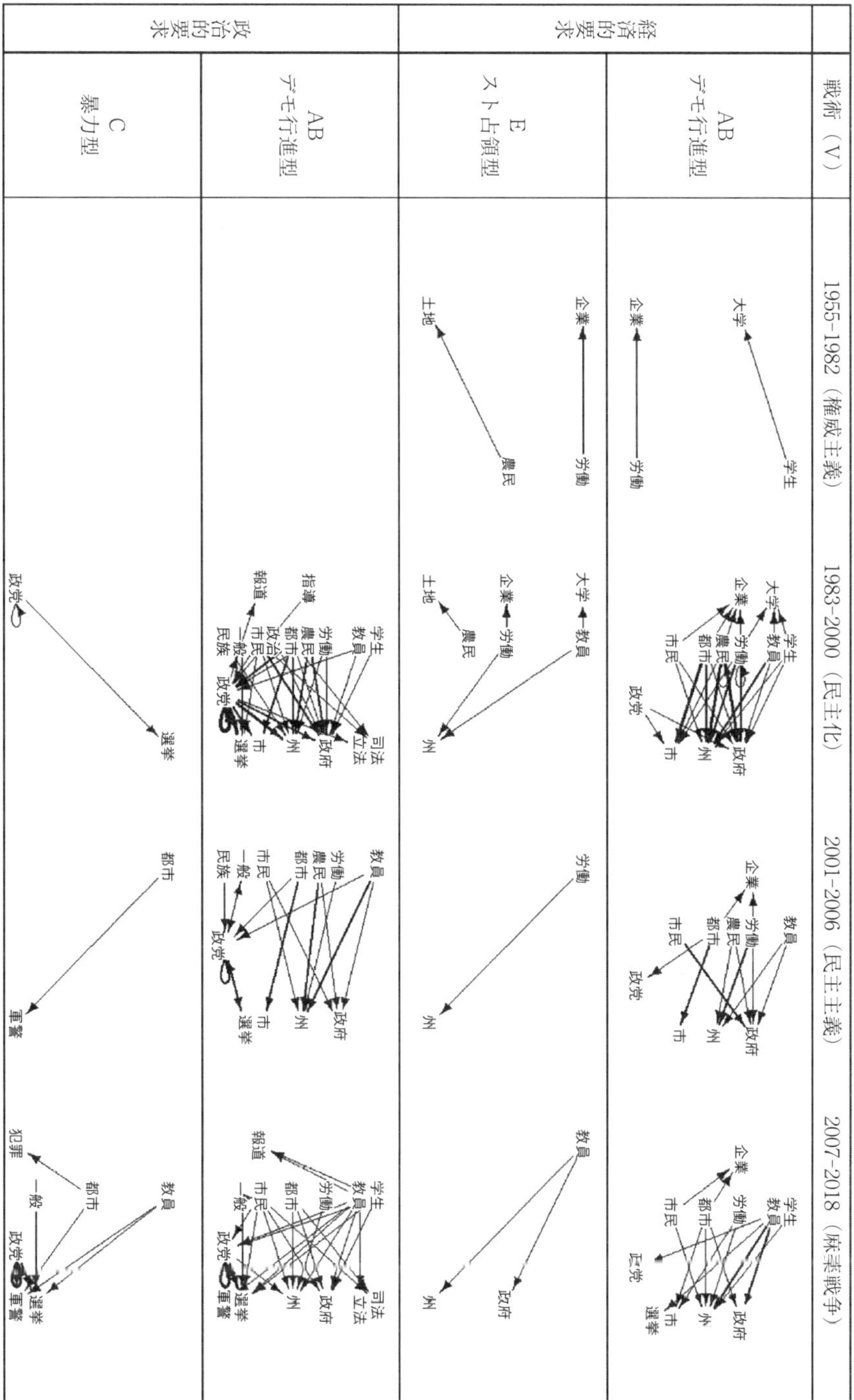

特定の組織に属さない人々が多く参加している場合によく使われる表現である。その唯一の抗議行動のパターンが民主主義指標値の最も高い二〇〇一年から二〇〇六年の時期に現れたことは興味深い。

文化構造的暴力を正すために抗議行動を起こす頑強なパターンが一つしかなかったことは、選挙期間をサンプリングしたことに起因するかもしれない。また、「新しい社会運動論」の構造分析に学ぶべき結果だと解釈することも可能かもしれない。この理論は、経済発展を遂げて産業社会から情報社会へと経済社会構造が変化したヨーロッパ諸国においては、社会運動も経済構造的暴力に対抗する古いタイプの社会運動（階級闘争）から、文化構造的暴力に対抗する新しい社会運動へと変貌すると予測する。新しい社会運動は、環境問題、生活スタイル、アイデンティティを重視し、その活動形態として人々の意識変革活動に重きを置く傾向があることも、抗議行動の数としては伸びていない結果につながった可能性もある。メキシコにおいても、個別の社会運動をみている限りでは、サパティスタ先住民運動のような文化的な差別に対抗する新しい社会運動が興隆しているようにも思える。しかし、全体的な傾向を抗議行動の数で把握してみると、文化的要求を行う「新しい社会運動」の数やその頑強なパターンは経済的要求や政治的要求を行う「古い社会運動」に比べて未だはるかに少ないのである。

第二に、権威主義体制下（一九五五―一九八二）では、経済的要求のSVOパターンしか観察されなかった。政治構造的暴力が顕著な時代ではあるが、政治機会に恵まれないため抗議行動を起こす際のリスクが高かったこと、つまり、政治構造的暴力の抑制効果が強かったことを如実に物語っている。

第三に、権威主義体制期に経済的要求を行う抗議行動のSVOパターンは固定化していた。つまり、労働者が企業を対象にデモ行進やストを行い、農民が大土地所有者に対して土地占拠にでるという具合である。労働者と農民という当時の二大大衆勢力を体制側に取り込むコーポラティズムを確立したことが、安定した権威主義体制を支えたことは既に述べた。これらの大衆組織が主体となり（S）、それぞれの階級対立の相手である企業や大土地所有者を客体（O）として、経済的利益を追求してストライキや土地占拠（V）を実行する頑強なSVOパターンが主流だったのである。そして、権威主義国家はターゲットに含まれていないことも着目すべき点である。

第四に、抗議行動のピークとなった民主化移行期（一九八三―二〇〇〇）には、［AB］デモ行進型のSVOが多様化し、数多くの頑強なパターンが出現した。Tarrow (2011) は、多様な社会勢力が用いることができ、多様な目的や要求を実現させるために使うことができ、また、多様なターゲットに対して用いることができる戦術を、「モジュール性」が高いものとして重視した。民主化移行期以降のメキシコにおける［AB］デモ行進型の戦術はまさしくモジュール型だといえる。非暴力的でリスクの低いデモ行進は、メキシコの民衆闘争の場において特別な位置を占めているのである。対照的なのは［E］スト占拠型の戦術である。全期間においてSVOが固定化しているこれらの戦術は、特定のアクターが日常の生活環境の中で相対する特定のターゲットに対して、経済的要求を行う際にのみ利用する戦術であり、柔軟性やモジュール性に欠けたものであることが分かる。

第五に、〔AB〕デモ行進型の戦術は、政治構造的暴力に対抗する抗議行動によって頻繁に用いられている。中でも、政党間や政党と選挙当局（図3で「選挙」と記載されているもの）との間のSVOの頻度が極端に高くなっており、連邦政府や州政府を巻き込んだ政治闘争が激化している状況が把握できる。

最後に、最も重要な点として、〔C〕暴力型のSVOパターンは〔AB〕デモ行進型に比べてはるかに少なく、しかも、それが用いられる主なパターンはすべて政治的要求を行う場合であることが分かった。文化構造的暴力や経済構造的暴力を是正するための戦いは、メキシコにおいては行為者暴力には向かわない傾向があることが判明した。しかし、民主化を成し遂げたにもかかわらず、二〇〇七年以降〔C〕暴力型のSVOパターンが明らかに増加している。その内訳は、都市における治安の悪化を反映して、都市住民―犯罪組織、都市住民―軍隊・警察といった犯罪組織や治安維持機関を含むSVOパターンが多くみられる。その一方で、対立する政党間や政党と選挙当局との間のパターンも暴力化している。図1でみた暗殺された政治家数の増加を鑑みても、選挙という民主主義にとって重要な場において暴力化が進行しているのは危惧される点である。

おわりに

本稿は、可視的な「暴力」と不可視の「暴力」が錯綜する様態を、社会運動という現象を通じて解析することを試みた。そのためにまず、Galtung（1969）の行為者暴力と構造的暴力という概念に立ち戻って社会運動理論を再解釈し、メキシコの抗議行動の構造分析に応用した。特に、経済、文化、政治の格差や不平等という構造的暴力が、抗議行動が手段として用いる行為者暴力に対して、どのような影響を及ぼしているのかという点に着目した。構造的暴力には促進効果と抑制効果という相反する影響が理論的に考えられるが、ヒートマップやネットワーク分析を用いた時系列分析や社会空間比較分析を通じて、その促進効果と抑制効果を判別することはできたように思う。

しかし、本稿では、構造的暴力と行為者暴力の時系列グラフをそれぞれ見比べて解釈しただけであって、それぞれの構造的暴力がどの程度行為者暴力を選ぶ確率に影響を与えているのかを統計的に示したわけではない。今後は、多変量解析も視野に入れて、分析の精緻化を図っていきたい。

何よりも、麻薬犯罪組織による犯罪の増加と国家の能力の低下、それに伴う抗議行動による暴力型戦略の増加という近年の状況は深刻な問題である。幸いメキシコの場合、経済構造的暴力や文化構造的暴力を是正しようとする闘争は暴力化しにくいことがデータで示されている。おそらく最大の問題は政治暴力的構造にあると考えられ、政治面での不平等や不正を少しでも軽減することができれば、手段としての暴力を減じる方向へと好転させることができるかもしれない。そのためにも、麻薬犯罪の問題を改善し、国家能力を強化させることが急務である。

（1） 三つのパラドックスとは、「投票―暴力パラドックス（the more votes-more violence paradox）」、「文民政府―暴力パラドックス（the civil government-more violence paradox）」、「金―暴力パラドックス（the more money-more crime paradox）」であり、文中の三つの問いにそれぞれ呼応している。より具体的に、金―暴力パラドックスとは、経済成長と富の蓄積を成し遂げたにもかかわらず、その富が麻薬などの違法な商品に対する需要を高め、その大規模な市場を形成し、非合法な取引に関わる暴力的犯罪を急増させているという状態を示している（Vilalta 2020, 698-99）。

（2） この状況を背景に、ラテンアメリカでは二一世紀型の暴力に関する研究が盛んになっている。勢いを増す犯罪的暴力（criminal violence）に対して国家がどう対応するべきかという観点から、警察機構改革（González 2019）や軍隊の治安維持活動への参加（Diamint 2015; Pion-Berlin and Acácio 2020）などの分析がなされている。また、社会が新たな形の暴力にどう反応しているかという視点から、ゲート・コミュニティや民兵組織・自警団などの研究成果が積まれている（馬場 二〇一九）。

（3） 「闘争の政治」研究とは、社会運動、抗議行動、革命運動、テロ行為、暴動、反乱、日常的抵抗行為などの多様な形の闘争を共通の理論的枠組みで分析しようとする試みである（Tarrow 2013）。

（4） 社会運動や闘争の政治研究では、集団行動のメカニズムが研究対象なのであり、個人が行う犯罪などの暴力は対象ではない。このため、Galtung の当初の個人的暴力という概念よりも行為者暴力という概念のほうが適切である。

（5） V-DEMとは、民主主義の多様性（Varieties of Democracy）を意味し、世界各国の民主主義を選挙（electoral）、自由（liberal）、参加（participatory）、熟議（deliberative）、平等（egalitarian）という五つの側面で測った指標を提供している。ここではその第11・1版のデータを用いた。各指標の厳密な定義については、V-DEMのコードブックを参照（Coppedge et al. 2021）。

（6） 所得分配が完全に平等である社会ではジニ係数は0に、完全に不平等である社会では1となる。世界銀行のデータでは、一九八四年以前のジニ係数は入手できなかった。

（7） 法務省法務総合研究所編 二〇二〇『令和2年版犯罪白書――薬物犯罪』二二頁。

（8） 分析には統計ソフトR（バージョン4.0.2）のheatmaplyパッケージ（バージョン1.1.0）を用いた。RStudioのバージョンは1.3.959である。

（9） メキシコの国政選挙は日曜日に行われるが、その二週間前の日曜日の出来事を掲載している翌月曜日の新聞から、選挙日二週間後の日曜日のイベントの情報を記録している翌月曜日の新聞まで、計二九日分の新聞記事を収集した。

（10） MPCDでは、この手法の先駆者であるSidney Tarrow（1989, 8）に依拠して「民衆抗議行動イベント」を次の五点を満たすものと定義している。①抗議行動の主体となるアクターが集合的であり、かつ非政府勢力を含むもの。②行動が公的であるもの。つまり、公共的な場所で、衆知の下での行動であること（Fillieule 1998, 203）が重要であり、犯罪、私的な場での行為（Rucht and Neidhardt 1998）、「隠されたトランスクリプト（嘲笑など権力者の眼が届かない場での日常的な抵抗行為）」（Scott 1990）は含まない。③目標・要求・不満が明らかであり、その中に闘争・対立の要素が含まれていること。④その目標・要求・不満の矛先であるターゲット・対象が明らかか、もしくは容易に想定できること。⑤行動様式・戦略が混乱を引き起こすような要素を含んだものであること。つまり、日常の生活や活動に支障をきたす可能性を孕む戦略によって圧力をかけていること。上記定義に基づく民衆闘争の具体例の中で数の多いものは、デモ行進・示威行動、ハンスト、座り込み、労働停止、公共の場所での集会、資産の破壊、物理的攻撃、土地占拠、誘拐、ビル占拠、公共輸送システムの妨害、道路封鎖、ストライキなどである。

（11） ここでいう暴力的結果とは、①物的損害、②負傷者発生、③死亡者発生、④逮捕、⑤投獄、⑥武器の使用、⑦警察または軍隊の動員、および⑧その他の暴力行為を指す。これら八つの暴力的結果が発生する頻度をリスクと定義した。MPCDに記録されているすべての戦術に対し、八つの暴力的結果の発生数を記録し（つまり、最小値は〇、最大値は八）、戦術カテゴリごとに平均値を計算した。

（12）ここでの「年」は選挙日前後の計二九日を意味することに注意。

（13）分析には統計ソフトR（バージョン4.0.2）のigraphパッケージ（バージョン1.2.6）を用いた。

参考文献

Arias, Enrique D., and Daniel M. Goldstein, eds. 2010. *Violent Democracies in Latin America*. Durham: N. C. Duke University Press.

Bergman, Marcelo, and Laurence Whitehead. 2009. *Criminality, Public Security, and the Challenge to Democracy in Latin America*. Notre Dame: University of Notre Dame Press.

Cadena-Roa, Jorge. 2016. *Las Organizaciones de los Movimientos Sociales y los Movimientos Sociales en México, 2000–2014*. México: Friedrich Ebert Stiftung.

Coppedge, Michael, John Gerring, Carl Henrik Knutsen, Staffan I. Lindberg, Jan Teorell, David Altman, Michael Bernhard et al. 2021. "V-Dem Codebook V11.1." Accessed July 12, 2021.

Davenport, Christian. 2007. "State Repression and Political Order." *Annual Review of Political Science* 10(1): 1–23.

Demetriou, Chares. 2013. "Violence and Social Movements." Pp. 1379–82 in *The Wiley-Blackwell Encyclopedia of Social and Political Movements*, edited by David A. Snow, Donatella Della Porta, Bert Klandermans, and Doug McAdam, 3 vols, Malden, MA: Wiley.

Diamint, Rut. 2015. "A New Militarism in Latin America." *Journal of Democracy* 26(4): 155–68.

Dodson, K. 2011. "The Movement Society in Comparative Perspective." *Mobilization* 16(4): 475–94.

Earl, Jennifer. 2013. "Repression and Social Movements." Pp. 1083–89 in *The Wiley-Blackwell Encyclopedia of Social and Political Movements*, edited by David A. Snow, Donatella Della Porta, Bert Klandermans, and Doug McAdam, 3 vols, Malden, MA: Wiley.

Eisenstadt, Todd. 2000. "Eddies in the Third Wave: Protracted Transitions and Theories of Democratization." *Democratization* 7(3): 3–24.

Eisinger, Peter K. 1973. "The Conditions of Protest Behavior in American Cities." *American Political Science Review* 67(1): 11–28.

Ellefsen, Rune. 2021. "The Unintended Consequences of Escalated Repression." *Mobilization* 26(1): 87–108.

Fillieule, Olivier. 1998. "'Plus ça Change, Moins ça Change.' Demonstrations in France During the Nineteen-Eighties." In *Acts of Dissent: New Developments in the Study of Protest*, edited by Dieter Rucht, Ruud Koopmans, and Friedhelm Neidhardt, Berlin: Edition Sigma.

Galtung, Johan. 1969. "Violence, Peace, and Peace Research." *Journal of Peace Research* 6(3): 167–91.

González, Yanilda. 2019. "The Social Origins of Institutional Weakness and Change: Preferences, Power, and Police Reform in Latin America." *World Politics* 71(1): 44–87.

Gramsci, Antonio. 1971. *Selections from the Prison Notebooks*. New York: International Publishers.

Huntington, Samuel P. 1991. *The Third Wave: Democratization in the Late Twentieth Century*. Norman: University of Oklahoma Press.

Hutter, Swen. 2014. "Protest Event Analysis and Its Offspring." In *Methodological Practices in Social Movement Research*, edited by Donatella Della Porta, Oxford: Oxford University Press.

Inclán, María. 2018. *The Zapatista Movement and Mexico's Democratic Transition: Mobilization, Success, and Survival*. New York: Oxford University Press.

Jenkins, J. Craig, and Thomas V. Maher. 2016. "What Should We Do About Source Selection in Event Data? Challenges, Progress, and Possible Solutions." *International Journal of Sociology* 46(1): 42–57.

Koopmans, Ruud, and Dieter Rucht. 2002. "Protest Event Analysis." pp. 231-59 in *Methods of Social Movement Research,* Vol. 16, edited by Bert Klandermans and Suzanne Staggenborg, pp. 231-259, Minneapolis: University of Minnesota Press.

Kriesi, Hanspeter, Ruud Koopmans, Jan Willem Duyvendak, and Marco G. Giugni. 1995. *New Social Movements in Western Europe: A Comparative Analysis.* Minneapolis: University of Minnesota Press.

Loaeza, Soledad. 2000. "Uncertainty in Mexico's Protracted Transition: The National Action Party and Its Aversion to Risk." *Democratization* 7(3): 93-116.

Marx, Karl, and Friedrich Engels. 1967. *The Communist Manifesto.* Translated by Samuel Moore. London: Penguin Books.

Meyer, David S., and Debra C. Minkoff. 2004. "Conceptualizing Political Opportunity." *Social Forces* 82(4): 1457-92.

Meyer, David S., and Sidney Tarrow. 1998. "A Movement Society: Contentious Politics for a New Century." In *The Social Movement Society: Contentious Politics for a New Century*, edited by David S. Meyer and Sidney Tarrow, Lanham: Rowman & Littlefield Publishers.

Muller, Edward N. 1985. "Income Inequality, Regime Repressiveness, and Political Violence." *American Sociological Review* 50(1): 47-61.

O'Connell, T. J. 2008. "Repression and Protest: The Limitations of Aggregation." *Strategic Insights* 7(2): n. a.

Ortega Ortíz, Reynaldo Yunuen. 2000. "Comparing Types of Transitions: Spain and Mexico." *Democratization* 7(3): 65-92.

Pion-Berlin, David, and Igor Acácio. 2020. "The Return of the Latin American Military?" *Journal of Democracy* 31(4): 151-65.

Rucht, Dieter, and Friedhelm Neidhardt. 1998. "Methodological Issues in Collecting Protest Event Data: Units of Analysis, Sources and Sampling, Coding Problems." In *Acts of Dissent: New Developments in the Study of Protest*, edited by Dieter Rucht, Ruud Koopmans, and Friedhelm Neidhardt, Berlin: Edition Sigma.

Sánchez-Cuenca, Ignacio, and Luis de La Calle. 2009. "Domestic Terrorism: The Hidden Side of Political Violence." *Annual Review of Political Science* 12(1): 31-49.

Scott, James C. 1990. *Domination and the Arts of Resistance: Hidden Transcripts*. New Haven: Yale University Press.

Snow, David A., and Robert D. Benford. 1988. "Ideology, Frame Resonance, and Participant Mobilization." Pp. 197-217 in *From Structure to Action: Comparing Social Movement Research Across Cultures*, edited by Bert Klandermans and Sidney Tarrow, Greenwich, CT: JAI Press.

———. 1992. "Master Frames and Cycles of Protest." Pp. 133-55 in *Frontiers in Social Movement Theory*, edited by Aldon D. Morris and Carol M. Mueller, New Haven: Yale University Press.

Stokes, Susan Carol. 1995. *Cultures in Conflict: Social Movements and the State in Peru.* Berkeley: University of California Press.

Strawn, Kelly D. 2008. "Validity and Media-Derived Protest Event Data: Examining Relative Coverage Tendencies in Mexican News Media." *Mobilization* 13(2): 147-164.

Tarrow, Sidney. 1989. *Democracy and Disorder: Politics and Protest in Italy, 1965-1975*. Oxford: Oxford University Press.

Tarrow, Sidney. 2011. *Power in Movement: Social Movements and Contentious Politics.* Rev. & updated 3rd. New York: Cambridge University Press.

———. 2013. "Contentious Politics."Pp. 266-70 in *The Wiley-Blackwell Encyclopedia of Social and Political Movements*, edited by David A. Snow, Donatella Della Porta, Bert Klandermans, and Doug McAdam, 3 vols, Malden, MA: Wiley.

Tilly, Charles. 2003. *The Politics of Collective Violence.* Cambridge and New York: Cambridge University Press.

———. 2008. *Contentious Performances.* Cambridge: Cambridge University Press.

Trejo, Guillermo. 2012. *Popular Movements in Autocracies: Religion, Repression, and Indigenous Collective Action in Mexico*. New York: Cambridge Uni-

versity Press.
Trejo, Guillermo, and Sandra Ley. 2021. "High-Profile Criminal Violence: Why Drug Cartels Murder Government Officials and Party Candidates in Mexico." *British Journal of Political Science* 51 (1): 203-29.
Vilalta, Carlos. 2020. "Violence in Latin America: An Overview of Research and Issues." *Annual Review of Sociology* 46 (1): 693-706.
西山俊彦（二〇〇三）「「構造的暴力理論」の批判的考察と平和学の課題」藤田明史、ヨハン・ガルトゥング編『ガルトゥング平和学入門』法律文化社。
馬場香織（二〇一九）「麻薬紛争下の市民の蜂起——ミチョアカン自警団に関する考察」星野妙子編『メキシコの21世紀』アジア経済研究所、九七—一三二頁。

あとがき

本書の直接的な出発点は、二〇二一年六月二六日にオンラインで開催された「いま「暴力」を考える」と題されたシンポジウムにある。編者二人が所属している東京大学大学院総合文化研究科地域文化研究専攻では、六月に専攻主催の公開シンポジウムを開催している。

このシンポジウムは毎年恒例のもので、二〇二一年度は第二九回目に当たっていた。専攻内の企画・広報委員が、アクチュアルなテーマを設定して、地域文化研究専攻の教員三名を報告者に選定する。コメンテーターは二人で、うち一人は教員、もう一人は博士課程の学生というのがひとつの型として定着している。

専攻の教員がカバーしている研究の時代や地域は広く、ディシプリンも人文学から社会科学までと多様なので、テーマ設定や人選は企画・広報委員の腕の見せどころである。「駒場に地域研究あり」とアピールする貴重な場であり、ともするとあまりに多様で拡散的と映りかねない地域研究にもある種の求心性や一定の流儀があることを実感できる機会にもなっている。

聴衆として想定されているのは、当該年度に入進学した大学院生や入進学を検討している学部生はもちろんのこと、公開シンポジウムなので広く一般にも開かれている。登壇しない教員も特段の別用がなければ聴衆として参加することになっており、同僚の研究を改めてよく知る機会になっている。

私自身は二〇一九年四月に東大駒場に着任し、その年の六月に開かれた「〈身体〉からみる地域――医療・衛生・宗教実践」を聴いてとても面白いと感銘を受けた。翌二〇二〇年度はコロナのために開催延期となったが、一〇月にオンラインで「ぐうたら、酔いどれ、ならず者――文学におけるアンチ・ヒーローの系譜」が開かれて、これも非常に面白かった。

驚いたのは、専門性に裏打ちされていながら一般聴衆にも十分にアクセス可能で、アクチュアルなテーマを扱ったシンポジウムの発表が、終了後に十分に活用されていないようだということである。ごく簡単な報告記は書かれても、発表そのものや発表にさらに手を入れてまとめたものをあとから読んだりできるようにはなっていなかった。もちろん各報告者が自身の研究の文脈で発表したテーマを掘り下げて論文化することはあっても、打ち捨てられたままであることが多いように思われた。それだけ駒場の教員が多忙なのかもしれないが、シンポとしてのまとまりと臨場感が再現されないのはもったいないと思われた。

そこで、二〇二一年度のシンポに向けて、専攻内の企画・広報委員である藤岡俊博さんから登壇の打診を受けたとき、同じフランス小地域に所属している気安さも手伝って、どうせやるなら最初から書籍化するつもりで準備をしたほうがよいのではと提案してみた。その話を準備会合の際に出してみたところ、報告者の先生方も、コメンテーターのお二人も、その方針に賛同してくださった。

東京大学出版会のU. P. plusシリーズが興味を持ってくれるかもしれないという示唆を受けたのも、その打ち合わせのときである。担当の阿部俊一さんに打診してみると、乗り気になってくださり、そこで大きく道が開けた。

ちなみに、シンポジウム当日の構成は以下のようなものであった。

報告一：伊達聖伸「現代フランスにおける暴力の諸相――ライシテの転機に」
報告二：谷垣真理子「「見える」暴力と「見えない」暴力――二〇一九年大規模抗議活動以降の香港」
報告三：矢口祐人「暴力と非暴力のアメリカ」
コメンテーター：キハラハント愛、早川英明
司会：藤岡俊博

ひとつの本として編むなら、もう少し論稿を加えたほうがよいだろうということで、地域文化研究専攻の他の先生方および専攻と所縁のある先生方にもお声がけしたところ、どなたも執筆を快くお引き受けくださり、今回の出版の運びとなった。趣旨をよくご理解くださり、刺激的な論稿を寄せてくださった執筆者のみなさんにお礼申しあげたい。

シンポジウムの企画運営の中心人物であり、また書籍化に際しても細々とした実務の多くを引き受けてくださったのは藤岡さんなので、本来なら彼の名前だけを編者としてもよかったはずなのだが、本にしましょうと最初に提案したことがそれなりの意味を持って、私も共編者として名を連ねることになった。

編集過程では、東京大学出版会の阿部俊一さんの簡にして要を得た差配があった。それなりの山はいくつかあったはずだが、シンポジウム開催から一年以内に比較的するすると出版まで漕ぎつけることができたのは、締切をよく守ってくださった執筆者と、スピーディーな編集を進めてくださった阿部さんのおかげである。

もっとも、シンポジウムからまだ一年経っていないとはいえ、この間の「暴力」をめぐる問題の展開は世界規模でますますアクチュアリティと深刻度を増すばかりである。心を痛める報道に接する機会も多く、一年前がついこの前のようにも、ずいぶん遠い昔のことのようにも感じられる。執筆枚数無制限で校正が何度も可能だとしたら、校正ゲラが出るたびに加筆しなければと使命感に駆られた執筆者も多かったに違いない。その意味で本書は全体としてあくまでひとつの里程標をなすにすぎない代物かもしれないが、一編者としては吟味しがいのある論稿が数多く含まれた通過点として、それなりの見晴らしが得られるものであることを願っている。

二〇二二年五月二〇日

伊達聖伸

編者略歴
伊達聖伸
東京大学大学院総合文化研究科教授
専門は宗教学・フランス語圏地域研究
著書に『ライシテから読む現代フランス ── 政治と宗教のいま』（岩波新書）、『世俗の彼方のスピリチュアリティ ── フランスのムスリム哲学者との対話』（共編著、東京大学出版会）などがある。

藤岡俊博
東京大学大学院総合文化研究科准教授
専門はフランス哲学・ヨーロッパ思想史
著書に『レヴィナスと「場所」の倫理』（東京大学出版会）、『個と普遍 ── レヴィナス哲学の新たな広がり』（杉村靖彦・渡名喜庸哲・長坂真澄（編）、法政大学出版局）などがある。

U.P.plus

「暴力」から読み解く現代世界

2022 年 6 月 23 日　初　版

［検印廃止］

編　者　伊達《だて》聖伸《きよのぶ》・藤岡《ふじおか》俊博《としひろ》

発行所　一般財団法人　東京大学出版会
代 表 者　吉見俊哉
153-0041　東京都目黒区駒場 4-5-29
http://www.utp.or.jp/
電話 03-6407-1069　Fax 03-6407-1991
振替 00160-6-59964

印刷・製本　大日本法令印刷株式会社

ISBN 978-4-13-033304-7　Printed in Japan

UP plus 創刊にあたって

現代社会は、二〇世紀末の情報革命とグローバル資本主義の深化によって大きく変貌を遂げてきました。情報革命はライフスタイルに大きな変革を及ぼし、わたしたちの生活に多大な影響を与え続け、いまなお変化の途中にあります。また、グローバル資本主義の進展もワークスタイルに大きな変革を及ぼし、世界の一体化を促進させてきました。しかし、同時に様々な次元で格差を生じさせ、分断を深めています。

しかし、二〇二〇年の初頭に発生したCOVID-19（新型コロナウイルス感染症）のパンデミックによって、より快適に、より便利に、より早く、ということを追求してきた現代社会は大きな影響を受けたのです。この出来事はわたしたちに大きな警鐘を与えるとともに、わたしたちが生きている社会のあり方、そして世界のあり方にも再考をうながしているのです。

このような状況下で、いま一度「知」というものを改めて考え直す時代が訪れているのではないでしょうか。いまの危機を乗り越え、格差や分断を乗り越えるには、人類が積み重ねてきた「知」の集積をたよりにして、あたらしい地平を開くことこそが求められているのではないかと考えられるのです。まだ見ぬ世界への道しるべとして、「知」はやはりかけがえのないものなのです。

このたび、東京大学出版会は、「UP plus」と題し、「知」の集積地である、大学からひろく社会と共有する「知」を目指して、複雑化する時代の見取り図としての「知」、そして、未来を開く道しるべとしての「知」をコンセプトとしたシリーズを刊行いたします。

「UP plus」の一冊一冊が、読者の皆様にとって、「知」への導きの書となり、また、これまでの世界への認識を揺さぶるものになるでしょう。そうした刺激的な書物を生み出し続けること、それが大学出版の役割だと考えています。

一般財団法人　東京大学出版会